陈宝生 著

一部反映陕北二十世纪三十年代西口商道革命斗争的长篇小说，是作者以摄影家视角，长期深入陕北的呕心沥血之作。

研究出版社
中国出版集团有限公司

图书在版编目（CIP）数据

烽火中的商女 / 陈宝生著. -- 北京：研究出版社，2025. 8. -- ISBN 978-7-5199-1753-1

Ⅰ. I247.5

中国国家版本馆CIP数据核字第2025MA7915号

出 品 人：陈建军
出版统筹：丁 波
策划编辑：孔煜华
责任编辑：于孟溪

烽火中的商女

FENGHUO ZHONG DE SHANGNU

陈宝生 著

研究出版社 出版发行

（100071 北京市丰台区右外西路2号中国国际出版交流中心3号楼8层）

北京新华印刷有限公司印刷 新华书店经销

2025年8月第1版 2025年8月第1次印刷

开本：710毫米×1000毫米 1/16 印张：18

字数：265千字

ISBN 978-7-5199-1753-1 定价：98.00元

电话（010）59901918（发行部） 59901958（总编室）

作者　陈宝生

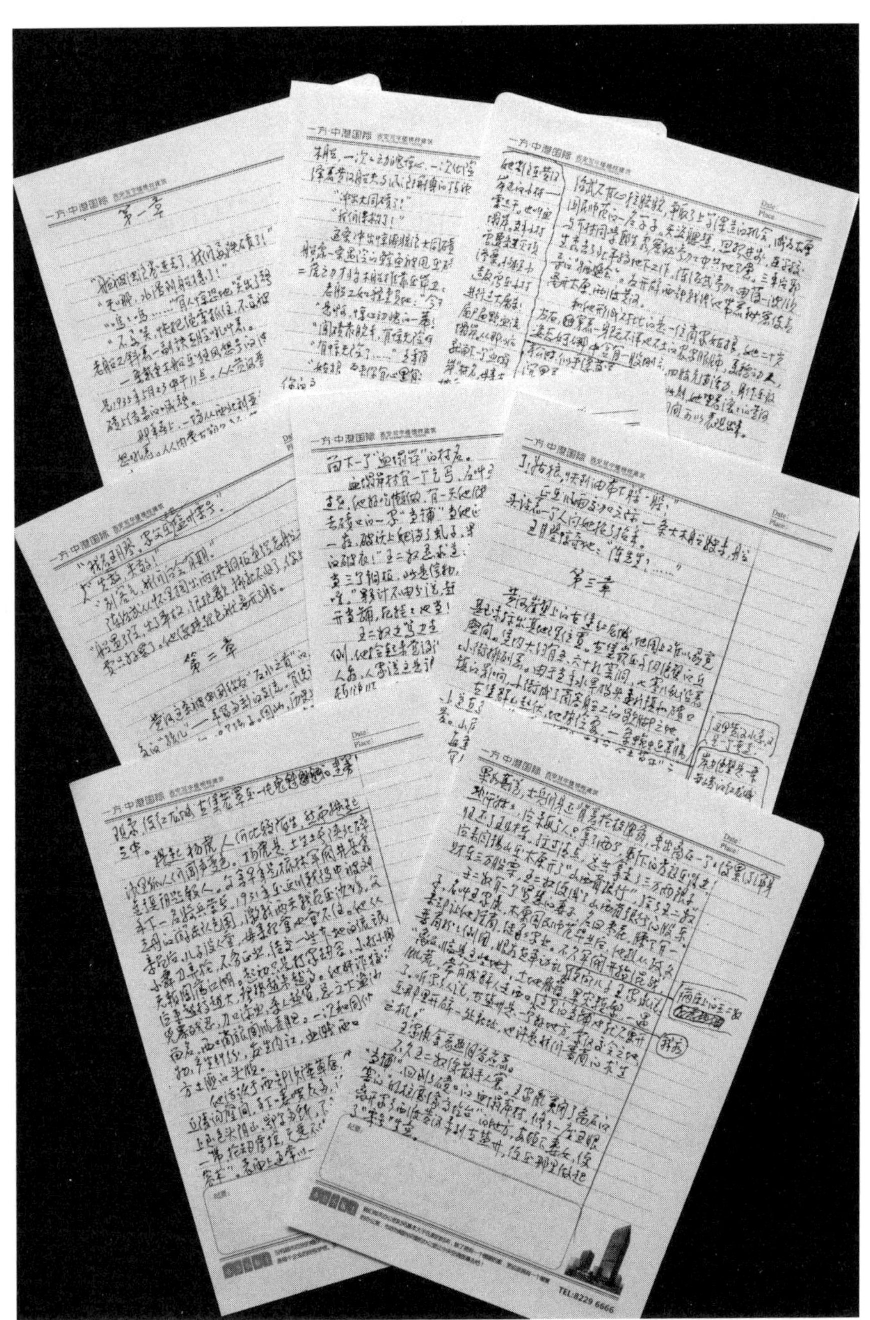

《烽火中的商女》第一稿手稿

《烽火中的商女》在美国《亚省时报》中文版连载的部分章节

目　　录

第一章　沙尘暴黄河呼救惊魂一幕

老艄公惊涛掌舵勇闯二碛……………………………………………（1）

第二章　王家院白鸽结群挖出银库

阎督军太原兵变派兵借银……………………………………………（8）

第三章　红龙城神秘古刹歹人作祟

大东家藏形匿影巧设圈套……………………………………………（15）

第四章　川口号推波斩浪惊现河匪

蒙面盗凶相毕露抢劫货船……………………………………………（21）

第五章　杨猴小窜入边塞卷起烽烟

井岳秀为弟报仇施用酷刑……………………………………………（27）

第六章　陈家碛乌兰得救勇追河匪

黄河上船夫誓言同舟共济……………………………………………（33）

第七章　河口渡乌兰泅渡营救商女

夜幕下活水微澜刘彪失算……………………………………………（41）

第八章　刘志丹陕北闹红星火燎原

土军阀密谋清党刺杀石谦……………………………………………（47）

第九章　枣林坪商匪勾结互通情报

牺盟会秘密特使解救商女……………………………………………（54）

第十章　诡商家驾窝摆阔偷贩烟土

勇伙计卧底马帮探秘底细……………………………………………（62）

第十一章 杨猴小兵败山倒命丧黄泉
陈绍武转移战线安边开店……（69）
第十二章 砖井堡长城驿站马帮歇脚
大沙湾沙暴冲天牧女得救……（76）
第十三章 柳彦斌诱迫刀会计谋失算
陈绍武酒店设宴探秘军情……（83）
第十四章 柳树涧红军营地遭敌偷袭
神秘者调虎离山留下谜团……（93）
第十五章 九月会三方势力明争暗斗
赛马场龙驹神骏暗号接头……（100）
第十六章 王晋柳密会乌兰惊悉大盗
陈绍武铁铺议事设下眼线……（107）
第十七章 城大墩枪支交易刘彪惨死
柳树林焚烧烟土商女争雄……（114）
第十八章 不沾泥密谋军火东山再起
沙贵图一石二鸟联手报复……（120）
第十九章 保安团贴出布告悬赏破案
铁匠铺特委露面淬火成钢……（126）
第二十章 古盐州县长新郎雪夜娶亲
庆婚礼酒席宴会响起枪声……（132）
第二十一章 县衙院夺取军火英雄负伤
下闇门匪徒拦击血溅梁头……（139）
第二十二章 探密机商匪勾结死灰复燃
失军火官家迷惑相互猜疑……（146）
第二十三章 商家女勇救战士银号惊魂
神秘人运筹帷幄解除困境……（151）

第二十四章　柳彦斌包围银号搜捕共党
陈绍武驾窝藏英还要路条……(158)
第二十五章　沙贵图讹诈银号暴露嘴脸
王晋柳难下贼船东湖对决……(165)
第二十六章　王晋柳往事回眸孤注一掷
沙贵图得寸进尺强盗下手……(172)
第二十七章　王晋柳东湖遭难凶手难觅
银号内留下遗嘱真相大白……(177)
第二十八章　大东家劫色劫财再使伎俩
商家女解围解困暂避锋芒……(183)
第二十九章　谢彩英身陷囹圄寺庙有眼
米可图敲诈盘剥裸身无头……(189)
第 三 十 章　北操场骑兵操练负隅顽抗
中鼓楼地下尖兵深谋远虑……(198)
第三十一章　塞香苑彩英弹琴调侃东家
保安团警长私访名妓下狱……(205)
第三十二章　拜把子蒙汉姐妹对天盟誓
那达慕龙吟虎啸引出幽灵……(211)
第三十三章　匿名信掀起风波丁勇变脸
魔鬼窟救命稻草商家玩火……(217)
第三十四章　万盛栈招商酒会绍武摆阔
鸡毛信传递消息啸风赴任……(223)
第三十五章　刘栓柱死里逃生洗心革面
谢彩英刑场就义活人入殓……(229)
第三十六章　遭暗算保安队长险被活埋
寻出路借道魔窟神秘被捉……(234)

第三十七章 一声雷踏进魔窟称兄道弟
俩强盗偷天换日狼狈为奸……（240）
第三十八章 下城川双英会面啸风举旗
走西口风雨兼程商女被劫……（246）
第三十九章 王碛妹身陷魔窟痛斥大盗
沙贵图狗急跳墙再施淫威……（253）
第 四 十 章 魔鬼窟冤家路窄乌兰报仇
陈绍武神秘现身谜底揭开……（259）
第四十一章 女扮男烽火商女返回盐州
闯虎穴疏通商道心向延安……（266）
跋（后记）……（274）

第一章

沙尘暴黄河呼救惊魂一幕
老艄公惊涛掌舵勇闯二碛

“好大的风浪！要把货船掀翻了。”

“啊呀！缆绳被崩断了！”

“不好了！船要卷进‘虎口碛’了！”

“天哪！我们要跌‘碛’啦！”被风暴卷入洪峰中的木船上的水手惊恐地呼喊着。

一条从上游流下的货船，被狂风巨浪卷进二千米长的大同碛激流中，巨浪汹涌，激流排空，船在水上，浪在头顶，惊人的浪头劈头盖脸而下，犹如浪鞭抽打着船夫的脊梁！船夫惊恐的呐喊声此起彼伏。载重货船如一叶轻舟上下颠簸，忽而左倾斜成九十度飞上浪尖，一刹时又右倾斜成九十度坠入深渊。

船上有一位眉清目秀的年轻商客，虽然身着男式服饰，但从言行举止不难看出她是一位女性。确切说，还是一个少女，一个刚刚开始从事商贸的小女子。身旁有一个中年男子护着她，称她为“少东家”！虽然呼啸的浪鞭抽打着她，难以看清她的丰满体态和光彩脸庞，但那卓尔不群的稳健神态和临险不惊的沉着风貌，足以让船夫为之刮目，为之汗颜。

站在船舷掌舵的老艄公，面对泼天巨浪神情紧张而镇定。他操纵着棹杆，船舱六名水手屏着呼吸两手紧紧抓着划板，眼睛死死盯着掌舵的老艄公。扬着铁青脸的老艄公此刻全神贯注观察着飞速水势，摆弄尾棹不时发出命令。

“搬上棹——”

“搬下棹——”

“棹——”随着一声声呐喊，船舷水手一齐拼力搬起两棹。

船令如军令，货船像一条巨鲸在惊涛骇浪中旋转着跳跃着躲避着碛槽里的明石暗礁……

这是发生在一九三一年五月二十三日中午的事，晋陕峡谷黄河一个“碛”上，一条货运长船迎着狂风巨浪，抵着咆哮怒涛，随时被洪峰吞噬的紧要关头，从货船上传来号子呼喊声。

五月二十日以来，一场从西伯利亚刮来的沙尘暴不停地怒吼着。经过内蒙古鄂尔多斯草原到黄土高原的晋陕峡谷，掠过一千多里的地带，给晋陕高原的百姓带来了严重的灾难。这场罕见的沙尘暴，所到之处树木被连根拔起，放羊人被刮出几米外，羊群被埋在沙坳，村舍被沙蛟侵蚀掩埋，庄稼像剃须刀刮过一样，一种摧枯拉朽的凄凉惨景，不少人在这场风暴中丧失性命，这就是疯狂肆虐的沙尘暴留下的罪证。

陕北高原遭受沙尘暴袭击的时候，黄河峡谷二碛上正遭遇劫难演绎出惊心动魄的这一幕。浊浪排空，惊涛裂岸，货船在激流中忽而跃上浪峰，忽而跌进浪窝。两名货主惊恐而镇定。货船在碛槽中疯狂滚动，船夫在急浪里拼力搏斗！黄河船夫与大自然较量的精神风貌，令搭船人由衷地敬佩与震撼！

黄河上流传着一句话，“虎口三跌浪，平地一声雷”。黄河进入晋陕峡谷，明礁暗石险滩激流形成的“碛”很多。从进入晋陕峡谷开始，龙口碛、老牛湾碛、万家碛、娘娘滩碛、狮河碛、罗峪碛、佳芦碛、翻人皮碛……最为险要的黄河天险名碛有两个：一曰壶口碛，一曰大同碛。壶口碛瀑布从三十八米高的跌哨冲下，映射出旱天鸣雷，晴空洒雨，海底冒烟，霓虹戏水的奇观。它不能行船拉纤走崖壁，却是金波银砾一壶收。大同碛则是浊波巨浪从二千米长的碛坡上滚下来，形成巨浪翻腾，惊涛裂壁，鸣雷闪电，浪飞碛吼的景象，它像一个巨大虎口将洪波吞吐，浊流咽噬。

据老辈子人说：古时候的大同碛是绝对不能行船的，进入大同碛槽如入虎口，谁也别想活着出来。碛浪洪涛从十几米高处飞流直下，形成一个巨大的冲击波，直径一尺的圆木冲下去，赶冲到碛底翻上来时已成碎渣，人和船只下去的场景可想而知。因此从上游下来的货船，要经过二碛隘口，必须请精明强干识得水性富有经验的老艄公掌舵，也要选一个天气清朗风浪较小的时候"闯碛"。

商女和她的助手横竖没有想到会遇上这场罕见的沙尘暴，只觉山在摇晃水在颤栗，身子在浪峰中颠簸。目光所及，两壁齐湛湛的浪峰犹如两垛浪墙将货船夹在中间，船像一条疯蛟在浪中横冲直撞。悬空浪雨劈头盖脸而下，眼前所能看到的竟然是黄的山、黄的水，黄漫漫的混沌世界，令人似乎感觉已到绝境。然而，此刻的老艄公身在船舷掌舵，摆动船棹沉着应战，犹如指挥一曲怒涛旋律，冒着落入深渊尸骨难寻的惊险，躲明石，避暗礁，拼死搏斗，终于在惊心动魄中闯过险滩激流的大同碛鬼门关。

冲出惊涛骇浪的货船已经疲惫不堪，被摔在碛底，龟缩在惊涛拍岸和活水微澜间。老艄公仰望洪波天际长长呼出一口气，悬在嗓门的一颗心才慢慢沉了下来。此刻的他已是大汗淋漓，浊流满脸，人们不约而同地向他投去信任感激的目光。

"老天保佑，今天，我们没有将这一船货物洒在黄河里，真是谢天谢地……"老艄公如释重负地说。

商女闪动着明亮眸子心情十分激动，不知如何感谢老艄公和船夫们。于是补充道："是啊！'逢凶化吉，遇难呈祥！'也许正应了这句话。我们还要继续前进，'沉舟侧畔千帆过，病树前头万木春'。但愿老天保佑，吉人天相！"

风暴还在灰暗的峡谷中怒吼着，碛底依然浊浪滔天，声声巨响仿佛要撕裂人们的耳膜。被黄河风浪抛在碛底的人，除了老艄公和船夫外，剩下的便是那位主人和她的助手。主人名王碛妹，十七八岁，身着商界特有服饰，头戴一顶商家瓜壳帽，脖颈围着一条白色羊肚子手巾，十分引人注目。不知是特意装扮，还是喜爱男装，虽然表面看似男子，但细瞧那一双水灵灵大眼睛晶莹透亮，白皙细腻的脸颊虽未涂抹脂粉，但体态还是透露出许多特有的女性特征。几近成熟，但某些稚嫩的露珠在身上还未落尽。身材丰满而匀称，流露出一种率真性格和质朴仪态，婀娜中蕴含一股刚气，四肢充满活力，似乎隐藏着一种特殊的力量。

助手名乌兰，蒙古族人，三十多岁。是盐州日升昌银号的伙计，身体健壮，颇有一些武功，一路跟随女主人跑前跑后成为可靠的得力助手。像哥哥一样照顾着王碛妹，他的全部身心与力量都系在女主人身上。

王碛妹是地道的黄河儿女，吃黄河水长大的一位女性。出生于黄河岸边小镇索达干，又称“血塌岸”。关于索达干的传说很多。一说是元朝末年，索达干有张天左、张天右两兄弟，起先以“天官会”传教，走村串社秘密活动，随后举起义旗招兵买马起事造反，持刀操练布兵摆阵。一日得知官兵来袭，布了一个“黄河九曲八卦阵”，对着不知就里的官兵，暗箭齐发杀声如雷，把官兵鞑子杀了个干干净净，从此这块地方便有“杀鞑干”之名。另一说是宋朝末年鞑靼人造反，在晋西北黄河沿岸进行了大的屠杀，尸横遍野，血流塌岸，从那以后小村便留下一个“血塌岸”的村名。

她的曾祖王二奴，据说是得了外财的晋商，在山西离石永宁州开设当铺，人称王员外。爷爷王小奴继承父业也曾红极一时。斗转星移，世事剧变，军阀开始混战，晋商企业纷纷倒闭。王小奴去世时家道衰落，要他儿子王晋柳离开晋西北去走西口或者赴古盐州，开辟新的产业。王小奴去世后，王晋柳遵照父训，以晋商名义在古盐州开设了陕北第一家——被称为“日升昌”的银号，红极塞外。此次她以银号女继承人的身份奋勇当先，在黄河上运货，也是她一次难得的机会。

这条满载银号物资的货船，原计划从西口包头入水，航行三天便可到达商贸古镇碛口，然后改用骆驼起旱路运到古盐州。不料事与愿违，货船刚到碛口河域，遇上罕见沙尘暴推波助澜，货船被卷进洪波激流，最终闯碛历险、化险为夷。一船货物没有受到损失，真是万幸。

“船漏水了……”老艄公对主家道。

“船漏水了？”王碛妹吃惊地反问。

“船底一块船板损坏了，恐怕得卸货修理船只。”

“需要多少时间？”

“很难预料，两天、三天，也许更长。”

“那！……货物呢？”

“只好堆在碛盖上了！”

王碛妹双眉紧皱盯着船上货物出神，她觉得货物堆在黄河岸，不仅风吹日晒，还会有被洪峰淹没的危险。这时，她收回目光移向乌兰，似乎想听听他的主意。乌兰明白女主人意思，面对挫折，面对困难，不能没有杀斗！于是斩钉截铁地说：

“碛口镇还没到，我们只能抛开原定旱路，再走水路！”

“那需要再找一条船？”

“对，找条船到宽州河口！”

王碛妹眸子闪闪，她觉得时间紧迫，货物堆在碛盖上等于在太岁头上踩高跷，往虎口里送食。便向老艄公询问道：“这儿离碛口镇多远？”

“走纤道攀登也就十余里，碛口镇还在河的对岸。俗话说：‘隔山不算远，隔河千里远。’风浪这么大，过河不容易……不过，上游拐上是个渡口，是否有船不得而知。”老艄公不假思索地答道。

“有渡口，就会有船！”乌兰坚定地说。

“好吧，到拐上去试一试！”

老艄公见这位可亲的助手寻找船只主意已定，便对乌兰提醒道：“去拐上渡口还要经过一个隘口——红龙城纤道，是黄河纤夫攀登悬崖踩出的一条血路。上边是悬崖峭壁，下面是汹涌黄河，狭窄纤道崎岖难行，一不小心就有生命危险，故有‘死人崖’‘阎王砭’的说法。若真的要去，可要特别留心。”

“谢谢船家的提醒，我会小心的！”乌兰这个蒙古族汉子觉得为主人分忧解难的时候到了。他不再犹豫，恍然间精神倍增，随手拿起一件大衣披在身上，矫健轻盈的身体一刹那钻进灰蒙蒙峡谷，钻进崎岖的黄河红龙城纤道。

王碛妹虽然被商界称为银号最有魅力的女继承人，但从外表看是一位极其普通的女子。在父亲银号她深居简出，从不抛头露面。此次帮助父亲转运货物，初出茅庐，明眸生辉，那些从头顶上泻下来的黄河浊水让她精神抖擞，她凭着自己本真的善良，践行中国古代“大道之行也，天下为公”的传统美德，“人而好善，福虽未至，祸其远矣”的朴素民间思想是支撑她人生的信条。

夜幕降临，灰蒙蒙峡谷夜晚来得更快。身边的黄河依然咆哮着，声嘶力竭地，没有一点减弱的迹象。在船舱她刚刚用过一碗红面擦夹——这是黄河岸边人喜欢吃的一种高粱面食，便靠在搭着油布的船舷边朦朦胧胧回想起童年往事……

那年她刚刚七岁，离开黄河一隅的家乡索达干村，跟随母亲西渡黄河在蜈蚋峪改乘骆驼，母亲抱着她在驼背上整整走了十余天，在一个风沙弥漫的黄昏，踏进三边高原的古盐州。孩提时代就在古盐州度过，在父母的精心培养下，虽不是娇生惯养，却也知书达理。不仅在盐州老爷庙改修的学堂里读书，同时在父母的指导下涉猎了必读的《三字经》《弟子规》《百家姓》和《幼学琼林》以及后来的《千家诗》《古文观止》等书，懂得了人生信念和为人之道，立志做一个“出淤泥而不染，濯清涟而不妖”的人中之莲。

母亲去世后，父亲显得孤单。她生恨自己是个女儿身，不能抛头露面为父亲分忧解愁，好不容易争取到锻炼机会，首次出道不知天高地厚，货船刚进入碛口水域，就被狂风卷入虎口，如此出师不利，难道真是老天爷的惩罚？

傍晚时候，沙尘暴减弱了威风，大块灰色云片向西方卷去，晋陕峡谷的苍穹渐渐灰淡下来，星星开始明亮起来，狂风吹打着，船舱油布呼呼作响，浊浪依旧不停地撕裂着怒吼着。

王碛妹蜷缩在船舱货物间，迷迷糊糊打了一个盹儿。当她睁开眼睛时，黄河地平线出现了一条亮色条纹，大河的波浪渐渐变白变亮，一道光线掠到河面上，把汹涌澎湃的浪花染成橙黄色，曙光微露，黎明来了。

“乌兰大哥此刻在哪里呢？”王碛妹长长地嘘出一声叹息！

正是：晋陕峡谷龙卷风，黄河传来呼救声。

一条货船浪中穿，七名船夫拼死生。

激浪翻滚船闯碛，九死一生泣鬼神。

冲出虎口船漏水，乌兰夜闯红龙城。

第二章

王家院白鸽结群挖出银库
阎督军太原兵变派兵借银

黄河这条被中国称为“百水之首”的母亲河，有众多的孩儿——丰富多彩的支流。有统计说：在黄河母亲的大家庭里共有二百一十九个孩子。因此，历史上黄河被尊为“四渎之宗”，说它“东西贯九州，南北串百川”。

有人说过，中国没有黄河，就等于古印度没有恒河；古埃及没有尼罗河；古巴比伦没有幼发拉底河。是的，无论是历代文人墨客留下的字句里，还是中华民族儿女的心坎上，黄河总是雄阔浩荡，包容万千的。几千年流淌奔涌，几万里生生不息，一种母亲河的千古摇篮，一种龙的图腾象征。

在上古时期，这条春水上涨，秋洪泛滥，冰凌堆岸的河并不叫黄河。《水经注》中解释为“上河”；《尚书》里又叫它“九河”；司马迁的《史记》中称之为“大河”；而《汉书·西域传》中又称“中国河”。不知从什么年月，人们开始说它是“浊河”“黄河”。

五十多个世纪，中华民族的子孙们，把热血热泪热汗抛洒于它，把苦难苦涩苦楚诉说给它，它既是炎黄子孙们不断延续的家谱，也是一部中华儿女写下的滚动民族史。黄河汇聚百川，接纳千流，经历了最频繁最严酷的烽烟战火，流传下多少最真挚最热烈的故事传说。

从殷商到北宋，黄河中下游一直是中国政治、经济和文化的核心区域。最早的封建帝国秦朝，就是在黄河流域建都。黄河哺育了华夏的芸芸众生，也哺育了人类的赫赫精英。孔子、司马迁、秦始皇、汉武帝、成吉思汗……都在中华民族的历史上写下重重的一页。

这条搅动亿万黄河儿女情感漩涡的“龙”，就是高悬在民族头顶上的达摩克利斯之剑。以饱含五千年沧桑的重量，沉沉地紧扣着每一个中华儿女的心胸，忧患的风风雨雨时刻敲打着黄河子孙的魂魄。

黄河出青海，入甘宁，从“鸡鸣一声听三省”的莲花辿进入晋陕峡谷，呈现出一个独特神奇的莽莽苍苍的世界。高耸的巨壑，纵横的丘陵，崖上的窑院，悬空逶迤的纤道，构成了无与伦比的奇特景观，嶙峋峡谷，浊浪滔天，天际洪波，惊涛拍岸。大自然神工鬼斧穿凿出来的暮雨山居与澎湃岳色的水旱码头融为一体。

传说在明末清初，黄河岸边血塌岸村出了一个有名的乞丐，他叫王二奴。父亲在世时是一位很有资财的员外，人称王大员外，只生他一个儿子；由于溺爱，儿子竟堕落成一个懒汉。晚年的王员外发觉儿子不成器，只好忍气吞声，但又不想使王家一败涂地。于是在自己四合式窑院房顶的每一个瓦脊里装进元宝，以备将来儿子在穷困潦倒时，能一点点拆迁变卖房产发现银子，以解燃眉之急，或许还能撑起王家的门户。谁料父亲去世不几年，好吃懒做的王二奴，哪有心思拆迁房产，便将父亲留下的房产一点不留通通卖掉，坐吃山空，流落街头讨饭行乞。

有一天他饿得实在受不了，就脱下他身上的破袄，去碛口西市巷的一家当铺去典当。当铺伙计发现破袄上爬满了虱子，怒斥道：“拿走你的破袄，不能当！”王二奴恳求道：“我一天没有吃饭，只当三个铜板，明天我要下钱就来赎呀。”伙计不由分说甩出破袄赶他快走。王二奴离开当铺口里嘟嘟囔囔骂道：“老子开当铺，死娃娃也当！”于是恨恨离去。

王二奴气呼呼地边走边嘟囔，脚底一块硬东西将他绊了一跤，他爬起来捡起一看黑黝黝沉甸甸，就到饭馆里让人看，饭馆伙计说这是一锭银子，他十分高兴地在饭馆里吃了一顿饱饭。回到家里，想起老家四合院里好像见过这种东西。他便偷偷翻墙揭瓦进去，蹬开一个瓦脊露出银子，王二奴十分高兴。便不声不响拿回不少瓦脊元宝。后来他到离石永宁州开了一个饭馆。过了几年又将自己老宅的四合院赎了回来，修起了门面，开起了“当铺”。

开张那日，贺客盈门，十分红火。当初他当破袄的那家当铺伙计，却真的抱来一个死娃娃要典当。客人纷纷起来指责，骂其无理取闹，欺人太甚。王二奴却以礼接待，问道：“死娃娃要当多少钱？”来人道：“只当三个铜板。”王二奴道：“太少了！这是‘招财娃娃’，给你三两银子。”并让其上座，热情招待。

隔日，王二奴让伙计将死娃娃埋在后院墙下，这时后院白鸽结群，王二奴十分奇怪，于是摆设香案，掘地三尺时，发现了一个银库，掘得几十万两银子，据说这是李自成兵败后留在山西的一个银库。从此王二奴一夜发家暴富，后世有“招财童子”的说法。王二奴的当铺从此越办越红火，得了外财后请来善于经营的师傅料理，有了雄厚的资财，更是如虎添翼。在清末王二奴成了离石永宁州的王大员外，身缠百万，雄踞一方。

一九一一年，孙中山领导革命党人发动辛亥革命，同年十月武昌起义爆发，山西的阎锡山趁机击毙当时镇守太原的陆巡抚拥兵起义，自称督军。为筹饷派了一个营长向王家当铺借银，这时当铺已由王二奴的儿子王小奴管理，王小奴心想兵家上门，不是敲诈便是借银，便不慌不忙地说：“我们是遵规守矩的商家顺民，谁坐天下我们照样纳税欢迎。你们不要吓唬我们，来这么多的人不知为什么？”

“阎督军要我们向你家借银。”

王小奴思谋，兵家借银，有借无还，口说是借，实际是劫，挎枪执刀，不敢怠慢！于是又问：“你们来了多少人呢？”

“两百人。”

王小奴心想，天赐王家一库银，外财不扶命穷人，这下王家要遭殃了，叹了一口气，便说：“你们自己去拿吧！”

营长道：“行！”

于是王小奴让管家打开银库，士兵们见有这么多银子，高兴得不得了。每人便抱起三五个大元宝便走。俗话说“是兵不是兵，身背四十斤”，士兵们身上都背着枪支弹药，未出永宁州一个个便累得浑身热汗淋淋，后来每人只拿走了两个，剩下的都放在路边，告知王小奴拉回去。王小奴吩咐管家套上大车把搁在路边的元宝拾回来。经过清点士兵们总共拿了三万两银子。后来，阎锡山在太原开了“山西省银行”，王小奴出乎意料收到阎锡山的三万两股票，从此便成了山西省银行的一位股东。为后来儿子王晋柳至三边开设银号发挥了重要作用。

王小奴膝下有一子名叫王晋柳，他二十多岁，年轻力壮，聪明能干。在太原学成后，他想从政，父亲却让他经商，继承先辈，持家传业。不久军阀混战社会动乱，晋商企业纷纷倒闭，眼看世事要变。病床上的王小奴自觉来日不多，向儿子王晋柳道：“当今军阀混战民不聊生，永宁州这地方土地贫瘠，旱灾频繁，遇上年馑更是尸横遍野。这里的当铺也就不要开了。三边有个古盐州，是出盐的地方，那里人少地广，穷人容易生存，也是蒙汉交会之地，在那儿开辟一处新的商号，也许是我们王家商贸不败的生财之径。”

王晋柳含着热泪答应了。

不久王小奴便撒手人寰。王晋柳埋葬了父亲，关闭了离石永宁州的当铺，回到了黄河岸边的血塌岸村，修了一处五眼窑的“明柱厦檐高圪台”的地方，安顿下妻女，便西渡黄河，从晋商走西口的蛐蜊峪来到了古盐州。说也有缘，时逢榆林军阀井岳秀的“裕惠银行”要在盐州城开设分支，经一位不愿透露姓名的神秘人物推荐，王晋柳轻而易举地取得军阀井岳秀的信任，在古盐州开设起冠名“日升昌银号”的经营字号。那时商家有句行话：“抬头见喜，贵人支持”，日升昌银号有了这位神秘人物的暗地帮助，又得井岳秀这块金字招牌的支持，加之王晋柳经营有道，手法多样，不几年便成为陕北西部最有声誉、最受欢迎的商业银号之一。但也埋下了不可收拾的祸端。

山西商人在异地经商长期不带家眷，与亲人不能团聚，这对商家也是一件痛苦的事。有民谣曰：“嫁人休嫁买卖汉，一辈子夫妻三年半。”一九二二年，晋西北大旱成灾，颗粒无收，血塌岸村的村民纷纷逃荒避难，当地流传着“细麻绳绳捆铺盖，背上娃娃走口外……”的歌谣。王晋柳的妻子枣花觉得在家乡生活十分艰难，便携上小女王碛妹逃难到古盐州。此时她丈夫王晋柳的银号生意红火，正处在黄金时期，票号远近闻名，王晋柳已成为西口一线商贸经营的知名人物。

女大十八变，越变越好看。七八年后，女儿王碛妹出落得风姿绰约，像一株含苞待放的春桃，面似泼粉，形如清莲。她不仅美貌出众，而且精明能干。她暗暗学习业务，胸怀大志，出入于极具风险的西口商道，被商界誉为旱码头银号最具吸引力的女继承人。她做事从不虚浮炫耀，显得有筋骨、有情怀，像一个成熟的女性，有自己独特的宁静气质和庄重风度。

澎湃的“碛吼”，是黄河进入大同碛的撕裂调，是穿越千米长碛的咆哮声。此刻碛底黄河吼声如雷贯耳，像万马奔腾，汹涌奔流。中午时分，站在黄河大同碛底的王碛妹，面对澎湃的黄河的撕裂声正在出神。

这时远处有一条小哈巴狗竖起了耳朵，一个头戴风帽肩披老羊皮外套的中年汉子从高坡下来，尖尖的风帽把他的眉毛都压住了，衬得他那胖乎乎脸盘显得有些狡猾。一双小眼珠儿不停地转来转去，鹰钩鼻子朝前突着像一个弯弓。外表看似乎像一个家仆，却显露出一副满不在乎的样儿，用诡秘的眼光窥视了一阵后，便走在王碛妹跟前一惊一乍地：“啊！船漏水了？这鬼天气……”接着又问道：“客人是何方商家？这船货物是哪家字号的？”

王碛妹不在意地：“日升昌银号……”话出口似乎觉得有些冒失，便问道：“你是何人？”

“我乃红龙城山庄。庄主沙东家乐善好施，客家若想避风，上面有吃有住。”陌生汉子爽快地答着。

“红龙城山庄？”王碛妹摇摇头道，“船修好我们就走，不麻烦了。”

“那好，有什么困难只管言语！”黑汉窥视了一眼堆在岸上的货物，带着小哈巴狗离开了。

王碛妹看着离去的陌生汉子，感觉似曾相识，哪里见过呢……蓦地她想起，那年还在古盐州老爷庙学堂上学，一日学校将学生集合在操场上，一排全副武装的马鸿逵士兵呼啦啦压在两侧，中间站着一个身挂盒子枪的头目，挥了一下手，两名士兵押上一名被认为是共党的嫌疑分子，将他绑在一个木柱上，扯掉上衣露出脊背。那青年凛然正气，英武不屈！满脸横肉的两个行刑手，舞动皮鞭正欲对那青年施“敲背花”酷刑，突然间一名军官骑着快马飞驰而至，口中大喊：“鞭下留人。”那军官迅速下马给鞭刑头目递上手令，便将青年犯人迅速带走，这一幕至今难忘。当年指挥鞭刑“敲背花”的头目，不就是这个人吗！想到这里王碛妹迅速提高了警惕。

此刻她望着惊涛裂岸声声怒吼的滔天巨浪，心好像置身于闷葫芦之中，默默忍耐着这船货物难以预料的命运。一阵黄漫漫的河风吹来，令人蓦然激情涌动，浮想联翩，日月沧桑，星移斗转，这条黄河万变不离其黄，历尽千秋洗不净一个“黄”字。生在黄河岸边的黄河人淳朴憨厚而且强悍。她们爱家、恋土、亲水、尊母。把黄河当作世世代代维系她们的根，离不开舍不下，只要黄河不枯，黄河女儿家不移，心不变，曲不改。她们还是照旧地唱，照旧地跳，照旧地拼搏，照旧地向前。蹦蹦跳跳的生命与黄水黄土相汇相融，凝聚成生生不息的黄河人生，去创造新的生活，去迎接新的曙光。

一天过去了，晋陕峡谷里还是黄漫漫的天气，黄河水雾升腾，夹杂着浓烈的潮湿，峡谷里越发黑黝黝的，暗色的天空中，太阳羞羞怯怯地闪射出点点温暖的眼睛。货物堆在河岸的石岩上，船夫们正在挥汗如雨地修补木船。这时天空中忽然间擂起鼓来，西边的一团黑云很快涌来，接着闪电一次又一次，犹如一条条火龙般飞过天空，照亮了那混沌汹涌的浪潮般翻滚着的云层。一块悬空的岩石给王碛妹作了暂时的躲避处，刚刚躲在下面，狂风又以排山倒海之势发作起来，她觉得脚下岩石在振动，浪头凶猛地冲到石岩上，泼溅在身上的浪花和耀眼的雷电交加使她有些晕眩，不一会铜钱般雨点落下来。老艄公面对突然而来的天气变化，望着头顶上的阵阵雷声和瓢泼的大雨，大喊着：“快，把油布撑开，雨来了！”众船工顿时七手八脚行动起来，扯开了油布将货物团团遮住。忙碌的老艄公抹了一把脸上的雨水嘀咕道：“老天爷成了娃娃的脸啦，说哭就哭起来了。”他一边忙碌着一边喊着：“主家，快到船篷下躲一躲。”王碛妹依言便迅速地躲进船篷。声声炸雷震撼着峡谷，冷风猛雨像雨箭齐刷刷地射下来，河岸泥水到处奔流，霎时，天地浑浊成灰蒙蒙一片。王碛妹深感自己像一个嗷嗷待哺的孤儿，身心流露出一种孤独感。

一会儿工夫，暴风雨开始减弱，猛雨逐渐变小，远方还能听到隆隆的雷声，雨还在继续下，雨水顺着船篷流淌着，无声的闪电不时照亮王碛妹的脸庞。她的明亮眸子惊奇地闪动，这时一条木船冒着雨线从碛边敏捷地驶来，船头站着一个披着雨衣的人向她招了招手。守株待援的王碛妹惊奇地喊出了声……

正是：血塌岸村血水流，乞丐得财开当铺。
太原兵变阎锡山，派员借银王小奴。
军阀混战商家衰，临终遗嘱走西口。
土匪偷窥碛盖货，商女盼来救命舟。

第三章

红龙城神秘古刹歹人作祟
大东家藏形匿影巧设圈套

黄河冲过举世闻名的大同碛，以不可阻挡的气势在峡谷石壁间漩了一个大弯。这里河床变窄，是两山对峙的悬崖峭壁，巨石堆积，浪花飞溅，黄河故道的巨大身躯被撞击得遍体鳞伤。

绝壁顶上有一座古堡，名曰红龙城，地图上难以寻觅甚至未标出其地理位置。古堡嵌在千仞绝壁，万壑丘陵间。堡内有五六十孔窑洞，七零八乱地沿着小街排列着。街面上清一色的石板路，一条石头小巷连接着两处宅院，中间有一个石砌巷洞横跨巷子，成为红龙城特有的标志。几株古槐掩隐着一处古寺。老槐树的躯干由于岁月沧桑早已成为空洞。但它苍老的躯干下居然怀抱着许多小孙孙，也有合围之粗了，人们说它是“汉槐抱孙”，可见其岁月的悠久。

古堡寂静得有些荒凉。一条蜿蜒的羊肠小道直通黄河岸。在绝壁千仞山腰间有一条船夫拉船的小径，名曰红龙城纤道。这儿群山起伏，地势险要，有“一夫当关，万夫莫开”之说。通往红龙城古堡石径下有一个小村落，也是纤夫们打尖歇脚的地方。每逢集市，这块弹丸之地便有喧闹之声。卖牛、卖羊、卖粮食、卖小吃的应有尽有。叫卖声、吆喝声混杂悦耳，也就成为红龙城渡口的独特之处。加之上游碛口镇和下游孟门镇的影响，小渡口开始繁忙起来，做起了大生意。

红龙城渡口，也是一个神秘的交易点。

小渡口坐落在黄河的一个山脚，隔河相望，鸡鸣惊动两省，地理环境独特，成为黄河峡谷的一处天然良港。大小船只的进进出出和一丝不挂的裸体船夫在集市上大摇大摆的潇洒姿态，也是船夫们自称的“黄河岸边有他们三丈六尺官地”的原因。这里的女人早就习以为常不屑一顾了。

这个小渡口既是黄河船夫的歇脚之地，也是黑白两道和河匪悍盗出没的场所——河面上舟船涌动，沟壑里驼铃叮当，茶窑里船歌对唱，码头上闪烁刀枪……红龙城渡口凭借天时地利，凭借天然良港，在黄河虎口碛下留有一席之地是不奇怪的。嶙峋沧桑二百年，留下许多“兵家争锋烽烟起，商家车船不绝行”的故事传说。

更为奇特的是古堡里的神秘往事。寂静的红龙城古堡古寺，每年三月三庙会，总不乏些生气。一些善男信女接踵而至，烧香拜神，抽签求卦，荒凉的小庙也就沸腾起来。说也奇怪，自从发生过几次恐怖命案之后，这块地方便慢慢无人问津了。关于古庙的传说很多，听之十分神秘恐怖。据说某年的一个风雨交加之夜，一个行路之人为避雨踏开了庙门。突然间，头顶上两条红龙张牙舞爪地直向他扑下来，那人惊叫一声便倒地而亡。另有一个传说是，一对新婚夫妇来古寺求儿拜女，神龛香炉突然飞出一股刺鼻烟雾，俩人顿时晕厥倒地。后来悉知，男的被抛尸荒野，女的不知去向。从此以后，红龙城古寺遭受严重破坏，远近山民闻之不寒而栗。古堡里的人接二连三地离去，小庙荒废了，古堡遗弃了——流传下盗匪歹人作祟之地的坏名声。

有人说，它是西口道上沙里狐、点灯子的一处藏身之所，也有人说，它是土匪杨猴小、不沾泥修身养性之地。总之，这些悍贼强盗他们不时利用愚昧可恶的迷信手段，制造神庙作祟的种种恐怖现象，红龙城古堡始终笼罩在一片魑魅魍魉神秘的迷雾之中。不过，这块神秘之地，还真的隐藏着一个人物。人们只知道他是一个大商家，伙计们称他为“沙东家”。至于他是江湖上的哪一路神仙，谁也摸不着底细。

他是哪里人呢？传说是狮象把门的马湖峪沟口钥匙殿人。父亲早年是榆林军阀井岳秀手下的一名军官，在一次攻击陕北红军的战斗中丧命。父亲死后儿子没有人管，母亲想管也管不住，常骂他是“野种”。他从小顽皮捣蛋喜爱挥刀弄棒，不务正业，游手好闲，广交一些本地的流氓无赖，走南涉北，闯荡江湖。起初只是打家劫舍的小打小闹，后来为匪作恶欺行霸市的手段越搞越凶，声势越来越大。奸诈狡猾，凶暴残忍，杀人越货，刀口舔血。让西行的商旅闻风丧胆，不寒而栗。他从经营皮货到贩卖毒品，一路走来，过关斩将，颇为顺利。一次他与同伙发生经济纠纷后，产生内讧，血溅西口，成为这一方的商贸首领。

他不爱读书，却喜欢听书。听说书人讲古朝，话飞贼。他所知道的一知半解东西，大都从说书人那里获得。他对讲三国，话水浒，听西游，津津乐道；他对云里来，雾里去的飞檐走壁人物十分崇拜；他能记得挟天子而令诸侯的曹孟德；他能知晓一吕二赵三典韦，四关五马六张飞，七许八黄九姜维。也能知道“武松单膀取方腊，灭了梁山那盏灯”的水浒英雄；他能讲出庸俗小说《粉庄楼》胡魁卖人头的故事，他最崇拜的英雄人物是《七剑十三侠》上的一枝梅，来无影，去无踪……

他如何有那些见识呢？说也简单，一次他听说书人讲，当今社会也就是三种人：上等人以争权夺利为重，中等人以巧取财物为能，下等人以偷盗为本。按照这种说法，他是下等人之列，既然自己有梁上君子的本领，也有巧取财物之能，为何不能夺利争权呢？一瞬间似乎在他面前打开了一扇称霸江湖之门。于是他以这种流氓信念，匪夷哲学，开始不择手段地营造自己的商业王国，不懈追求自己这种强盗逻辑的成功之道。

他活跃于西部沙漠草原，穿梭于黄河峡谷丘陵沟壑，手下喽啰众多，活动范围广阔。从黄河后套到晋陕峡谷水路，从驼城榆林到三边高原的旱路，他总以一副风度翩翩的实业家姿态和大富商面目出现。由于他出手豪爽，变化多端，更有一副“易容术”的伎俩，终不被人们发现。

他到底是一个什么样的人物？神秘莫测，众说纷纭，有人描绘刻画出他的神形嘴脸是，三十多岁，中等身材，胸膛宽阔，四肢健壮，一张黝黑略红的脸盘绷得很紧，显得有些严肃。一顶丝边礼帽下露出高傲的额头，高鼻梁上方是一双深邃而锐利的眼睛。在西部风沙线上的一些商贸交际中，他总是披着一件“九道弯弯黑二毛”的狐领大氅，感觉十分富有和帅气。经常出入于官场商界，游走于一些高级客栈与赌场妓院。高贵的身份和神秘的行踪，可以说对他大有裨益。在北路与南路都有他的秘密据点和商号以及他所经营的秘密股份。

他是三边高原的大牧户，一瞬间便成了内蒙古的大富商，但他公开身份是碎金镇一家当铺的东家……无论是明的还是暗的身份，都在西口商贸线上被渲染得沸沸扬扬。他的真名叫沙贵图，在军阀帝井岳秀统治的榆林西部一隅，沙贵图这个神通广大的商界人物，不仅是军阀井岳秀的座上宾，也是土匪杨猴小、不沾泥的暗相识。红龙城古堡是他隐藏的最为深层的一个秘密据点。立春以来做了几笔烟土生意后，他在这里修身养性隐形藏匿，指挥着各路经营的江湖人物。刮了三天三夜的大狂风后，红龙城古堡像一块墓地阴沉沉的死一般寂静。中午过后，天气开始放晴，阳光透过云层给这块灰蒙蒙的山头，抛洒下一片温柔的光辉。

十点钟时候沙贵图从一处窑洞四合院老宅走了出来，他伸了伸懒腰，便向一块绿毯似的草坪走了过去。在几株绿荫婆娑的古槐下停了下来，两个侍从习惯地搬来一把圈椅，他顺势靠了上去。一个女佣端来茶具和烟具放在一块大青石上，青石上刻着五个大字：红龙城山庄。

他呷了一口茶，随着点燃一支“哈德门”香烟，望着远远的山峦喷烟吐雾。这时节，红龙城一切都是无聊的，无聊的山庄、无聊的寂静，一群鸡无聊地刨土觅食。一会儿一个芦花公鸡无聊地开始和母鸡调情。土黄色母鸡很肥胖，活像古槐树下的几块土疙瘩，高大精神的芦花公鸡和它形成鲜明的对照，五彩的羽毛油光闪亮，血红的鸡冠压在头顶。毫无设防的母鸡被冲过来的芦花公鸡吓蒙了，一边高声惊叫，一边急忙躲避。养精蓄锐的沙贵图烦躁地准备轰赶鸡群，却被眼前公鸡调情的一幕吸引，不由自主地睁大眼睛观看起来。只见那只雄鸡围住母鸡正在转圈子，一只翅膀高高地翘起，一只翅膀歪歪地拖着地，嘴里还咯咯地向母鸡不断献媚。被逼到树底的母鸡躲躲闪闪，终于抵抗不住芦花公鸡的凌厉攻势，羞羞答答地束翅就范。公鸡一下扑在母鸡背上，嘴抵鸡头，爪踏双翅。鸡爪下的母鸡不再挣扎乖乖静伏。一会儿得意的公鸡跳下来扇动着翅膀引吭高歌，炫耀着一种自豪感。

看了一场公鸡和母鸡调情交欢的沙贵图，如同梦中醒过来一样。一会儿，他恍恍惚惚从腰里掏出一支崭新的“勃朗宁”六轮手枪玩弄着。心里有着难以启齿的不悦，手里却不时对远处的小山峁“叭叭叭！”地射击着，清脆的枪声在山间响着回音。脚下的子弹壳四处飞溅，吓得一群土鸡四散惊飞。

这时一个黑汉匆匆走到他身边欲言又止。他回头：“有事吗？”

“沙爷，有一船货物卸在碛底。”

“打问过了没有，是哪条道上的？”

“好像是古盐州日升昌银号的货物。”

“为什么卸在那里呢？”

“货船闯碛后漏水了。有一位看似女扮男装的年轻人守候着，好像是日升昌银号的女继承人王小姐。”

“王碛妹？”他喃喃自语不由自主地站了起来，压抑着激动情绪，想着被勾引出的心事。他想王晋柳的日升昌银号近几年鸿运当头，发了大财，生意越来越大。女儿王碛妹风姿绰约，精通业务，正在接手日升昌银号，成为她父亲王晋柳的有力助手和继承人。他像旋风钻进嘴里，顿时邪气入内。好几次想接近王家小姐，然而，她却总是目不斜视，难以亲近。有一句老话：“失之毫厘，谬以千里。”今日有此机遇，是他亲近王小姐一次难得的机会，决不能错过。

想起自己酝酿多年的宏图大业，他不仅要在西部商道上称霸，还要控制蒸蒸日上的日升昌银号。要控制日升昌银号，只有一个办法，那就是首先要控制王碛妹，这是他多年的夙愿。在这万马齐喑一片肃杀的商贸年代，他的宏大商战谋略令他的心脏似乎在抽搐。他的活动在西部商战中可称得上是一股洪波暗流。有时是高山打鼓，四方闻鸣；有时是牛角抹油，又尖又滑；铤而走险，血溅西口。以一种“杀得死猪就是屠夫”的亡命行径，在西口商贸征战中不断爆发出一片片火光，像一只刚刚调过情的芦花公鸡，不停地得意鸣叫。何况西口这条道上是“财旺人不旺”的地方，成者是商贸王侯，败者是西口的贼。实践中有两条路可以使自己成为西部的商贸霸主。一条是五毒俱全的经商本事，另一条则是秘而不宣的商战谋略。后来证明，他的那种商战谋略胜于经商本事。

思谋片刻，计上心来，顷刻心里似乎有了刘备“东吴招亲，弄假成真”的主意，像旱地上的蛤蟆，成不成总想扑腾几下。他向来人耳边嘀咕几句，要他监视王家小姐的行动。黑汉匆匆离去。

此刻，他那张绷得紧紧的皱纹脸上似乎掠过一丝淡淡的窃喜。

正是：古堡荒村红龙城，汉槐抱孙历古今。

藏形匿影大商家，歹人作祟灭人踪。

东家闲观鸡调情，伙计带来发财梦。

货船失事心中喜，妄图假戏弄成真。

第四章

川口号推波斩浪惊现河匪
蒙面盗凶相毕露抢劫货船

日升昌银号的那批货物已装载到新雇来的“川口号”船上。

“川口号”是石头城拐上村人经营的一条长船。船长丁振兴是一位久经考验的舵手。今年已五十多岁，是一位有着黄河人刚毅血性的老艄公。半辈子活跃于黄河的激流中，上至内蒙古包头，下至碛口潼关都留有他的足迹。他领航驾驶的这条长船载重二十多吨，在晋陕峡谷河道上以每小时三十里的速度航行。乌兰已和他讲清楚，必须在两天的时间内将货物送到宽州的“河口渡”。然后他们起旱路回古盐州。

王碛妹和乌兰两人紧靠在船舱货物一侧，在飞速的河道上显得不是很舒适。但他们却不以为然，好像习惯了似的。这条货船如果不耽搁的话，二百四十里航程，两天就到达宽州河口渡了。开船后几小时，王碛妹想对这位驾驶的老艄公表示谢意。然而，这位老艄公沉默寡言，目光炯炯注视前方，语调和动作并没有表现出明显的热情。严格地履行着黄河船工道义上的责任，他机智般的一举一动，似乎蕴藏着一颗火热的心和钢铁般的意志，在暗暗地关照着他们。

“川口号”以每小时三十里的航速，开始沿着晋陕峡谷这段极不平静的航道航行着。越过贺兰碛的激流后走得还比较顺利。这天气候清和，风平浪静，特别适合航行，于是老艄公推动棹杆加快了航速。不久，便看到远远的孟门小镇。这个被船夫称作枣峁的黄河渡口，枣林沿着山峁，风光美不胜收。小镇坐落在壁立千仞的黄河巨鳌山脚下，著名的古刹南山寺镶嵌在山腰，从船上眺望，犹似一座空中楼阁悬在云雾之中。

南山寺被称为晋西北最为宏伟的道教寺院，几口巨大的铁钟悬挂在寺院，每口钟的重量约两吨，成为这儿的一道景观。那年山西军阀阎锡山来南山寺参观，挥笔写下“保境安邦”四个大字。不知是保境他的山西小政府，还是安邦中国的大天下。总之，这四个大字早已悬挂在寺院里。晨钟暮鼓余音绕梁吹送着南山寺的神秘遗韵，旺盛的香火为晋陕南岸的香客留下不群的滚滚红尘。

远远望去孟门镇像一个睡美人袒露着胸怀，雷鞭电锤锻造出她粗犷雄健的肌肤，船筏穿梭，驼铃声声勾勒出她质朴柔曲的线条，一泓山泉冲开两坡梯形式的窑院，为这个睡美人系上一条绿色的腰带，构成一幅别具匠心的晋西北黄河风光图。

五月的枣峁，满坡的枣树刚刚抽出点点绿芽，预示着黄河小镇春的复苏。小街的质朴与宁静从货船面前匆匆掠过。老艄公推动棹杆，“川口号”迅速从孟门渡驶过，这是通向宽州河口的必经之路。

那天沙贵图对随从安排了行动计划后，内心一直不平静。五年前的一宗事突然涌现在眼前。那是他刚刚出道的时候，某天古盐州的朱税官找到他，要他安排车辆将一百箱大烟土，秘密送到日升昌银号王晋柳经理处。事出有因，那天他们明明送进去一百箱，却退出来一箱。收件人声称，“货物盘点够了，再有的货不需要了”。沙贵图心知肚明，这是给他们的回扣，堵他们的嘴，让他们不要乱说罢了。这个爱财如命，见钱开眼的无赖，也就毫不客气，将这一箱烟土与同伙私分了。

朱税官到省城后，不知出于什么原因，不久便神秘地死亡了，那一百箱烟土，也就成了一个无主悬案，一个不解之谜。沙贵图心里清楚，这是他控制日升昌银号的有力把柄。而王晋柳呢，像抓了个烫手的洋芋蛋，舍不得，丢不掉。既不能报官，又不便出手。不出所望，他牵着王晋柳的鼻子，做了不少贩卖烟土的走私生意，可怜的王晋柳经理只好默认了。

一年前，沙贵图在银号突然发现王晋柳的女儿王碛妹时，顿时燃烧起一团灼热的情火不能自拔。王碛妹就像古书上讲的具有闭月羞花，沉鱼落雁之容貌。特别是她那粉嫩的脸庞似乎有一种魔力，令人倾倒；两颊艳如桃花，露出动人的绯红，玲珑的前额发际分明，黑油油的头发浓密而秀美，犹如飘洒的波浪纹。他早对王碛妹垂涎三尺，但一直苦于没有机会显示他的殷勤，眼下给他提供了一个绝好时机，到口的烧饼决不能放过。思谋出妙计，先擒后纵，进一步拉近与王碛妹的距离，最终将她制服抓到手，人财两得，一箭双雕。

沙贵图那种鬼迷心窍的一厢情愿，就像针尖一样无缝不入，几次凑机会想通过王晋柳表示对他女儿的爱慕之意，但王晋柳对他总是不冷不热，不理不睬，难以奏效。然而，他心里早已下定决心要娶王碛妹为妻，必要时他可以采用最猛烈的手段使其就范。何况他已和日升昌银号做了不少的合伙生意，贩卖了不少的烟土，赚了不少的钱，料他王晋柳也不敢贸然变故。昨日安排手下监视那船货物，不料今晨传来消息，有一条“川口号”长船载起那船货离开碛底，这使他有些手忙脚乱，他懂得“一着不慎，满盘皆输”的道理，于是决定一不做，二不休，马上采取行动，再不能耽搁时间了。想到这里，沙贵图大喊一声：“刘彪！”

“沙爷。”一个壮汉应声走来。

“速派一条船，跟踪‘川口号’！”并示意他走近，又低声安排了行动计划。

关于刘彪，绰号点灯子，倒值得一提。他原是一个无赖，黑乌鸦落在烟筒里，起先被古盐州的恶霸张廷芝利用，成为一个打手。因偷窃军火贩卖被发觉，逃离盐州混入沙贵图的商贸阵营。据说在一次抢劫中，他将货主商客倒吊起来，身上洒上煤油，穷凶极恶地点燃放了天灯，便留下了“点灯子”的恶名。他的样子给人第一印象是粗野狡猾，然而却具有一种无法抵挡的力量。他的体格有熊一般的蠢壮，似乎有一种颇大的潜力，阴沉沉地隐藏在他的体态中。这种潜力和自信是在他多年的商战劫杀中所形成的。他和东家沙贵图情如兄弟，从小一起摸爬滚打闯荡江湖，曾在西口血战中救过沙贵图的命，两人一脉相承，臭味相投，可谓是死心塌地的铁哥们。在他身上混合着先天的残暴性和狡猾性——这种品性对东家沙贵图的商贸征战起到举足轻重的作用，每临大事总是离不开他。

“川口号”货船在黄河上缓缓航行，激流不时冲击着船头，溅起一排排浪花。老艄公丁振兴神情自若，不慌不忙地操纵棹杆，像一个音乐指挥家指挥着一曲黄河大合唱。时而低吟，时而高歌；时而缠绵，时而粗犷。推波斩浪，掌舵奔流……

“天下黄河十八道湾，宁夏一湾到潼关。”这一湾够大的。这一大湾究竟有多少碛？多少激流？多少险滩？只有老艄公才能讲清楚。每一处的地形水势，明礁暗石，怎么个闯法，老艄公都能像背《三字经》一样娓娓道来。让你听得毛骨悚然，汗不敷出。

两个多小时的航行，老艄公丁振兴突然一声呐喊：“陈家碛到了！”水手们顿时行动起来，屏住了呼吸两手紧紧抓住桨板，眼睛死死盯着掌舵的老艄公。老艄公此刻一边摆弄着尾棹，一边全神贯注地观察着水势，每一根神经都绷得紧紧的，一船货物和人的性命都掐在他的手里。船在惊涛骇浪中冲撞，一会儿在浪尖上，一会儿在低谷间，齐湛湛浪花汹涌澎湃冲击飞溅，浪头从头顶上盖下来，坐在船上的人撕心裂肺地紧张。

船夫们越过陈家碛歇了一口气，老艄公安排货船靠岸稍歇打尖。货船在艄杆推动下缓缓入港。乌兰站起来伸了伸懒腰，猛然发现后面有一条神秘之船鬼祟地跟着他们。货船停下后，那条船也在不远处停住了，在严实的船篷掩盖下，什么也看不清楚。

乌兰端着一碗高粱米饭递给王碛妹：“饭后我们得尽快离开这里，后边那条船行动有些诡异。”王碛妹站起来扫了一眼，是一条有篷的长船。“嗯！告诉老艄公饭后马上开船。”

乌兰向丁振兴低低拉了几句。老艄公点点头迅速跳上横板推动棹杆，这像无声的命令，几个年轻水手立马跳进河里，弯着腰用肩头扛动船帮将船推进深水，在棹杆的推动下货船又进入主航道。几分钟后，一切都很顺利。货船卧波滚浪像一条水上长鲸，冲击着浊浪掀起一排又一排的飞溅水花，在河的弓背上激流勇进。不久，在前方不远处发现一个长弯形的水流阻隔，形成了一个漩涡，奔腾咆哮。老艄公摆弄着尾棹，货船迎着水势，在河的激流险滩中避礁跳石缓缓穿行。

王碛妹和乌兰坐在船尾，不安地注视着那条不速之船。因为他们发现那条船也开始缓缓行进着，和他们的货船始终保持着一定的距离。

“看见什么了？”王碛妹问。

“我怀疑这是一条匪船。”乌兰说。

王碛妹正在细细观察之际，船尾的老艄公丁振兴突然惊叫着：“河匪！”

“河匪？”那条鬼祟之船终于露出了原形，全力向他们的货船冲来，水手们吓得目瞪口呆。

“别怕，朋友们，我们继续向前航行。”乌兰的话像一剂镇静药，水手们奋力摇动双桨，货船以飞快的航速向前推进。然而，货船由于载重量很重吃水较深，不一会就被后面的匪船追撵上来。

老艄公丁振兴和他的水手们没有预料会发生意外，在这种情况下，他们的职业操守和搬船技术也就无能为力了。追上来的篷船猛然撞击着货船。

“别害怕，主人！”乌兰护在王碛妹面前，告诉王碛妹不必惊慌。

河匪的船只不时撞击着货船，货船还是以惊人的速度向前推进。此刻是重船与轻船比速，他们的努力显然是徒劳的。说时迟，那时快，一个蒙面匪徒突然闪现在船头，举起手中的短枪“叭！叭！”开了两枪，似乎是在发出阻止货船前进的示威命令。与此同时，篷布“唰——”一下拉开，四个蒙面河匪同时举起了亮闪闪的大刀。船夫们顿时惊慌失措，纷纷放下手中双桨表示降服。

愤怒的王碛妹面对匪徒毫不退缩：“你们是什么人？竟然在光天化日之下动武。”匪徒刘彪哈哈大笑：“什么人？我乃劫富济贫的绿林好汉！沙里狐部下点灯子是也，识相的将货物留下，免遭我们动手！”

“点灯子！”众船工惊叫着。这时船上的乌兰感到货船一阵阵剧烈晃动，河匪的船猛烈地撞击着货船。乌兰一把拉过王碛妹，用身体护住她。

“你是什么人？”

“一名商客！”

“商客？好大的胆子，竟敢如此放肆！来人，把他给我扣了！”

两个匪徒跳过船正欲动手，被乌兰两手一推，跌进了船舱。刘彪一挥手，又跳上两个匪徒凶猛扑来，乌兰拳飞脚蹬，两个匪徒霎时又被撂倒在船舱。刘彪急了，见同伙不是对手，于是恼怒地举起了短枪“叭——”一颗子弹击中了乌兰臂膀，乌兰摇晃着身躯用手捂着流血的肩头，趔趔趄趄地跌进了黄河，河水卷着他向下游冲去，他的胳膊在汹涌的黄河浪中挥动着，一会儿就消失在河水里。

“乌兰大哥——”王碛妹拼命地呼喊着。

两个河匪爬起来将王碛妹的胳膊扭住，用绳索将她捆住绑在船舱。点灯子挥舞着手中的枪，众匪徒飞身跃起疯狂野蛮地控制了货船。匪徒头目点灯子凶相毕露，用枪指着“川口号”的众船工：“这船货物我们扣了，你们是跳黄河，还是吃枪子？快快选择！”

老艄公丁振兴一眼看出，这些河匪是一伙亡命之徒，如果坚持下去，众船工有生命危险，心想好汉不吃眼前亏，于是用暗示的眼睛斜扫了众水手一眼。然后对被绑在船尾的王碛妹道：“主家，我们跳河了！”一个猛子首先扎进河里，众船工见状，一个个跟着默默地跳进黄河里，霎时消失得无影无踪。

被绑在一侧的王碛妹眼睁睁地看着“川口号”被劫持了，水手们被一个个逼进黄河，乌兰大哥被枪击也掉进黄河。她像一尊石像一动不动地被固定在船舱，呆望着黄河，倾听着浪涛的呻吟，这呻吟是她痛苦的心声，她像一个斗败了的战士无能为力地垂下头，愤怒的脸上流下无可奈何的泪水。

正是：乌兰雇来川口号，装上货物推开棹。
穿过枣峁南山寺，碰上河匪蒙面盗。
劫船劫人逞疯狂，杀人越货刀出鞘。
枪击乌兰跌进河，碛妹被扣怒火烧。

第五章

杨猴小窜入边塞卷起烽烟
井岳秀为弟报仇施用酷刑

这一天，驼城榆林刮着大风，井岳秀和他的护腙兵，骑着高头大马视察军务刚刚回到官邸。副官进来报告：“申队长求见。”

井岳秀：“哪个申队长？”

副官：“就是当年捕获李栋才的那个申大毛申队长。”

井岳秀蓦然想起：“噢，让他进来。”

申大毛神气地：“司令，我回来了。”

井岳秀：“有消息吗？”

申大毛：“报告司令，从南梁上来一股赤匪，带头的是刘志丹、谢子长，他们狡猾得很，今天至这里闹哄，明天又到那儿折腾，组织百姓秘密开会，抗捐、抗粮，闹腾得鸡犬不宁。”

井岳秀：“怕啥哩，带上你的特务营继续侦察，找机会把他们赶出榆林地界。”

申大毛：“是！”退出。

井岳秀望着他的背影，十年前为胞弟井勿幕报仇的事顿时浮现眼前。

猛格拉擦一声雷，长城线上来土匪。血红的夕阳掉进了大漠孤烟的沙蒿梁，长城沿线的黑夜降临了。杀人如麻的杨猴小的势力像野草在这片土壤上疯长，祸害着这一方百姓。在黄河晋陕峡谷的陈家碛，沙里狐爪牙点灯子抢劫商船的时候，西口路上也在演绎着一幕兵来匪去，匪去兵来的官匪争斗好戏。

杨猴小这个人物，在西口这块地域无人不晓。有人描绘出他出生在内蒙古的伊克昭盟（今鄂尔多斯市），因排行老小，人称其为杨猴小。从小与村中赖皮习武，打架斗殴横行乡里，被父母驱逐在外。他贼心不死，先投靠土匪王英，后被“东陵大盗”孙殿英收编。“四马拒孙”事件后，自己拉起了杆子。一次抢劫牧马一千多匹，匪徒们全部是轻骑快马如旋风一般，十里外都能听到密集的马蹄声。杨猴小骑的一匹黑色走马，浑身铁青，马的笼头用人皮拧制，马的铃铛项链用人的指甲串成。一旦入村，杀人放火，抢劫掳掠，剥人皮，割肉帘，绑票祸害，惨无人道。是当时西部最野蛮、最变态的一股悍匪强盗。因其飘忽无定，榆林军阀井岳秀“任凭风浪大，稳坐钓鱼台”，也就睁一只眼闭一只眼，任其逍遥法外。

就在这个节骨眼上，井岳秀的胞弟井勿幕被人暗杀了。井勿幕，字文渊，少年时代颇有雄心壮志，和胞兄井岳秀经常纵论天下大事，对清政府的统治甚为不满，多有斥议。一九〇三年井勿幕赴日留学后，深切怀念灾难深重的祖国，写下一幅“伤心痛苦几无泪，悲处行吟尽是忧”的字联悬挂案头。

一九〇五年秋，孙中山在日本创建同盟会，井勿幕立即响应。不久，孙中山委任他为同盟会陕西支部长。回陕后，胞兄井岳秀读孙中山手书受到极大鼓舞。井勿幕组织起知识界、军界、刀客、会党中的进步力量，一时间众流汇合，群情一致，风起云涌，具有春草怒发之势。反对帝制，光复陕西，井勿幕是一位先行者，成为当时陕西靖国军总指挥。谦受益，满招损，井勿幕少年得志，目空一切，受到同僚猜忌，加之军内争权夺利引起内讧，时任靖国军第一路军司令的郭坚心怀妒忌，精心策划以“商谈军务”为诱饵，密派部下李栋才将井勿幕诱捕并杀害，成为当时轰动全国的一大要案。

消息传到榆林后，井岳秀悲愤欲绝，决心为胞弟井勿幕报仇雪耻。时任陕西总督的陈树藩，为避免事态进一步发展，影响陕西的政局，于是秘密给了李栋才二万银圆，劝其逃离西安，暂避锋芒。李栋才依其所言，便逃离陕西秘密在汉口日租界地躲避。

世上哪有不透风的墙？作为榆林军阀的井岳秀，他深知此事涉及面较广影响较大，不便明目张胆地去追杀，只好组织了一支秘密侦破队，命令申大毛深入各地寻觅元凶。数月过去仍无踪迹，正在为难之际，某一日终于在汉口日租界地获得李栋才行踪，便神不知鬼不觉地将其秘密捕获押回榆林。

痛恨至极的井岳秀，命令一群大兵扑上来把李栋才按在一棵榆树上，四枚寸许长铁钉钉进李栋才四肢，亲自动手对其使用了最残酷的手段，抽筋剥皮，如注的鲜血染红了树下的泥土。并用其人皮制成马鞍皮垫，以泄心中的仇恨，此事过去多年，井岳秀终于报仇雪恨了。然而，人们认为他使用酷刑是公报私仇。他“量小非君子，无毒不丈夫”的毒辣手段也许是他从政的作风。

这时候窜入长城沿线的惯匪杨猴小，武装势力越来越大、越来越猖狂、越来越野蛮。从黄河晋陕峡谷到长城边关要塞，所到之处烧杀掠抢群众苦不堪言。迫于压力，井岳秀不得不举起征剿杨猴小的大旗，命令高双成等部下率领骑兵步兵数千人与杨猴小的武装势力摆开战场，一时间烽烟四起，战火硝烟燃烧着陕北大地。

商贸战线的西口路上出现的另一股势力也是惊人的——沙里狐这只狡猾的狐狸。人们传说他勾结惯匪杨猴小，驰越于西口各地的长城边塞，渗透于黄河两岸的峡谷古堡，趁战火之乱，行劫掠之实。两年来，他的劫掠激起了人们的公愤，好多西口商旅都曾遭到他的袭击。

这个飞扬跋扈的沙里狐行踪严密，诡计多端，他的老巢在哪里却无人知晓。他的行径实际上跟杨猴小一样可怕。在商业上擅用欺诈之计和设置圈套，如果他想揭开某个秘密，或者想设计出一个陷阱时，总是用最卑鄙的阴谋手段和最野蛮的进攻伎俩劫持商旅，成为西口商路的一霸。

沙里狐是榆林塞外三马路、四马路使人闻之丧胆的青面獠牙土匪，在晋陕峡谷黄河水路上也是一个绿林赤眉的强盗。他的喽啰帮手都是一些天不怕地不怕的亡命之徒，每次劫掠成功，他们都会“发泄”般庆祝一番，激励这些赴汤蹈火心甘情愿为他卖命的匪徒。任凭严刑拷打都不会揭发出他们的首领，这是沙里狐在他们身上产生的真正魔力。

钻在商贸战线阴暗角落的秘密“鬼魂”沙里狐，为何遭不到榆林军阀井岳秀的彻底征剿打击呢？在井岳秀看来，有了这些商贸大盗，他的剿匪经费和武器就会不断地滚滚而来。而沙里狐呢？在军阀和惯匪之间获取“鹬蚌相争，渔翁得利”之实。在行尸走肉，鱼龙混杂的官场掩护下，也为他长期闯荡江湖，劫杀掠抢，创造了有利条件和生长的温床。

点灯子刘彪，奉了他的主子沙贵图密授机宜后，在黄河陈家碛底以武力抢劫了“日升昌银号”的货船，并以凶残的手段将七名船工逼进滚滚的黄河中。将货船主人——王家小姐手脚绑住软禁在船舱。一切计划实施得非常顺利。抛弃了自己的那条木船，驾起了抢劫的“川口号”，六名歹徒操起船桨，由头目刘彪亲自掌舵指挥顺流直下，向宽州的河口渡驶来。

河口渡是无定河流入黄河的一个交汇之处。无定河是黄河中游最大的一条支流。发源于吴起、镇靖、盐州三县交界的白于山。山中有一高峰，人们称它为魏梁。云遮雾罩，神秘壮观。群众戏称，白于山虽高，还在魏梁的半腰。其海拔高达一千九百余米，是陕北最高的山峰。无定河的源头红柳河从白于山弯弯曲曲的皱褶中流出来，沿途经过无数细流侵蚀着梁峁塬涧汇聚而成，白于山脉梁长峁短，涧平土厚是这股浊流冲刷丘陵沟壑发育生长的基础。

红柳河流出白于山后，分成二股，一股从镇靖县小桥畔冲向夏州的波罗和响水镇向东而去。另一股从宁条梁进入鄂尔多斯的乌审旗，连接纳林河、海流兔河一百六十多里的大湾折向东流，再入陕境。两股支流一路横冲直闯在榆林的榆河堡汇聚成一股滔滔主流，沿着背干川再向历史上的“全秦要户”宽州流去，然后从王宿里的唐王寨脚下抵达河口渡注入黄河。

无定河被称为高原生命之河，其历史可以追溯到秦代。秦始皇为巩固边防曾派大将蒙恬和长子扶苏率领大军三十万，以无定河为境，屯兵戍边。频繁的烽烟战火侵蚀着这条陕北生命之河。大夏国都统万城就坐落在无定河岸。据《太平御览》记载，当年赫连勃勃北游契吴，升高而叹曰：“美哉斯阜，临广泽而带清流，吾行地多矣，未有若斯之美。”于是下令在此建都，他命近臣叱干阿利征集各族民夫十万人，九年筑城，取意于君临万邦可以统万，遂命名为统万城。这个固若金汤的城堡连赫连勃勃儿子算上，也只逞大夏二十六载，就被北魏的拓跋焘攻破灭亡。一座古城的残骸，一个历史的骷髅，已躺在茫茫的无定河畔。“可怜无定河边骨，犹是春闺梦里人。”这是自称“三教布衣”的唐代诗人陈陶所描绘的烽烟战火悲凉绝唱。

到了宋代，无定河一带曾是党项族所建的西夏国，每逢山洪暴发，大小河的泥沙浸注，由于溃沙急流，深浅无定，得后来这个“无定”的名字。历史更迭，烽火征战，绿柳不见了，沙田不见了……一九二九年无定河一带遭受特大饥荒，饿殍遍野，尸横道路，不为溺鬼，尽成流民。据老人们讲，天旱闹饥荒时，都是树先枯人后亡。因为果腹救命一样的食料就是树皮。荒旱年人们能熬到春天就不会饿死。春风一吹树抽芽，野菜生，树头上的槐花、榆钱、椿叶，地里头的苦菜、沙参都是救命的食料。

在无定河畔的碎金镇城东五里有一片柏树林，是瓦岗寨申老七家族种下的一圈有几十棵绿格铮铮，神采光华的老柏树。讲究“无荫不成庐，无树不成族”的寓意。树是家族的象征，也是地址的招幡。多少年来，这圈柏树林不仅是碎金镇申氏家族的象征，也成为过路商旅遮阴纳凉的歇脚点。去西口的商旅到了碎金镇第一眼照见的是它，从西口返回来的脚户第一眼瞅见的也是它。

民国年以来，无定河也是商家货物流入陕北内地的主要通道，“山间铃响马帮来，驼铃声声走西口”的一条水陆干线。碎金镇古堡是这条干线上的货物集散地。明清时期这里创造了旷世商业和金融奇迹。吸引了全国各地的商客来坐庄设店，内蒙古的边商和山西的晋商多在这儿设有分店。商业的内容日渐丰富，除了原有的大车店、客栈和转运商号外，最兴盛时全堡各类生活服务性店铺有二百多家，包括酒店、金银首饰店、百货店、糕点铺等。与经济生活发达相适应时产生了当铺、票号，甚至还产生了妓院。

古堡里的百顺当铺，便是沙贵图公开经营的一个商贸字号和输入陕北各地货物的一个秘密据点。近几年来，陕北的官与盗烽火不断，兵与匪之间不断交锋，像小孩子捉迷藏一样演绎着一场战争的游戏。碎金镇这块商贸集散地，历史的烟云虽然渐渐淡去，回光返照的繁荣仍然在这儿产生，也就为一些阴谋家、土劫匪明抢暗夺创造了机遇。

跟着好人学好人，跟着巫婆会跳神。外号点灯子的刘彪这个善于打家劫舍的惯匪，确有耳听八方眼观六路之能，每临抢劫大事，眼中闪射出逼人的光芒，在这个行当上从无一点焦虑疲惫之态，总是抖擞出一副盛气凌人的狡猾嘴脸，每次杀人越货，刀口舔血，总能干净利落不露痕迹。此次将日升昌银号一船货物劫持到手，将女主人王家小姐一并抓获，犹如探囊取物，唾手可得。他自鸣得意这一局妙棋，一定会受到东家的称赞。

落日西垂，河口灰暗，他指挥并操纵这条劫持来的货船，劈波斩浪顺流而下，夕晖不时在他那冷峻的脸上跳跃着得意的光斑。灰蒙蒙的峡谷活水微澜，河口古渡星火点点，掩隐在一个三角形的河湾，黑压压、灰沉沉的峡谷间停靠着不少的船只，微弱的灯光下隐隐约约看到河口渡的轮廓。

此刻，河口渡峡谷慢慢黑下来，晚幕的夕辉沿着峭壁缓缓下降，涛声的气息开始浓烈起来，夹杂着微微的潮湿，吹过来的河风使刘彪打了一个寒颤。心急火燎地驾驶着劫持货船，推动着棹杆在河岸穿行，诡秘的目光四处窥视一个合适的地方。像坠入古渡船坞的云中雾里，搜寻着躲避停靠的码头，然后使个眼色给同伙，似乎在这里可以安身了。

正是：长城悍匪马蹄腾，军阀统治榆林城。
胞弟匆幕遭暗害，报仇雪恨施酷刑。
西口商贼成鬼蜮，官匪恋战匿行踪。
落日西垂河口暗，寻找码头藏起身。

第六章

陈家碛乌兰得救勇追河匪
黄河上船夫誓言同舟共济

乌兰并没有受到致命的伤害。

他跌进黄河后小心地躲在水下顺流向前游去，因此点灯子刘彪一伙并没有发现，最后他忍着臂膀的疼痛，终于爬上了岸，由于流血过多，精疲力竭地倒在河滩上。

当他清醒过来时，发现自己躺在一眼窑里。窑洞里几个熟悉的面孔望着他照料着他。面对这些既熟悉又陌生的面孔，乌兰想问这是怎么一回事，老艄公丁振兴却先开口："老弟，你的身体还虚弱，等一会儿再告诉你。"憨厚的面孔笑了笑。一会儿，几个年轻水手将乌兰扶着坐了起来。老艄公便向他讲起他们所遇到的那场抢劫行动："你被河匪枪击负伤跌进黄河后，匪徒们跳上船开始了他们疯狂的抢劫行动。

那个自称点灯子的头目举着一把手枪在女主人面前晃了晃：'你是日升昌银号的货主吗？'

她愤怒道：'你们知道，还问什么！'

他似乎满意地说：'是，就好！'便下令将她看管起来。然后用枪指着我们吼叫着：'这船货物我们扣了！你们是跳黄河，还是吃枪子？'我们正在犹豫时，他便向船板开了两枪，大声喊着：'跳？还是吃枪子？'

那种野蛮凶残的行为，分明是一伙杀人不眨眼的刽子手。在那个生死攸关之际，眼看没法，只有跳黄河求生。于是我向大伙扫了一眼，默契地便一头钻进黄河里，紧接着大伙一个接着一个地都跳进了黄河。”

乌兰怒不可遏地：“这伙可恶的强盗！他们没有向我家主人下手吗？”

“他们只是将她铐了起来。”

“你们又是怎样救了我呢？”

老艄公舒了一口气，“先生跌进黄河后，他们接着逼我们跳进黄河。那伙强盗哪里知道我们船工一辈子和黄河打交道，像《水浒传》里说的，个个都是浪里白条，水中蛟龙。我们跳进黄河后先在水里潜泳了一会，不久我们一个个都在下游处上岸，便来到这个歇脚之地。发现先生已躺在炕上睡着，我们也就放心了。这个地方很安全，是我们船家歇脚打尖的地方。”

乌兰看着自己的臂膀：“感谢你们救了我，为我包扎了伤口。”

老鞘公吃惊道：“这话从何说起，我们并没有救你，也没给你包扎伤口，我们进窑时已发现先生躺在炕头。”

“那么是谁将我从河岸救到这里呢？”

“不是先生自己走到这里的吗？”

“我从黄河挣扎爬上岸，已失去知觉。”

“这也奇了，这儿离河岸大约有一里路，是谁将你背到这里，还给你包扎了伤口？看来先生是一位贵人，有神人帮助。”

乌兰满腹疑惑再三追问：“真的不是你们救了我吗？”

老艄公和众水手：“我们并未做这事。”

乌兰眼里噙着泪水喃喃地：“这……这是哪位不愿透露身份的先生救了我呢？”

他猛地坐了起来便问：“我睡了多久呢？”

“大约有两个时辰！”

“匪徒们不是也乘一条船来的吗？”

“是乘一条船来的。”

“我想他们既抢了货船，那条船也就多余了。如果没有破坏的话，估计那条船还会遗弃在原地。”

“先生想利用那条船？”

“是的！”乌兰用手按了按肩膀，一个大胆的行动计划在他胸中酝酿着。“我们那条货船被河匪劫持后，他们会开往哪里呢？”乌兰问。

老艄公丁振兴沉吟了一会：“我想只有一条路可走，去宽州的河口渡，也就是我们要去的地方，河口渡是无定河流入黄河的入口处。沿着川道溯河而上，可直达宽州、名州、银州和碎金镇古堡，然后再到驼城榆林。特别是碎金镇这个地方，是西口路上的一个重要商贸物资转运地。从黄河运输过来的物资，大都通过碎金镇疏散至各地。它是物资转运的咽喉要冲。如果估计没错的话，他们会利用河口渡转运这批物资。”

乌兰眼睛一亮：“此处离出事地点有多远？”

“也就是十里的路。”老艄公说。

“我们可否利用那条船呢？”

“先生想怎么样？”

“把我家主人救出来。”

“你还有伤。”

“不要紧，只是皮肉伤，不碍事。”

老艄公丁振兴此刻觉得眼前这位先生不是一般的人物，他看起来少言寡语冷冰冰的，却内藏一颗火热的心。在这种危难的情况下，自己负伤不说，还想着救人，实在是好心肠，于是他便向乌兰说：“先生，你真是一条硬汉子，大难不死啊！当你负伤掉进黄河后，匪徒们估计你会淹死的，他们没有向你开枪你才得以重生，是你的福气！至于那条船，如果没有破坏的话，是可以利用的。”

这时乌兰从怀中掏出一个小包，取出十四块大洋递给了老艄公：“拿着吧，每人两块，一点小意思，不成敬意。”

老艄公忙用手推开：“先生见外了，咱们是患难之交，我们虽然困难也还是在本乡田地。你是上路人，困难比我们多，还是路上用吧。”

“钱是少点，但这是一点心意，以后定当再谢。拿上吧，不要再推辞了。”

老艄公见先生心诚只好收下。

乌兰站起来：“事不宜迟，我们是不是可以马上行动？”

老艄公意识到要抗拒这个人的意志似乎很难。于是他用目光询求大伙的意见，众水手点头表示同意。他便回头对乌兰说：“好，我们立刻就出发！”

一个多小时，他们便来到出事地点陈家碛底。夕晖中一条木船静静地躺在黄河岸边，露出它淡淡的灰暗身躯。原来这伙强盗的做法和乌兰预想的一样，劫持货船后并没有破坏这条船，也没有带走，而是遗弃在陈家碛底，他们乘着劫持的货船离开了。乌兰和船夫们登上木船，发现棹杆和双桨完好无损。

“这条船我们完全可以利用！”乌兰长出了一口气。

“谢天谢地，他们没有破坏！”老艄公说。

“你看我们什么时候入水开船？”乌兰问。

老艄公看了一眼天气便道：“天已快黑了，黄河明石暗礁很多，不能夜航，我们就在船上歇一宿吃点东西，明晨黎明前出发，二百四十里航程，船又轻便，一天就可以赶到河口渡。”

“好！就依你说的办。”乌兰赞成地说。

老艄公丁振兴是一位有着黄河人所具有的刚毅血性和敏锐观察能力的船夫，他猜想这位先生一定有什么秘密和动机支配着他的行动。从他沉着果敢和奋不顾身去营救自己主人的行为来看，他绝不是一名普通的买卖人，从他的行为举止隐约看出他身上蕴藏一股正义的力量，老艄公既欢迎他，又敬畏他。

乌兰没有睡觉，被匪徒枪击的肩伤感到阵阵剧烈的疼痛。他作为日升昌银号管家和主人的助手，肩负着保障此次运输安全的责任，不巧遇上了大盗沙里狐的爪牙，货物被抢劫一空，主人王碛妹生死不明，这令他想起来十分难过。这些穷凶极恶的劫匪，以一种惯用威慑力，自称是劫富济贫的绿林好汉，他们打着沙里狐的幌子，行凶作恶，目无王法。所谓沙里狐到底是一个人名，还是一个“符号”？如果是一个真人，一个西口大盗，他会隐藏在什么地方呢？此次货物的劫持，证实了这股商道顽匪的存在，其凶残程度是十分可怕的。这些爪牙及其喽啰敢于在光天化日之下抢劫行凶，危害社会，危害商道，比拉起武装势力的杨猴小更为可恶。想到这里乌兰深感自己的责任重大。为了蒙汉人民的利益，为了虔诚的革命事业，为了为父亲报仇，乌兰决心斗争下去。五年前，他秘密加入了蒙汉游击组织，就是要彻底清除蒙汉商贸线上的败类，将杀害父亲的凶残强盗绳之以法，于是他便将名字由扎力格改为乌兰。利用日升昌银号的商贸经营渠道，秘密调查商道上的败类。此次货船遭到河匪的劫持，暴露出大盗沙里狐及其团伙的一些蛛丝马迹。必须继续深入下去，必要时还得秘密探索虎穴，一来救出主人王碛妹，二来进一步探明这股黑暗势力及其商匪悍霸行踪的走向，完成组织上交代的任务。

夜幕降临，望着老艄公热情刚毅的面孔，乌兰心里踏实了许多。这位质朴憨厚的黄河船夫，在关键的时候能支持此次行动，可见他对这股匪徒也有着强烈的痛恨，是一位爱憎分明的黄河老人。艰难困苦的生活磨炼使他没有退缩，身体力行地支持着正义的事业，是十分难能可贵的。想到这里，乌兰便靠了过去和老艄公丁振兴搭讪：“老人家，你估计那条匪船什么时候能到河口渡？”

老艄公想了想：“从陈家碛到河口有二百多里水路，还要经过几个险滩隘口，最快也需两天时间。”

“我们可否赶上呢？”

“他们是重船，我们是轻船，如果不出意外，我们争取赶明日天黑之前到达。”

“救人如救火。我们已经耽误了一天，我们又不能夜航！”

老艄公丁振兴有些严肃地说：“夜航是绝不可以的。黄河水路礁多水急，弯道又多，夜间视线又不清楚，一不留神就会船毁人亡，再精明强干的水手也是不敢夜航的。不过，我们可以起早一些，也许在太阳落山前可以赶到河口渡。”老艄公深思熟虑的话语使乌兰更坚定了信心。

夜已深了，河岸一片静寂，明亮的星星眨着发光的眼睛。乌兰向一旁吸烟的老艄公道：“我们一块生活了两天，敢问老人家祖籍是哪里？”

老艄公望着这位陌生先生，叹了一口气：“我老家是黄河岸边的拐上村，就是你雇船去过的地方。因黄河在那里拐了一个弯，人们习惯地称之为‘拐上’。祖祖辈辈靠水吃水，靠放船拉纤过日子。小时候因家境穷苦，没有上过学，一字不识。在我记忆里每当夏天就在黄河里泡着。十三岁就和同伴可以横渡黄河。十七岁那年父亲带我上了船，当了一名船工。从此开始了上至河套，下至潼关的水上生涯，半辈子漂泊在黄河里。那年，老父亲在黄河红龙城石矻上拉纤时跌进了黄河，再也没有浮起来……酸甜苦辣真是三天三夜也说不完！

“一次走西口上包头，商家要我们制作一个油筏，将三万斤胡麻油运到碛口。油筏这玩意儿我从未亲手制作过，装卸特别新奇，形式十分古怪，将油装进一个特别的‘浑筒’里，连成一大片，漂浮在黄河上。”

“‘浑筒’是用什么材料制成的？”

“说也复杂，也不复杂。将羊或牛的头割去，然后囫囵往下剥皮，再到皮坊去毛熟制，就成了可装油的容器。使用时从颈部将油倒进去束好，再从一只腿部吹进空气扎紧，就可以在黄河上漂浮。浑筒既可链筏漂运，也可作为泅渡的护身符。浑筒链在一起依然绑有舵，就能开航下漂，有时黄河水太瘦容易搁浅。有一次时逢冬季，油筏搁浅，我们就下到冰冷刺骨的水里推筏子。经过千辛万苦五天的昼行夜宿，才到了碛口码头。”

“一条船最多能载多少重呢？”

“黄河船只有大有小，大的可载十余万斤货物，小的只能装几千斤。像现在这条船也就是三万斤左右。人们常说，船是木龙，越小越灵。小船只能摆渡，不能远航。远航的船一般是六名船工一名掌舵老艄。老艄是有经验的船夫，对河道水势十分熟悉，哪个湾上有激流，哪个地方有暗礁，一眼就能看得出来。不然的话，不是搁浅，就会遇上暗礁，发生砸船的危险。所以说河上的老艄，也就是船上的掌舵人。”

“你做老艄有些年头了？”

“也就是二十多年。”

“有一句俗话：船夫拉纤黄河畔，一滴汗珠摔八瓣。船工们在纤道上拉纤，是在鬼门关上踩高跷。”

“这话怎讲呢？”

丁振兴继续道：“货物运到目的地，回程必须拉纤，拉纤是逆水行船，不进则退。夏日烈火灼背，冬天冰水刺骨，黄河晋陕峡谷纤道大都在悬崖峭壁。像黑脖子纤道、一百占纤道、石眼子纤道、红龙城纤道……人称是阎王殿、鬼门关。也是祖祖辈辈黄河船夫用流血的脚板踩出来的一条血路。下面是黄河，上面是纤道，黄河惊涛裂壁的声声怒吼会使你胆战心惊，一条纤道就是一条流血天梯，一不小心就会摔得粉身碎骨。人常说，‘炭毛子是埋了没死，放船的是死了没埋。’黄河这条险道上不知有多少可怜的船工喂了鱼鳖。从河套到潼关要经过许许多多激流险滩。船家都编成顺口溜：龙口碛吐水浪排头，老牛湾洪波如雷吼，万家碛卷起开花浪，娘娘滩列石滚坡流，狮河碛排下石头阵，罗峪碛浪谷蛟龙走，佳芦碛飞流冲石壁，翻人碛暗礁水底游，大同碛洪波出虎口……”

壶口，被称作是黄河第一碛，是不能行船的。飞流跌峭壁，洪波一壶收。九里三分深，一年磨一针。壶口碛到底有多深，谁也没有测量过。货船要过壶口，全靠船工一步一步在旱路上推碾过十里龙槽，再将货船推进黄河驶向目的地。正月十五闹红火搬旱船，就是演绎船工们在旱滩上搬船的情景。

“黄河船夫们有信仰吗？”乌兰问。

“有信仰，是河神。每次放船远航，船工们就许愿祈求河神保佑，点香烧表，摆供献牲，嘴里念念有词：河神，河神，盼你显灵，拽岸有岸，流河水深，拉纤过崖，脚板生风，保佑我们，一路太平。”船舱里船工早已熟睡打出了震耳鼾声，老艄公丁振兴便对乌兰道：“先生您也睡吧，夜深了。”

“好，我们睡吧。”乌兰便靠着船帮合上了眼睛。在万籁俱寂的黄河岸边，他睡不着，心里思谋着一个问题，那条船是否向河口渡开去呢？两天前，被那伙亡命之徒击伤跌进黄河，幸亏自己还识得一点水性，潜泳挣扎着爬上岸，昏迷之际被一位神秘人物救起并包扎了伤口，又将自己移到一个安全的地方，不露身份地突然离开，是哪里的一股力量不得而知，似乎有一个神秘的影子护卫着自己，实在有些不可思议！这次幸免于难，不仅得益于异人的暗助，还得到船夫们的热心接纳，奇迹般地寻找到这条被遗弃的木船得以利用。想起来，真可谓是不幸中的万幸！眼前的黄河岸涛声依旧，一波一波泛着微弱光线的浪头由远而近，发出悲哀低沉的声响。此刻他仰望着夜空满天星斗，蓦然，在漆黑的夜色中飞过一些萤火虫，划过一条淡淡的亮光，远处传来了几声单调的狗吠，朦朦胧胧地似乎来了睡意……

正是：乌兰落水未淹死，爬上河岸晕倒地。
神秘救护包伤口，船家费解成了谜。
身虽受伤心谋划，驾起匪船追河匪。
黄河老艄话河殇，营救商女气不馁。

第七章

河口渡乌兰泅渡营救商女
夜幕下活水微澜刘彪失算

雄鸡三唱，曙光微露，东方泛起了淡淡的鱼肚白。一阵晃动，乌兰被惊醒了。船工们开始忙碌早饭。一个船工从黄河中淘起一桶浑浊的黄水上船，从身上摸出一点白矾撒在桶里的水中，用木棍搅了搅，黄水中的沙子唰唰地往下沉。一会儿工夫，浑浊之水沉淀得清澈见底，船工们生火做饭，船舱顿时炊烟袅袅。早饭吃过后，众船工跳进水里将船迅速推到主航道。老艄公丁振兴脸色严峻，微弱的晨光在他脸上闪现出淡淡的光彩，他目视着前方，吆喝着船工，推动着棹杆，六名水手默契配合，木船卧浪滚波，风驰电掣地穿越着大河浪谷。

老艄公丁振兴是高个儿，在船上是首屈一指的大个头。两个肩头长满了结实肌肉疙瘩，面孔和臂膀被烈日烘烤辐射得黝黑黝红。他的额头很高，在一块白羊肚手巾包扎的黑发下，一双大眼睛闪闪发亮。他发出的声声呐喊就像逆风中浊浪撞船的撕裂和呼啸声。在他用有力臂膀推动棹杆船只撞击开花浪的时候，似乎在刹那间便将水下礁石透视得一清二楚。这也许是他长期穿梭黄河乘风破浪养成的独具神眼。

中午的时候，他敞开胸怀露出粗壮胸脯，在激流中每呼吸一下，肋部便显现出风刀霜剑锻造出来的肋条——这是一名老艄公长期在黄河上与风浪搏斗所养成的习惯动作和姿态。老艄公丁振兴偶尔也说一些自傲的笑话：他说碛口古镇这个黄河九曲的咽喉要地，当年碛口人弄潮，创建了旷世的商业和金融奇迹，是他们黄河船夫用泪用血浇灌出来的。从明清到民国晋商的繁荣与衰落，都与黄河船夫息息相关。叱咤风云两个世纪，他们的祖辈们和这一条黄金水道艰苦拼搏了近二百年，这是他们黄河船夫的骄傲。有一句谣谚说得好：碛口街里尽是油，油篓垒成七层楼。白天黑夜忙不休，三天不运满街流。当人们赞扬“物阜民熙小都会，河声岳色大文章”的时候，有他们一份功劳，他热爱黄河，就像热爱自己的母亲一样。

黄河在中国是一条大河，它是注入大海泥沙量最大的河流。人们说，“黄河斗水，泥居其七”，在世界上也是少有的。每年洪水冲刷，黄土流失，下游浊水含沙量每立方米达四十五公斤，年平均输沙量达十六亿吨。有人计算，把黄河每年输送的泥沙堆成高、宽各一米的土墙，可以绕地球二十七圈。

黄河这条巨龙，时而静伏，时而奔腾，时而温顺，时而暴烈。得益左右，发危两岸。善恶交错，利弊共存。但人们总说它“有百害，无一利”，也有“天下黄河只富宁夏”之说。

在这风声鹤唳之际，乌兰担心在航行途中遇上杨猴小的匪部，这种担心并非毫无根据。视线里那些匪徒践踏过一处处村庄窑院烟尘滚滚的还在不断燃烧。在这场猫鼠游戏官匪恋战的劫难中，陕北高原的老百姓对这场战争早已是深恶痛绝。

乌兰意识到在这片烽火连天的黄河上航行必须非常谨慎。远处川道里升起烟云说明那些村庄余烟仍然未灭。井岳秀的部队和杨猴小匪部正在这一带作战。有些地方鲜血还在喷洒，有些地方窑院尸体横陈，有些地方烽烟滚滚燃烧。沿途听人说，在高双成部队里有一名年轻指挥官，带着一队骑兵，横冲直撞，如入无人之境。已向黄土峡谷深处扑去，锐不可当，冲到哪里，哪里的局面就会迅速改观。尽管匪首杨猴小不断冲着残部叫嚷：“谁杀死陈绍武赏大洋一千块！”还是死猫扶不上树，瞎毛鸽子遛房檐，节节溃败。然而这股残匪犹是绿头苍蝇——见缝就下蛆。神出鬼没，钻进黄河峡谷沟道中躲躲藏藏，隐匿在黄河枣林坪一带苟延残喘。高双成的部队一时难以得手，驻扎在无定河中游一带，派出侦探，寻找战机。

老艄公丁振兴驾驶的这条船，航行了整整一个上午，估计有一百多里航程，没有碰上一条船。两岸静悄悄一片荒芜景象，偶尔发现一些窑院也是关门闭窗死一般寂静。他们的这条船航行速度是惊人的，简直就是一匹脱了缰的野马奔驰在黄河浪波上。淌过鹞子碛，越过老鹳滩，船不停航，人不歇脚。饿了，就在平缓水流上啃上几口枣饼子，渴了，就喝上几口木桶里澄清过的黄河水。从老艄公娴熟的驾驶技术，搬桨水手的勇猛臂力和吃苦精神，能看出他们实在是一个非凡的硬汉群体。乌兰心中十分感动。他决心利用这一营救计划，一刻也不能耽搁。船夫们的行动确实也没有片刻延误，老艄公丁振兴和他的水手们乐于助人的精神和他们非凡的驾驶本领就是黄河人灵魂的化身。

落日渐渐西沉，夜幕即将降临的时候，乌兰远远看到了静悄悄的河口渡。白昼的河口渡，是无定河汇聚在黄河晋陕峡谷千仞绝壁下的一条支流交汇之处，也是黄河母亲最不听话的一个孩儿。它土生土长，从三边高原白于山的黄土皱褶中钻出来，带着一身黄土风尘和气息，老虎脑竦峙，黄泥水缠身，小桥畔奔腾，龙眼峡瀑布垂空，曲折山殇，蜿蜒连绵，携带着八个庄园的几十个小孙孙，时而被聚集成沙泊，时而又从黄土壁跌下，或桀骜不驯，或缠绵柔韧，给川道田畦以滋润，供牲畜牛羊渴饮，闯关越寨，冲川过道，一路风风火火，一路纵情歌唱，行进了九百多里的路程，最后涌入黄河母亲的怀抱。

当追踪河匪的木船快到河口渡时，在老艄公丁振兴建议下，他们对这条船进行了必要的伪装，放慢了航速，在一片朦朦胧胧的夜色中悄悄地把船开进了河口渡。尽管是一片漆黑的夜晚，老艄公以他那锐利的目光还是发现了自己的那条货船。船舱灯火点点，人影晃动，显示出鬼祟快速的装卸活动。一群脚夫正在挥汗如雨地忙着往骡背上捆绑货物，几个匪徒不停地指手画脚呐喊着。

“看见了吧，可能就是那条船？”老艄公说。

“看见了，不错！就是我们的那条船。”乌兰说。

老艄公丁振兴凑在乌兰跟前：“现在你能回答我几个问题吗？”

“说吧。”乌兰回答。

“你怎样去营救？”

“我准备泅渡过去。”

“营救成功后，你得迅速离开，一旦他们发现那位货主不见了会极力搜捕的。”

“是的，这我清楚。不过，你们几位船夫也不能待在这条船上，若被他们撞见或发现破绽，那伙强盗可是一些亡命之徒……”

“你说得对！等你营救成功后，我们还想将那条船驶回来，然后也会迅速离开。”他随手推过一个船工，“他的水性好，会帮助你完成任务的，事不宜迟，快快行动吧！”

“好，谢谢船家的协助，我们后会有期。”说罢，乌兰和船工两人便一头扎进水里。

阴云密布的河口渡，伸手不见五指。河岸停船的地方不时有一些微弱的灯火在晃动。峡谷涛声依旧，为乌兰的营救行动提供了一定的安全系数。在接近那条船的时候，船舱里黑灯瞎火一片狼藉。乌兰和水手毫不犹豫地钻出水面，沿着木船很快找到了他的主人。

被绑在船舱的王碛妹惊奇地喊道：“乌兰大哥你还活着？”

乌兰向她摆了摆手：“别出声，我们现在就把你救出来。”说着随手用小刀切断绳索。船工顺手一提便将她拉出船舱，迅速离开了货船。

他们这一营救行动虽然十分快速巧妙，还是被一个匪徒发现了。那匪徒先是一惊，随即便大喊起来：“来人哪，货主被抢走了！”刘彪闻声大吃一惊，随即大声吆喝：“快快寻找，不要让她逃跑了！”船舱周围立即出现一片混乱景象。

“你快回船告诉老艄公，我们就此离开，感谢各位兄弟热情帮助，来日定当厚报。”乌兰急迫地说。

“先生，一路顺风！”水手便一头扎进河里不见了。这时传来匪徒们的吆喝声，乌兰拉着王碛妹迅速隐在黑暗中。他们沿着黄河滩飞奔，恍惚间身后传来叫骂声，甚至还飞来子弹从他们身边呼啸而过，看来他们的营救行动已经暴露无遗了。

这块“石山土带帽，悬崖绝壁翘”的黄河地域，是一片圆浑的黄土丘壑群。在白昼的天际下俯瞰像排列的馒头，更像聚合在一起的乳房。王碛妹和乌兰沿着一条崎岖山路在黑夜中奔跑着。她急了，她知道趁热打铁的道理——烧红了的铁冷不起。只有奔跑才能摆脱困境，短兵相接勇者胜。黑暗中追撵者的阵阵呐喊声刺耳又揪心。王碛妹浑身简直像被灼热的焦土熔化了，两条腿像灌了铅似的，抬不动腿，提不起脚。这时后边又是一阵枪响，黑漆的夜空划过了一道亮光。除此之外，静静夜没有一点儿声音，只有两人的脚步发出沉重的沙沙声。她知道，逃跑，就是和追撵者争时间，就是和这股刀口舔血者摊牌。谁快？谁慢？她像一块烧红的铁块，浑身热血沸腾，激动得要死。此时此刻，她觉得他们是孤注一掷的逃跑者。眼前一片漆黑，心窝里顿时一阵刺痛，像一把尖刀插在胸间，似乎再也跑不动了。于是招呼乌兰休息片刻，两人在黑暗山坳间刚刚蹲下，一阵冷风吹来，她打了一个寒战，同时也清醒了。此刻，他们发现山坳对面似乎有一盏灯。她喃喃自语，也许是一个窑洞，一户人家，我们可以喘一口气了。

蓦然，又是一声枪响，几声狗吠。使她发热的心，再度跳动起来，勇气在战栗中滋生。求生的欲望与摆脱困境的骚动，使她和乌兰忘掉了乏困，顽强不屈地奔跑在夜幕中。

事实上，刘彪一伙发现有人在河口渡营救人质，说明他们在黄河陈家碛杀人越货和抢走人质的勾当已被人识破了。这一惊非同小可，它的严重性可想而知。于是，立即命令众匪徒连夜搜捕，对停泊在河口渡码头的船只逐个盘查，不能放过一个可疑现象和那些可疑的人。然而，匪徒们手握大刀荷枪实弹地搜寻了整整一夜，直到临天亮时，才在下游河岸发现被伪装的那条船。此刻刘彪恍然大悟，原来有人跟踪并利用这条船抢走王家小姐。说明他们的抢劫伎俩暴露无遗。想到这里他被吓得目瞪口呆。这事如何是好呢？虽然折腾了一夜，却是一无所获。盛气凌人的刘彪此刻灰塌塌地坐在船舱苦思冥想，得出的结论是：陈家碛那个负了伤的商客，落水后并没有淹死，得以逃脱，鼓动船工跟踪而来实施了抢救人质行动。他是个商人吗？有如此胆量！他长了飞毛腿吗？一眨眼工夫就消失得无影无踪，看来自己大意失荆州，让人家钻了空子。这一船货物再不能有任何闪失，必须格外小心秘送到碎金镇古堡。

刘彪越想越气的是，东家每次下达的任务他总能得心应手，多次棘手的任务都能出色地完成，因而深得东家器重，此次所交代的锦囊妙计却弄得泡汤了。到手的王家小姐也被抢走了，秘密任务办砸了，回去怎样给沙爷交代？想到这儿，他心里不觉有些战战兢兢，像放了气的猪尿泡一下软了。那张得意的脸上顿时显现出困惑和痛苦所折磨的皱纹，仿佛刚刚做完一场噩梦，惊恐地茫然四顾。不断地自言自语，真见鬼！这个日升昌银号的王家小姐她会跑到哪里呢？越想越觉得有些倒霉和晦气。便当机立断地叫过两个同伙命令道："这里没有别的路可走，只有一条路通往碎金镇。我想这两个男女一定会沿着无定河溯河方向潜逃，火速抓捕。不然很难给东家交差！"两个伙计茫然离去。

纵横的沟壑越发暗淡下来，冲沟漏斗融合成黑压压一大片，暗蓝色的天空中露出星光点点，深沉寂静的夜色中，传来啄木鸟发出的懒洋洋鸣叫，一会儿也就悄无声息了。疲惫不堪的刘彪忙活了一夜，一无所获，于是强打起精神，带着喽啰亲自押送驮运物资的马帮，离开河口渡，诡秘地穿行在黄土沟壑的皱褶之中，逃之夭夭。

正是：雄鸡三唱曙光出，长船一条顺水流。
闯碛历险不歇脚，顶阳摸黑到河口。
泅渡勇救王碛妹，惊得河匪骂声吼。
人被抢去货还在，忙赶骡驮钻进沟。

第八章

刘志丹陕北闹红星火燎原
土军阀密谋清党刺杀石谦

“红旗卷起农奴戟，黑手高悬霸主鞭。”在南方红军与白匪作战的硝烟中战火正在交错得如火如荼，北方陕北革命斗争也在风起云涌。共产党人唐澍领导的革命人民发动各地武装起义，不断打击军阀井岳秀的反共气焰。驻扎在清涧和瓦窑堡一线的一批爱国将士思想倾向进步，部队里多有共产党人和革命进步人士活动，成了军阀井岳秀的眼中钉，肉中刺。用狠毒残暴手段进行镇压，于是密谋利用所谓“清党”活动，开始秘密逮捕杀害共产党人。

一九二九年的七月二十日，是军阀井岳秀五十岁生日，井岳秀大肆操办进行阅兵活动以显示其军事实力。井岳秀命令其亲信利用为他祝寿为幌子，邀请石谦旅长来榆参加阅兵活动。井岳秀朝夕会晤，表面伪装友好，掩饰其歹毒之心进行暗算。某夜井岳秀派出杀手，向石谦住所进行秘密行刺，石谦不备中弹毙命。次日井岳秀放出消息，扬言石谦旅长被人暗害，派人到处搜捕刺客，弄得满城风雨。消息传到清涧和瓦窑堡，石旅的李象九和谢子长以报仇之名宣告起事，打响陕北起义的第一枪。井岳秀大惊失色，急忙派出高双成部队南下，以杀害、收买、调换等手段，分化瓦解，进行包剿。后因众寡悬殊起义军在清涧宜川失利，辗转分散各处进行游击活动。为以后建立陕北革命根据地，壮大红军武装打下良好基础。

这一期间，刘志丹率领的陕北红军在延长、横山一带组织群众打土豪，斗地主，开展了抗粮、抗捐的革命斗争。一把把闹红的火炬高高举起，一首首革命的歌儿唱了开来：

“正月里来是新年，
陕北出了个刘志丹，
刘志丹是清官，
他带着人马上了横山，
一心闹共产。”

斗争的火焰越烧越旺，星星之火开始燎原……

碎金镇东家沙贵图自从那天在红龙城古堡，向手下刘彪布置了劫持日升昌银号女继承人王碛妹的锦囊妙计后，似乎心有余悸，一直惶惶不可终日，心里嘀咕倘若这条妙计能顺利实施，则是他控制王碛妹的极好办法。日升昌银号近几年名扬塞外，如日中天，他有些嫉妒眼红了。庆幸经理王晋柳虽然精明强干处处谨慎，还是在他的引诱和操纵下做了不少烟土生意，赚了不少的钱。他想自己挺着脑袋像条野狼食肉嗜血，王晋柳则利用银号不费吹灰之力坐享其成，坐地盈利，心里总不是滋味。在和王晋柳经理的交往中，沙贵图情不自禁地把目光很快移在王碛妹身上，何况随着日升昌银号的不断发展，她已成为银号的掌门人，一旦经理王晋柳出现什么意外，王碛妹就是日升昌银号的法定女继承人，几百万家资掌握在她手里，沙贵图早已虎视眈眈，望着这笔可观的家产，他心里一直痒痒的，日思夜想密谋将王碛妹弄到手。可是他经过几次接触，王碛妹对他的无端骚扰十分反感，只好暂时罢手。正在无计可施之时，机会来了。日升昌银号货船在黄河大同碛遇险。似乎捞到了一根稻草给他带来了福音，便鬼迷心窍地使出劫货劫人的拙劣伎俩。妄想再导演一出“英雄救美”，赢得王碛妹的芳心。不料事与愿违，计谋没有向他预想的思路发展。传来了不好不坏的消息。货物到手，行动出岔，到手的货主又被人救走了。

沙贵图不听则已，一听如晴天霹雳，气得三魂落魄，七窍生烟！他挖空心思设计的这出欲擒故纵妙计，眼看水到渠成，却来了个中途枯竭，釜底抽薪，他十分恼火大骂刘彪不会办事！事已至此，还需再行打算。于是沙贵图匆匆收拾行装，带上他的左膀右臂申小龙，申小虎，一路马不停蹄赶往碎金镇古堡。

碎金镇古堡是榆关要塞的经济要冲，黄土丘壑和风沙河源接壤区域。无定河像一条游龙弯弯曲曲从古堡脚下穿过，勾画出半干旱半湿润的游牧与农耕的文野之分。当年北魏拓跋焘攻破大夏国都后，四十万边民被迁徙在了这一带。草莽好汉，乱世枭雄，野性狂徒，硬汉柔女，卸甲将士，杂交基因，造就了这一方血性族群，创造了这儿的民族大融合，形成了这儿的历史大冲撞。笑不够听不够的文化大交流荤故事荤段子留下一串串……庙上的门，杀猪的盆，新媳妇盖头，火烧云的四大红；头茬苜蓿，二淋子醋，姑娘的舌头，醋汁肉的四大香；婆姨生娃，老磕下娘，大雨塌房，狼吃羊的四大忙；掂大锤，拉大锯，上洼推车，和苒泥的四大出力……人老弯腰把头低，树老皮厚叶子稀，毛驴老了弹后腿，狗老咬人牙龇起，一种碎金镇人荤与俗的生命挣扎呼号，一种自娱自乐和玩世不恭的生活态度——没一点儿豁达幽默，这儿的人们活不下去。

清晨，莽莽苍苍的群山像刚刚出笼的馒头热气腾腾，夹裹着一条宽阔的大川道——背干川，宋代这里属于党项族所建的大夏国。如今这里开垦荒地之风炽盛，风蚀沙化现象严重。每逢山洪暴发，大河小河流沙倾注，浑浊泥流翻滚咆哮，忽而左边大片土地被卷走，右岸淤起座座沙丘，忽而河心鼓起个沙岛，眨眼工夫又变成深不见底的深坑。溃沙急流，深浅无定。当年宋夏交兵北宋军事家、科学家沈括曾在无定河一带抗击西夏。他著的《梦溪笔谈》中，对无定河做过形象生动的描写。他说："余尝过河，度活沙，人马履之百步外皆动，倾倾然如人行在幕上，其下脚虽甚坚，若遇其一陷，则人马拖车应时皆没。"道出了无定河泥沙滚滚，飘忽无定，车陷人淹的情景。

在北宋和西夏对峙的时候，这儿曾发生过著名的"永乐大战"。碎金镇古堡既是军屯垦区，也是双方交战的边防重地，留下了铁炉峁、火良城、永乐仓等军事遗迹。明代以来这儿是银州管辖。坐落在河滨的小川沟口的碎金镇，依山傍水，控川临谷，地势险要，上通下达，左右逢源，成为军事要地和经济枢纽的双料区域。历史上这块独特地域一直处在烽烟战火的隧道里。这儿的百姓在肉体和精神上具有一种承受战火摧残的本能。正因为这个本能也许是基因关系，他们的反抗能力和斗争遗风很浓。西夏奠基者李继迁，明朝末年的李自成，都出生在这儿的马湖峪沟和武家坡一带的丘陵沟壑之中。有风水先生预言："马湖峪沟口，狮象把门，钥匙殿开锁，必出贵人。"渲染和装点了这一地域的金贵厚土和神秘气氛。

碎金镇生意人信奉五龙显圣。何谓五龙显圣呢？它的来历与这里的五座龙王庙的诞生分不开。传说很早以前，葛家圪崂村有一位年轻的姑娘，长得俊秀，善行可风。一年夏季在沟底小河边洗衣裳，河上游漂来一个桃子，又鲜又嫩，姑娘捞起桃子，香味扑鼻，嘴刚一张那桃子竟然滚进了肚里。不久，姑娘的肚子一天天大起来，这下慌了，便悄悄对母亲说了洗衣裳吃桃子的事，母亲颇有些惊奇，父亲则认为女儿做了见不得人的事，将女儿毒打了一顿。姑娘羞愧难当，便偷偷离家出走。家里人不见了姑娘，心急如焚，四处寻找。最后发现姑娘躺在一个山峁上，双目紧闭，嘴里、两个鼻孔、两只耳朵爬出青黄红白黑五条龙来。人们惊恐万状，跪地祈祷。一会儿，龙向四方游去，转眼不见了踪影。后来，碎金镇出现五龙显圣。人们分别在殷沟修起青龙庙，五里坪修起黄龙庙，陈瑞沟修起白龙庙，河西五里沟修起红龙庙，红柳滩修起黑龙庙。尊称这位葛氏女为龙母娘娘，庙宇建在显灵的山峁上，似乎给商家带来了福音。每年农历六月十三日，善男信女接踵而来，庙峁神龛香烟不断。

碎金镇这块弹丸之地，北靠沙漠长城，南接黄河峡谷，从商贸角度，它是晋西北和内蒙古河套雄然挺脊的一处险关要隘。这块地方土地贫瘠，十年九旱，艰辛备历，年馑不断。然而，生活在这块朝秦暮楚的生意人，仍然毫不气馁地涌动着自己的商贸优势。将这块不为溺鬼，尽成流民的小镇，锻造成一处"物阜小碎金，聚散大镇川"的旱码头。炫耀着这块地域的商业繁华，拉开了西口路上的商贸锁链。从清代初年开始一批批外地商家利用本地廉价劳力，雇用马帮驼队穿梭于西口风沙线上，大批脚夫用血汗浇灌着连绵不断的运输力量，撑起了不少大字号和腰缠万贯的大东家以及混在商海中发难财的暴发户。

这块动荡之地，盗贼横起屡屡发生战乱。惯匪杨猴小和不沾泥的烧杀掳掠，像割韭菜一茬一茬不断侵蚀。小镇商业仍在一片风雨飘摇中苟延残喘。所幸是这块赢得商旅青睐的旱码头，黑白两道哪家谁也离不开。一批批一伙伙明的暗的和心狠手辣的败类，利用动乱时势钻进商贸行业尔虞我诈，趁火打劫，不乏有图财害命，奸淫掳掠的勾当发生，人们也就见怪不怪地麻木了。

在古堡万善桥一侧，有一处经营字号——百顺当铺。它的掌柜熊武是地道本土人，为人狡猾，能言会道，有五种过硬功夫。即走路如飞，干事不累，站着能睡，喝酒不醉，巧嘴能对……何谓巧嘴能对呢？传言一次地主状告贫民羊儿吃了他家冬麦，告上衙门打官司。两家都请他写状子。原告状子是："你家羊子，啃我冬麦，蹄刨鼻熏，连根掏尽……"被告状子是："冰冻三尺，地硬如铁，羊儿吃麦，又不拿板镢！"两家官司没输没赢。巧嘴毒舌神算子，吃了原告吃被告……从此人们都叫他武能人。此人身材矮小，相貌丑陋。一张瘦脸上嵌着一双鼠眼，下巴上留着一撮灰色山羊胡，显得有些凶险狡诈。他在碎金镇以"当铺"为幌子，专门销赃各种货物，经营手段高明，赃物善于脱手，在古堡街上颇有名气，这个"武能人"绝非等闲之辈。因当年曾给钥匙殿一个富豪做过一段时间管家，养成一副狡诈、献媚的嘴脸，深得这个富豪的赏识。

富豪是何许人呢？离碎金镇十里之遥的一个山梁上，有一处十分独特的窑洞四合院，虽然有些斑驳破旧，仍不失昔日的辉煌。它是破落财主闫老三父亲留下的一处宅院。传说闫老三父亲当年把生意从碎金镇一直做到京津一带，成为远近闻名的大富商。他万万没有想到，临到晚年，日寇肆虐，几经战火，世态炎凉，生意变故，客死他乡。留在家乡的小儿子闫老三惹上一身坏毛病，吃喝嫖赌，挥霍无度，吸食鸦片，半死不活，成为一个懒汉懦夫败家子，没过几年病魔缠身死在了这座旧宅院。而熊武呢？从那以后另攀高枝，投靠了碎金镇的沙贵图。他长相滑稽，装腔作势，经营设计，靠阿谀逢迎不久便擢升为当铺掌柜。

这天，沙贵图和他的随从骑着两匹黄骠马穿街而过，来到百顺当铺门前，勒住马缰巡视了一下街景，跳下马来将马鞭交给随从，信步走上台阶，熊武早已在等着向他表示欢迎。他俩来到一个房间，在一张桌子旁坐下来，桌上摆着两个酒杯和一瓶汾酒。汾酒是晋西北汾阳杏花村出产的一种烈性酒，它和竹叶青齐名，味道甘醇，是陕北西口一带最受欢迎的一种佳酿。室内正中墙壁上挂着一幅“老鹰扑食图”，上面题写着“先生学术赛孔明，武比常山赵子龙，答财进祝恩万重，富贵荣华步高升”，两旁是“驼铃碎金镇，雁翔铁炉峁”的隶书对联，是本地街头卖字人手笔，故弄玄虚，满室俗气，显现出一股商贸战线上的庸俗霸气。

熊武掏出一盒“哈德门”香烟递上，沙贵图嘴上点燃喷烟吐雾……

少顷，他问道：“刘彪的马帮来了没有？”

“昨日夜晚到达。”

“是些什么物资？”

“有布匹、丝绸、皮货、火柴等，都是紧俏的商品！”

沙贵图呷了一口酒：“要谨慎销售。”接着又问：“碎金镇一带时局和贸易形势如何？”

“前一晌，榆林军阀井岳秀派部下高双成追剿杨猴小和不沾泥，在名州和宽州的川道里打了一仗，据说两败俱伤，这儿幸免无虞。”

少顷沙贵图问：“当铺近来交易可好？”

“咱们的物资便宜有吸引力，脱手很快。”

“碎金镇商界谈论沙里狐吗？”沙贵图眯着一双鼠眼低声问道。

“谈……谈！都在谈论。一提起沙里狐这个名字，简直是谈虎色变！”

“谈虎色变？”

“是啊，据脚户们说，一次在西口路听说沙里狐来了，还没有见到人呢，便甩下马帮乖乖地跑走了。”

沙贵图笑了笑：“真是这样吗？”

“是的！这就叫老虎不吃人，威名在外嘛！”熊武奸笑逢迎着。

“那批大烟土呢？”

“已有买主，住在安边万盛客栈的一个宁夏贺兰山商人，是个大买主。再说万盛客栈是井岳秀经营的一个客栈，驻扎在那儿的十一旅部队烟鬼很多，这东西在那里很紧俏。不过宁夏的买主，声称这批黑货必须通过日升昌银号才行。”

“为什么呢？”

“他们说：日升昌银号信誉好，是正规的钱庄，他们的票据可当现金使用。”

沙贵图迟疑了半晌：“好，这个我来办！另外，你让刘彪晚上来见我，有要事商量。还有，再雇几个身体健壮的得力伙计，跟我出一趟远门。”

“是！”满脸堆笑的熊武正欲离去。

刘彪像一只疲惫的野狗蹿到沙贵图面前：“东家，我该死！睡过头了。”

正是：陕北星火已燎原，军阀密谋刺石谦。
东家潜回碎金镇，掌柜殷勤精力添。
烟土贩卖古盐州，票号经理成牵线。
鹬蚌相争渔人利，牵动土豪走三边。

第九章

枣林坪商匪勾结互通情报
牺盟会秘密特使解救商女

枣林坪是黄河上游一个大镇子。这个镇子，因处于宽州和名州交界的枣林地带，人们随意却又准确地叫它枣林坪。明清以来，官方便在这里设卡驻兵，镇里还有一些较大商铺和几个骆驼店。两处龙王庙、财神庙都是供在窑洞里的。顺着两道坡高低错落着梯形式的窑院，像大鹏展翅点缀在枣林坪。枣林坪有一棵老槐，人们称它为“神槐”。千年的松，万年的柏，不如老槐歇一歇！枣林坪老槐多少岁了，无人可知。

清朝雍正年间，老槐树居然成精显灵，多次给村里人托梦，凡有病痛疾苦者，摘取少许枝叶，用水熬煎，或饮或洗，药到病除。相信此梦而求者，果然神奇灵验。于是黄河两岸的善男信女络绎而至，枣林坪古镇一霎时名闻四方。有人给老槐树送来对联式的牌匾，“千年古树显神灵，仙丹神药救万民”。老槐赐药遍及四乡，香火日盛一日。终于由乡人倡导，在老槐树前建了一座神庙，年年祭祀，大办会事，成为这儿一景。枣林坪镇坐落在黄河边，土地肥沃，更兼是黄河水路富饶的行船码头。惯匪杨猴小的骑兵就在这里驻扎打尖进行掠夺休整。

王碛妹和乌兰逃出河口渡溯河而上，经过两天的艰难行程，到达了名州枣林坪镇，他们想在那里能买到马匹加快逃亡速度。不幸的是，当他们到了枣林坪镇后，杨猴小的部队已控制了这一带。枣林坪镇也是沙贵图一伙追寻王碛妹的目标地。当他发觉杨猴小的部队到达枣林坪后，便带着秘密情报到杨猴小那里逢迎讨好，得到杨猴小的款待成为座上宾，两人相互利用。杨猴小利用他得到军事秘密情报。他想靠着杨猴小支撑自己的商贸势力，以实现他飞扬跋扈，从中牟利的发财之道。

王碛妹和她的助手乌兰，在黎明时候进入枣林坪镇，四处烽烟，一片狼藉。一百多名杨猴小的骑兵在川道里安营扎寨，河滩周围有士兵把守。马匹都被拴了起来，但马鞍未卸下，时刻准备待命出发。这些骑兵好像是临时赶到这里的。

晨阳如血，映照着黄河沿岸土地，沟道里似乎流淌着一汪汪鲜血，到处横陈着百姓的尸体。一处高坡的窑院，尽览枣林坪全貌。窑洞里像蒸笼一样热气腾腾，杨猴小与沙贵图饮酒畅谈，像两个哑巴亲嘴，好得没法说了。

“沙先生从名州来，可知高双成部队驻扎之地？”

“不瞒司令，高双成的部队就驻扎在无定河与小理河三岔路口。”

“他想控谷临川，堵死背干川一线，没那么容易。我可以偷渡淮宁河直抵张家畔，进入白于山，他走他的阳关道，我走我的独木桥！”

“司令足智多谋，高见！”沙贵图阿谀奉承地说。

“听说高双城的部队有个参谋？”

“是的！陈绍武。此人富有韬略，司令万万不可等闲视之！”

杨猴小双唇嗫嚅了一下：“山高自有客行路，水深也有渡船人。他有他的金刚钻，我有我的铁棒锤。何虑之有呢！”停了片刻，“你要的三十条快枪我已给你备好，把你的地下护商队武装起来，咱们一明一暗，各尽其能，你在商道上称王，我在军界上称霸，创造我们各自的辉煌吧！”

杨猴小抱着两个女人酩酊大醉，神魂颠倒。沙贵图走出窑洞，从刘彪手中接过望远镜，举镜远看，猛然惊喜地：“真是天助我也！小老鼠掉到铁桶里，无缝可钻了。”对身边刘彪道：“看见了吗？日升昌银号继承人王碛妹走进饭铺，你派几个人迅速把她抓捕，这次绝不能再让她跑掉。”

刘彪放下望远镜："沙爷，放心吧！这次她跑不了。"

出枣林坪镇，经过一天路程，就是人们所称的"生铁水铸成名州城"的地方。在无定河和小理河交界处有一片广阔的川道，两岸零零散散一畦一畦绿色禾苗点缀在原野上。时值初夏的温暖季节，无定河和小理河的农人原本常常耕耘在这块广阔的田地里，但现在却看不到一个农人。不断的烽烟战火在这片土地上燃烧，这块生机勃勃的地方，现在死沉沉的没有一点儿生气。

高双成的部队帐篷架设在蒙恬墓身底，指挥部扎在扶苏台上。在这儿居高远望，无定河川尽收眼底。部队为什么扎在这里呢？高双成自己清楚，蒙恬墓和扶苏台隔着大理河遥相呼应。当年秦始皇派大将蒙恬率兵三十万与监军扶苏屯兵上郡，驱逐匈奴，威震边疆，修筑长城，开辟直道，战功卓著。"生前造就千支军，难写孤臣一片心。"改良毛笔的蒙恬，却握不住为自己申诉的一支笔。还有那太子扶苏，后人更是抱屈写下"监军有特权性命机关岂被一纸所误，太子若不死嬴秦社稷未必二世而亡"的楹联。当年扶苏接受赐死诏书，出城向南，面壁痛哭，泪干泣血，声竭呜咽。一泓清泉，石壁喷涌，人们称"呜咽泉"。曾留下"至今谷口泉呜咽，犹似秦人恨李斯"的咏叹。有人说扶苏台是一口敲响正义的钟。高双成将指挥部扎在扶苏台上，是在感受烽烟战火带来的血脉之痛，还是遥念扶苏赐诏而亡的悲情？

那日，高双成的部队试图阻挡惯匪杨猴小匪部，曾在这里进行了激烈战斗，结果两败俱伤，双方死伤好几百人。杨猴小带着他的残匪转移到通往黄河峡谷的枣林坪一带。一旦战事危急，可以东渡黄河逃窜。而高双成的部队却不敢盲目追剿，恐怕中了杨猴小的埋伏，便在无定河边的无蚊滩驻扎休整，寻找战机，以利再战。

何谓无蚊滩呢？

相传秦始皇称帝前，率兵北上征战，由于天气炎热，秦皇苦不堪言，猛见河槽一泓清流，便脱衣赤身下河洗澡。有一首山歌曰："秦皇征战过小河，河槽洗澡乐呵呵；岸上士兵被蚊咬，提醒秦皇毒蚊多。秦皇洗浴正畅快，回答无蚊近体魄。随口说出一句话，再无毒蚊飞出窝……"秦皇这句话果然灵验，河滩顿时蚊子全除，士卒们皆大欢喜。从此这块河滩变成了“无蚊滩”。这是高双成部队参谋陈绍武娓娓而谈的。

这名高双成的挂职参谋，名叫陈绍武，三十六岁。中等身材，体魄健壮，这使他能够经得住部队生活的劳累。这位年轻军官，举止正派，人品出众，性格直率，风度翩翩，使人对他产生好感，这种好感是通过他的行为举止待人诚实所建立起来的。陈绍武是晋西北黄河岸边古镇碛口人，这儿号称“九曲黄河第一镇”的水旱码头。当年它是黄河晋陕峡谷的一颗璀璨明珠。也是联系中西部文化经济的枢纽，是连接中原大地的一条黄金水道。每天有百十条货船穿梭停靠在黄河码头，一千多峰骆驼跋涉在晋陕的丘陵沟壑中。船筏穿梭，驼铃声声……更有闻名的黄河二碛，又称虎口碛。惊涛裂岸，乱石崩云，激流险滩，巨浪滔天，被人誉为碛口的“龙头”。

小镇碛口就坐落在二碛旁，三条五里长街和棋盘小巷纵横交错。骆驼店、骡马店、钱庄、镖局、梨园、鼓房、商场、货栈四百多家。米脂名妓冯彩云，风姿绰约，风流浪漫，穿梭于商家富室，其魅力辐射到榆林、三边一带甚至更远的地方，人们都有所耳闻。

小镇商贸云集，名声日隆，其水旱码头和黄金口岸商贸鼎盛。以致远方商家只知山西有碛口镇，而不知隶属的汾州府。

商贸发展成就了碛口的陈氏家族，陈绍武的祖父陈协中是古镇的名门望族，那年走西口经商时在包头娶了一位蒙古族妻子，生下两个儿子。老大陈逢时，老二陈新时。两个儿子渐渐长成。陈协中便鼓励大儿子陈逢时经商，发展商贸事业继承家业。他们从湫水河边的西湾村迁移到西头村，开了一处名曰“天星店”的骡马骆驼店，很受商家和脚夫们欢迎。那时流传着一首顺口溜：“碛口镇上天星店，服务周到吃喝贱；生意做到西口外，骆驼马帮卧满院。”

陈新时四个儿子，三个儿子拉起骆驼。陈逢时的十个儿子，九个都拉了骆驼。连同“立”字辈叔侄二十多人拉起骆驼一千多峰成为西口路上浩浩荡荡的陈家骆驼队，出州过县名声显赫。唯独小儿子陈绍武不甘心拉骆驼，争取上了太原国民师范。天资聪明，思想开放，在学校期间秘密参加了中共地下党组织，宣传革命、宣传抗日。三年后，参加了由薄一波领导的太原“牺盟会”——一个在阎锡山手下的进步组织。

九一八事变后，日寇侵占了东三省。继而阴谋夺取华北各省并策划“华北五省自治”，暴露了日寇进一步发动全面战争的狼子野心。在这个历史紧要关头，陈绍武觉得自己从小点灯熬夜，闻鸡晨读，效法古人“头悬梁，锥刺股”的精神，练出一身铮铮铁骨，决意投身抗战，于是带着秘密使命，离开太原西渡黄河开辟新的战线。后经组织介绍，在榆林军阀井岳秀部下谋得一个闲差，随后在高双成部队里当了一名挂职参谋。由于他懂军事，有谋略，深受井岳秀的器重，于是便跟随军队来到征剿杨猴小的前线。

王碛妹和乌兰走进枣林坪小街，看见一排窑洞石墙上钉着一块浅蓝色牌子，告诉人们这儿是枣林坪饭铺。门口站着一个女招待，人称田大嫂，过去曾是一个体态匀称的漂亮姑娘，头发乌黑发亮，面颊红润可爱，而现在她已变成一个体胖头发斑白的老村妇了。她肩胛厚实宽润，眼睛有神而目光温和，厚厚的前额有道线条皱纹。她有自己的秘密任务，以在这儿经营饭铺为幌子，洞察井岳秀和叛匪杨猴小的行踪。她和大多数酒保一样，为人和蔼热情，当下虽然有些老态，却有着一种吸引人的能耐。此刻她系着白色围裙，将饥肠辘辘的王碛妹和乌兰招呼进她的饭铺。王碛妹和乌兰在小街窑洞饭铺里刚刚填饱肚子，一前一后地走了出来，乌兰见几个匪兵猛扑过来，便迅速闪在一侧。随后的王碛妹还没有反应过来，几个荷枪实弹的土匪把王碛妹抓住。

王碛妹杏眼圆睁：“你们是谁？”

“你跟我们走。”两个土匪不由分说连推带拉将王碛妹带走。乌兰看到主人被土匪抓走，闪在远处窥视以观动向。

枣林坪镇的中午静得有些荒凉，大河无语，渡船木筏早已渺无踪影，灰蒙蒙的晋陕峡谷弥漫着一片浩茫和空寂。当年那个维系着多少“商家贩客发财梦，深闺怨泪相思情”的古渡码头已不复存在。战火烽烟已使这儿的码头河堤染上悲凉血色。枣林坪有棵大疙瘩老榆树，年复一年，任凭风刀霜剑，雷磨电劈，大疙瘩树总是枝叶茂盛，遮天盖地，根系露出地面，盘根错节像是条条巨蟒扎入地下。树干上长着一个疙瘩疖子，犹是一个铁锅扣在上面，又被当地人称作“百岁疙瘩”树。商女王碛妹被铐在那棵树身上，几个匪兵荷枪实弹看守着。

午后，沙贵图和随从骑着高头大马威风凛凛、杀气腾腾地策马赶来。见王碛妹被铐在一棵树上，便把马的嚼环一勒跳下马来，言不由衷地训斥起看守匪兵：“你们怎么这样对待一位客人呢？她可是大名鼎鼎盐州城日升昌银号的继承人哪。”说着便迅速过来为其松绑：“王小姐女扮男装我都认不出来了！”

王碛妹用鄙视的目光扫了一眼，冷笑道：“沙先生我认识！”

“王家小掌柜，你可能还不知晓，在这非常时期你闯入了杨猴小的军事阵地，他们会以奸细论处你的。”

“我是奸细？”

“不过，我已向杨猴小司令求情，立马放人。”

“这是你说的？”

“不错！是我说的。”沙贵图假惺惺地献着殷勤答道。

“那么我现在可以借用你的马走了？”说时迟，那时快，王碛妹一个箭步跃上沙贵图的那匹高头大马，两腿猛夹马肚，马儿长嘶一声腾空跃起，飞驰而去。沙贵图还没有回过神来，发现他的坐骑已飞驰在一片尘土中。猛然惊慌地大喊：“抓住她，快！抓住她！”几个随从慌忙策马飞驰追了过去。

王碛妹在川道上跃马奔驰，几个匪徒扬鞭奋力追赶，马上的王碛妹风驰电掣地在山路上奔腾着，身后不断传来呐喊声，几个匪徒跃马横枪拼命追赶。正在川道身穿便衣侦察敌情的陈绍武和几名战士，听到枪声后迅速警惕起来，便拉着马匹隐藏在山路边，这时他们发现一个青年骑着快马飞驰狂奔，后面几个匪兵紧追不放。一阵枪声中，骑马青年翻身滚落在马下。这时陈绍武冲出以一个镫里藏身的姿态，飞驰而至。将青年伸手拽上马背跃马飞驰而逃。后面几个匪徒举枪射击，骑者转身一扬手“砰！砰！”两枪，随着枪声一个匪徒滚下马背。追者继续飞奔。一阵枪声，又一个匪徒跌下马来。后面赶来的沙贵图目睹了这一切，气得浑身发抖，疯狂地骑马向前追来。陈绍武一扬手，枪声中沙贵图臂膀中弹，一个踉跄险些落马，他捂着臂膀向营救者骂道：“老子迟早要抓住你！”

一刻钟后，马上飞驰的营救者发现后面已没有追撵的人，便勒住马缰，两人从马背上跳下来，陈绍武细观片刻开口道：

“你是女扮男装？何以被土匪追撵呢？”

王碛妹面红耳赤：“感谢先生营救！我确是女性。我名王碛妹，家父王晋柳，乃盐州日升昌银号经理。”她觉得这位先生是个正派之人，停顿了一会儿，便将货船在大同碛遇险，河匪沙里狐爪牙点灯子的抢劫，伙计乌兰冒死营救，在枣林坪她被杨猴小士兵捉拿，后借用碎金镇当铺东家沙贵图的马匹逃了出来等事，一五一十地说了一遍。

“沙贵图？一个碎金镇商人怎么也钻进了杨猴小部队？”

“不清楚！不过此人和我父亲曾有生意往来，诡秘得很。真是古人说，交人交到鬼，打酒打到水。今天在杨猴小队伍中看到他，甚是可疑。请问先生尊姓大名，何处供职？”

“我名陈绍武，现时在井岳秀部下做一个挂职参谋。小姐是何方人氏呢？”

“我家是碛口索达干村人，人们也称‘血塌岸’。”

“那可是一个出名的村子……”陈绍武说。

“你知血塌岸？”

“不瞒你说，我也是碛口人。”

“原来我们是同乡……”

这时乌兰骑着一匹快马追上来，看到王碛妹，便问：“主人，你没事吧？”

“还好。不过，在逃亡中马匹被尾追匪兵击伤跌落，被这位先生救起。”

“谢谢先生，救了我家主人。”乌兰拱手致谢。

“别客气！”陈绍武一眼便认出乌兰是他在黄河岸救助过的遇难者。回头对王碛妹，“他是？”

“是我大哥，名叫乌兰，他是蒙古族人，是我们银号的管家。”

王碛妹看见乌兰拉着一匹马便问道：“你从哪儿弄来这匹马？”

“捡的！当时我看到主人跃马逃走，匪兵尾追，我想一定有危险，便紧跟上来。一阵枪声后，一个匪兵倒在马下，惊马乱跑，我便将它捕住，悄悄地追了过来。”乌兰说道。

“好，天色不早了，又在两军交战之际，你们快快离开此地，这匹马就送给小姐。”陈绍武将马交给王碛妹。

王碛妹顿觉眼眶湿润：“感谢先生，在危难之中救助小女，又赠送马匹，实在有些过意不去。如有机会定当厚报！”

陈绍武：“不必了！”

王碛妹：“后会有期！”便拱手告别。

陈绍武拱手致意：“我们以后会见面的！”

王碛妹和乌兰跃马扬鞭奔驰而去。

陈绍武望着纵马离去的王碛妹喃喃自语：“好一个坚强的女扮男装者！”

正是：惯匪潜在枣林坪，商女逃出又被擒。
　　　商匪同吃奶铃面，亲热结盟送军情。
　　　献媚解索想靠近，岂料瞬间跃马腾。
　　　绍武侦察作战地，枪击追兵救女英。

第十章

诡商家驾窝摆阔偷贩烟土
勇伙计卧底马帮探秘底细

沙贵图在杨猴小军营里养好伤后，他要办的第一件事，就是去古盐州会见日升昌银号经理王晋柳。这一天，沙贵图匆忙离开杨猴小部队，他和手下刘彪策马飞驰一昼夜回到碎金镇古堡，两天后，又带着一支马帮驮队等到太阳西下后诡秘地出发了。这支神秘马帮离开碎金镇后，沿着背干川向西走了整整一夜，沙贵图在自己的驾窝子里，优哉游哉地抽着大烟，天亮以前是不会出来的。

清晨，这支马帮绕过郑家沟哨卡，钻进乌龙山的黄土沟壑里，满目黄色的峁梁，黄色的村落，黄色的尘埃……沟壑山峦中村舍隐秘散布，不一会马帮就消失在灰蒙蒙的晨曦雾霾之中了。越过一片片陡峭的黄土冲沟，翻过一道道嶙峋的黄土漏斗。沙贵图搂起遮帘从驾窝子里探出头来，向东凝望，弯弯曲曲的黑木头河不见了，现在可以看到的是芦河口的响铃塔。一会儿，他把手臂伸向西边高原，这是对这片茫茫原野的无限向往，还是对那片层层山峦的深深期待，谁也说不上来。此刻，他的眼睛里似乎流露出一种难以忘怀的思谋与奢望。

马帮不走大路，只是在崎岖蜿蜒的黄土皱褶里穿行。从三边高原吹下来的沙风冷飕飕的，路边干枯的蓬柳在沙风中像垂死的老人一般在逆风中挣扎。夕阳像一颗红球浮动在浑浊的天地间，逆射的光线穿过雾霭挥洒在深沟巨壑。当拂去馒头群山的最后一缕余光，马帮淹没在一片黑暗中。

那天王碛妹与乌兰逃出杨猴小的虎口和沙贵图的魔掌后，登上了荒凉的三边高原，快到古盐州城了。乌兰觉得沙贵图这个人神秘可疑，尽管此人过去和日升昌银号早有往来，但生意上的事他从没有直接和他打过交道，此次更发觉他不是一个善类，不走正道，光往脏水里爬。乌兰想沙贵图这条狐狸尽管装得像人，却忘了自己长有尾巴，他到底是一个商人，还是一个贼？自己必须把这个“谜”弄清楚。

乌兰知道，一名共产党员认定自己的事业是正义的，便要义无反顾地去做。要有勇气承担一切祸福，要横下一条心，立一番事业，铸一派辉煌。正如父亲当年教导自己，读圣贤书，明圣贤礼。远离那些头上是笑脸，脚下使绊子，当面一套，背后一套，好话说尽，坏事做绝，掩饰反毒之心，处处暗算别人的人。沙贵图这个“一骗二争三盗”的商家，满口仁义道德，一肚子男盗女娼，偷贩毒品，实为可恶。绝不能置若罔闻袖手旁观，何况自己还肩负着一项重要使命，不仅要为人类解放而斗争，同时还要寻找杀害父亲的凶手。想到这里乌兰便对王碛妹道：“小姐，你不觉得碎金镇当铺的东家沙贵图可疑吗？”

“是的！我怀疑他不是一个正派商人。”

“他行迹可疑，深藏不露。明是一把火，暗是一把刀。在和银号的交往中，引诱王经理做过好多笔肮脏生意，表面上他装成一个正派的实业家，实际上却心怀叵测，做事狡猾。既有匪嫌，又藏腹剑。他身上实属留有不可理解的疑团。为了日升昌银号的名誉和前途，我想探索一下他的来龙去脉……”

王碛妹思索了片刻：“你想怎样探索呢？”

“我想卧底秘密跟踪，彻底弄清他的真面目。”

“那就依你，彻底探索一下也好，不过要特别小心。”

“您放心，我会保护自己的。路不远了，时间紧迫，趁热打铁。小姐回银号后，请向王经理讲清楚，他会同意的。我们就此分别吧。”

两人分开后，乌兰策马返程，便在集市上买了两匹骡子，化装扮成一个卖炭的脚户，拉着骡子走进碎金镇客栈。说也巧，卖破锅的，碰上买生铁的。当铺掌柜熊武要雇一个身强力壮，吃苦耐劳的脚夫，乌兰当即就被看中雇用了，成为一名马帮脚户跟着上路了。

一个土寨，门口吊着一盏不明不暗的马灯，隐约看见几个彪形大汉站在那里。当沙贵图跳下驾窝子后，壮汉们不约而同恭恭敬敬地迎接着他，好像沙贵图这个人有无比的威慑力。壮汉们沉默着一言不发。化装成赶马帮脚户的乌兰，跟着队伍走进一条沙街，土墩上刻着“杨胡泰”三个字。一棵老槐树上吊着一块面布招牌，上面写了一个“酒”字。

一间泥土房是土寨的饭堂，里面热气腾腾，一个伙计将一个煮熟的牛头撂在案上切割。在暗淡的灯光下，几个脚夫诡秘地交谈着。

“听说上次在黄河上弄回一船货！是一些什么货物？”

“一些布匹、皮货、丝绸等。”

“驮队不走大路，尽走小路，是否带着烟土……”欲言又止。

“这个不清楚……”一个伙计神秘地摆摆手。

乌兰在一个角落里进食。一个衣衫褴褛的乞丐走来乞食。乌兰顺手将一个黑面馒头放在乞丐手上。刚要抬脚，一个壮汉故意将脚一伸，乞丐被绊了个仰面朝天，馒头滚落在桌子底下，乞丐瑟瑟发抖。乌兰站起来，捡起馒头重新递给乞丐时，一只脚飞来将馒头踢得飞了出去。这时乌兰再也忍不住了，大怒道：“你也太霸道了！”

“霸道！不懂规矩的野猫，竟敢在这里多管闲事献殷勤？”壮汉瞪着眼说。

“这是客栈，不是你撒野的地方！”乌兰愤怒地说。

“我就撒野啦，怎么样？”说罢举起拳头朝乌兰面部挥来。乌兰闪过，顺势一脚将那厮扫了个仰面朝天。几个同伙呼啦啦冲上来，将乌兰团团围住。乌兰一看这阵势，便明白他们分明是有意挑衅。山中无鸟兽，螳螂自称王。乌兰心想，不镇一镇这伙恶奴，他们不知天高地厚。乌兰此刻眼起红线，血灌瞳仁，使出浑身解数，一路拳脚，将这帮恶奴打了个东倒西歪、龇牙咧嘴、呻吟不止。

刘彪这时走出来，发现几个手下都被新来的伙计打倒在地。于是假惺惺地怒斥道："你们瞎眼啦？他是沙爷新雇来的伙计，拳脚功夫很是了得，你们几个哪是他的对手，吃亏了吧？还不快滚！"几个壮汉像丧家之犬灰溜溜地退了出去。

夜晚，杨胡泰土寨一间华丽的客房里，一盏煤油灯吊在中间，散发着微弱的光芒。靠墙的桌上摆着一个自鸣钟，旁边配着两个大花瓶，这在沙漠草地也算是一种时髦的摆设，显得既富有又俗气。沙贵图躺在铺有栽绒毡的炕上，炕的正墙上贴着"身卧福地"四字。一个肥胖女人在一旁侍候着，她将装好的大烟枪递上，扭动腰肢靠在跟前。沙贵图吸了几口便眯着眼睛吞吐烟圈。这时刘彪缓缓走进。

"沙爷……"

"试过他的身手了？"

"试过了，是一把好手。几个弟兄都被他三下五除二撂倒在地上。据了解，此人曾是孙殿英部下，道上清，懂黑话，名叫鲁布，蒙古族人。是个可以利用的帮手。沙爷，您不再问一问？"

沙贵图吸了一口烟慢悠悠地说："那就再拷问一下！"

一眼土窑，墙壁上的油灯捻子闪闪发亮。沙贵图坐在上方，申小龙身挎盒子枪站在一侧，一副悍匪强盗模样。八个赤身裸臂土匪手执大刀怒目圆睁，杀气腾腾。

刘彪将乌兰带进来，自己站在一旁。沙贵图敞着上衣露出腰上插的两把手枪，用土匪黑话拷问：

"你能出滩子吗？"（指对外抢劫）

乌兰："我踩过盘子！"（指侦察本领）

"你剜过秧儿？"（指撕票）

乌兰："漫踪，漫踪的！"（指行程搞乱）

"从杆子那儿来？"（指土匪团伙）

乌兰："贴金，贴金的！"（指自己受伤）

"躲过跳子？"（指官兵）

乌兰点头："想打棒槌儿！……"（指要报仇）

沙贵图皮笑肉不笑："嗯，我收下你了，跟着刘彪干吧。"

回头对刘彪道："明晨早点出发，天亮前绕过张家畔哨卡。"

"好，我去安排。"刘彪说着俩人退下。

沙贵图打了个哈欠，走进内室。

鸡叫三遍，天还没亮，马帮队就启程了。冷飕飕秋风吹得三边高原刺骨寒冷，这儿有句俗语叫："早穿皮袄午穿纱，怀抱火炉吃西瓜。"虽然是秋天的黎明，但脚夫们早已是皮袄裹身，在清晨寒风中冷得发抖。天将破晓，马帮队已远远望见高耸入云的高墩沙，它像一匹腾飞的神驹昂首屹立在天地间，又像沙漠中的灯塔，再大的沙尘暴也难遮住它的身影。沙峰下的长城烽墩像一条游龙若断若续。马帮队在残缺的烽火台中绕来绕去，寂静的沙漠里留下深深的脚印，一会儿又被风沙淹没得无影无踪。

早饭时候，马帮队已经绕过张家畔哨卡，在一个土寨里打尖，脚夫抬下马驮，乌兰让马儿洒脱地啃点青草，他们则打地火泡熟米，这就是赶牲灵的早餐。中午的时候，太阳露出一丝光亮，给万物以温暖和生机。马帮队登上高高的沙山高墩沙时，龙眼峡谷瀑布的吼声已被远远地抛在后头了。

清代诗人叶珍当年的"平沙踏尽马蹄忙，才见荒城隐夕阳"的绝句，勾勒出这儿瀚海无垠风沙蔽日的荒凉景象。这块天高皇帝远的地方，据说秦代以前是少数民族的游牧区。北魏时期，拓跋焘统领大军出击大夏，攻破统万城，大获胜利。红墩界一带就是拓跋焘与赫连昌激战的地方。北宋时期，由于当时西夏国的进犯，这一带更是战乱频繁，狼烟遍地。范仲淹在宋宝元年间，只带领一万八千训练有素的常备兵，部署得当，指挥有方，作战多胜，西夏军队十分惧怕。当时有民谣曰："宋朝军中有一范，西夏闻之吓破胆。"范仲淹在这儿叱咤风云征战疆场，曾为黄土高原三地赐名（指靖边、安边、定边），取安定边境之意，成为美谈。

坐了一天驾窝子的沙贵图，突然掀开遮帘探出头来，看了看灰蒙蒙的天气，一声不吭地跳下来，拿出罗盘看了一下方向，又钻进了驾窝子。这时一匹马从前方飞驰而来，骑者跳下马背，他是申小虎，向驾窝子喊道：“沙爷，我回来了。”

“哦，”沙贵图推开遮帘问道，“探的情况如何？”

“三边古盐州现在已是宁夏马鸿逵部队镇守。杨猴小部队刚刚从黄河一线转移，沿着淮宁河进入白于山。”来人在沙贵图耳边低语，“日升昌银号经理王晋柳在盐州城，他的女儿王碛妹听说刚刚从东面回来。”

“好，知道了！”放下了遮帘。

几个脚夫和新招来的帮手，蹲在马帮驮子下低声交谈着：“我们骡队去哪里？”

“没人知晓。”

“驮的好像有大烟土……有风险？”

“没风险，就捞不到钱。”

乌兰在一旁接着说：“东家自有他的计划。这趟是一次秘密行动，没有下达命令前，我们只要跟着走就是了。”

“但愿这趟能捞到钱……”

看得出来，这些“宁叫眼流脓，不叫嘴受穷”的脚夫和新招来的雇员，只要能赚钱，不管出现什么危险，他们都会勇往向前。在这些地道的碎金镇人身上，看不出有丝毫的迟疑与退缩，东家沙贵图知道他们是完全可以靠得住的。

三边高原的沙风仍然刮着，天地笼罩在一片浑浊之中。驾窝子和马帮队抵着沙风缓缓行进。沙贵图推开遮帘探出头：“来人……”跟在驾窝子后边的刘彪迅速走近。

“马帮，天黑后再进城。”

“好！沙爷，我们最好将马帮停在八里河土寨，那里谁也看不到我们。”

“可以！这个土围子我去过，后面有一片开阔地，牲口也可以吃到青草，天一黑我们就进安边城，住万盛客栈。”

土围子一片寂静。随着夜色的降临，乌鸦也停止啁啾。风沙渐渐小了，天空迅速黑下来，夕阳的余晖也看不到了。他们在土围子里，小憩了两个时辰，刘彪掏出一个怀表看了看时间，八点钟了，便喊道："伙计们，出发了。"马帮队像一群猫头鹰走在前头，驾窝子跟在后边。穿过红柳丛生的开阔碱滩，面前的便是黑乎乎的安边城，像一艘潜水艇坐落在无边的瀚海上。

万籁俱静，四野茫茫。一条静悄悄土路，沙粒在驮队马蹄下沙沙作响。他们轻轻地绕过哨卡那段二百来米的距离，缓缓走进快要关闭的安边城。穿过一座石牌坊，两旁灰蒙蒙的铺面灯光闪烁，一阵风刮来，传来了说书人的声音："……啊呀呀，直闹腾，铜勺笊篱手碰铃。荞麦开花红粉粉，剁荞面婆姨抽了风，裹老羊皮袄的野汉进了门，黑窑窑炕上娃娃瞎死声。"一人唱，众人应，吹拉弹唱一洼声，说书人高喉咙大嗓子啦海声……

这时候，赶着马帮驮队的一群夜猫子，蹿进一座古老的木排楼，远远地已经望见安边万盛客栈金字招牌上那个"万"字闪闪发光。

正是：离开河口杨猴小，东家养伤一月整。
西行三边贩烟土，卧底乌兰探秘情。
马帮歇在土客栈，野店交手试武功。
绕过岗哨进安边，传来书匠啦海声。

第十一章

杨猴小兵败山倒命丧黄泉
陈绍武转移战线安边开店

孙中山先生逝世后，北伐战争开始，蒋介石以总司令名义建立军事独裁，密谋反革命活动，不久开始了屠杀上海共产党人的反革命政变。这时的蒋介石权威震慑，陕北土皇帝井岳秀有些惶恐，力图保持自己在陕北的军事实力，电蒋要求将其编为正式国军。蒋介石同意召井觐见，井岳秀志气高扬亲赴南昌，面临蒋介石的训示，表示坚决服从“中央”，接受“中央”指挥并保证一定完成反共任务。井岳秀的部队得到八十六师的番号，井本人担任师长，从此便直隶军政部管辖，与南京发生直接关系，执行捕杀、镇压、围剿红军的反革命政策，陕北革命人民遭受残害。

一九三三年秋天，井岳秀的部队与惯匪杨猴小的部队进行了多次交锋，杨匪凭借其飘忽无定野蛮流窜的优势，行动狡猾，甚为猖狂，令井的部队无计可施。参谋陈绍武经过审时度势，提出“避其锐气，击其堕归”的作战计划。建议高双成在当前作战中，骑兵部队是具有战斗力的部队，假如使用得当，一个骑兵团至少可以抵得上两个步兵团的威力。元朝时期，成吉思汗之所以能在短时间内征服欧亚大地的许多土地，与当时元朝统治者善于使用骑兵部队作战不无联系。陈绍武的这个集中骑兵优势的作战计划，赢得了高双成旅长的青睐。于是集中力量发挥骑兵部队的作战优势，对杨猴小匪部进行围剿，骑兵神出鬼没，追撵土匪，打埋伏、拔据点，逼使杨匪四处逃窜，一日之内无喘息机会，杨匪几次欲埋锅造饭，追剿骑兵部队又至，只好弃食逃窜。

杨猴小几次想东渡黄河逃往晋西北，然而山西阎锡山的巡河部队把守很严，无可乘之机，加之秋水上涨黄河浊浪滔天，缺乏摆渡船只，很难流窜过去。最后他辗转到西部高原白于山一带，寻找躲避休整之地。不料，正好碰上井岳秀一连懒散之兵，杨猴小以疯狂优势将这一小撮部队打得四散逃命，杨匪大获全胜，鼓舞了士气。喘息待机，以利再战。

那日，扶苏台正在召开井岳秀部队连以上军官的军事会议，井岳秀的六姨太首次亲临作战前线，她代表井岳秀传达命令并视察部队。听了战败狼狈逃回的一个连长汇报后，六姨太顿时杏眼圆睁，怒气冲胸："一个连的兵力，让敌人打得落花流水，你还有脸回来陈述！"随即掏出手枪"叭！"一声将连长击毙。众军官大惊失色，听说井岳秀六姨太能使双枪，英武出众，今日一见果然名不虚传，这一枪不仅显示出她的威风，同时也起到杀鸡儆猴的效果。

就在这时，陈绍武已将探知匪首杨猴小辗转到白于山的行踪向六姨太作了汇报，六姨太十分兴奋并责令高双成带着一个骑兵团，两个步兵团跟踪袭击，为了保证部队的隐蔽性，部队取道西川溯河而上，开进了三边高原的镇靖城。

六姨太对陈绍武这个军中智囊早有耳闻，此次来前线视察便想进一步了解其作战思想。那日，她和陈绍武站在镇靖城古堡门楼上，望着夜色黑沉沉的白于山方向对陈绍武道："绍武老弟，井司令已作出决定，把剿除匪首杨猴小作为目前头等大事，不彻底消灭这股惯匪，我们绝不能收兵！"

"这个我清楚，据探回情报，杨猴小残部龟缩在白于山中山涧一带，我们集中优势兵力，选一个月明星稀的夜晚，对他们进行包围。这样一来，在部队接近中山涧古堡的时候，再用骑兵发起猛烈进攻——即便杨猴小发觉了，也来不及了。然后将其彻底消灭！"

"这样即使杨猴小不死，残匪也会损失大半……"六姨太兴奋地说。计议已定，只等破敌时机。

这年庐山四百旋路上十分拥挤，国民党将领一个接一个地乘轿上山。蒋介石决定动用一百万部队，二百架飞机，对中央苏区发动第五次“围剿”。井岳秀派出旅长刘滋庶、团长左世允等三名将领登上庐山，参加蒋介石召集的团级以上军官训练团，接受向中央苏区进行围剿的总动员。

十月二十日夜晚，陈绍武派出的侦察队探查到惯匪杨猴小在白于山的准确驻地，陈绍武亲率骑兵和步兵部队趁着月色冲向杨匪驻地。瞬间三百多匹战马，腾开四蹄，像一股巨大狂风向着中山涧古堡卷去，这铺天盖地的气势，不管在什么时候也是惊人的，在这宁静的冬夜显得更加骇人魂魄。正在熟睡中的杨猴小已成惊弓之鸟，慌忙披挂上马与表弟冲出包围，这时火光冲天，枪声大作，杀声震耳，杨猴小和他的表弟不沾泥带领的残匪，在遭到陈绍武的痛击后，伤亡惨重。杨猴小带领数十骑残兵择路逃窜，遁入镇靖县的九里滩一带。不料，傍晚又被陈绍武的骑兵包围。杨猴小拼命突围，逃跑中又遭伏击，腹部中弹肠子露出，他忍痛将肠子塞进肚里，手下抬着他逃跑，不料伤口流血过多昏迷不醒。表弟不沾泥捉来村医，村医不敢医治。不沾泥举枪怒吼：“快快做手术，不然老子一枪崩了你！”村医无奈，在匪徒枪口的威逼下，在没有麻药的情况下给杨猴小做了手术。随后杨猴小又被抬上担架，继续逃窜。

一日，逃窜出来的杨猴小在表弟不沾泥的照看下苏醒过来，艰难地对表弟不沾泥说：“我们几次交战，何故一败涂地呢？”

“他们的骑兵像狂风一般，我们很难抵御，加之那个陈绍武，诡计多端，善能用兵，也是我们失败的主因。”

杨猴小疲惫地说：“难道他们有关门计，我们就没跳墙术吗？想不出一个克敌制胜的办法来扭转败局？”

不沾泥摇摇头，遭到陈绍武的奇兵袭击后，他心中隐隐地蕴藏着一种很难东山再起的悲凉情绪。

一九三四年来临，这股残匪躲在高墩沙下杨桥畔的龙眼峡村过年。正月初五，杨猴小伤势突然恶化，他自感大限将至，对表弟不沾泥说：“有心想立王，无力能回天。我们拉起这股队伍已有五年，恐怕也就到此了。”他气喘吁吁，停了片刻后断断续续说道：“金刚怒目，不如菩萨低头，必要时，你去碎金镇古堡找沙贵图，我和他关系甚密。此人是西口商贸霸主，正在组织一个护商队，在经济上有一定实力，你在那里找一碗饭吃，再谋出路，或许他会收留你……人活百年总有死，树长千年劈柴烧。”杨猴小说完叹了一口气，一低头合上了眼睛，一命呜呼。杨妻痛哭一场，将尸体绑在马背上逃离远走。群众有歌曰：“正月初五炮开花，杨猴小死在龙眼峡；陕北匪患得平息，榆林成了井天下。”不久，这股残匪被陈绍武部队追剿袭击，杨匪彻底覆灭，烟消云散，至此长城沿线匪患暂时平息。

这一年的最后几个月，蒋介石不断叫嚣“抗日必除共党”。榆林军阀井岳秀受国民党这一反动政策影响愈陷愈深，甚至开始实行白色恐怖，反共反人民的嘴脸暴露出来。榆林连续发生了两件屠杀共产党人和进步人士的事。一是中共陕北特委在佳州乌镇召开扩大会议，研究陕北游击战的问题。会后分散走开，却疏忽大意，有几个人顺便去碎金镇万善桥看戏，不料暴露，被叛徒告密。井岳秀命部下跟踪追捕，除一人逃出外，其他几人均被敌人抓走。心狠手辣的井岳秀连夜将他们杀害于米脂十里铺。二是榆林井岳秀军官教育团内部一批进步人士，在私下传阅进步书籍，革命火焰逐渐燃烧起来，对打击封建霸权起到了积极作用，引起井岳秀和高双成的注意，布下密探追踪监视。不久，便将以何格兰为首的七名进步人士逮捕，严刑拷打，终未使其低头。井岳秀便命其手枪队将七人绑解东山秘密杀害，不让人知。岂知纸包不住火，第二天就被群众发现，消息传开，井岳秀被群众唾骂其是杀害进步人士的刽子手。

身在曹营心在汉的陈绍武，目睹了井岳秀和高双成追随蒋介石的狼子野心，深知“道高一尺，魔高一丈”，树欲静而风不止。军阀井岳秀不会自动放下屠刀，必须以百倍的信念坚持斗争下去。正在迷茫之际，上级传下来指示，三边地下组织遭到破坏，负责人被叛徒出卖杀害。让陈绍武前去接替并开展工作。在这个节骨眼上，正好井岳秀出于其政治目的，加强控制自己的势力范围，要在安边设一处秘密商贸据点，便将安边牌楼旁的一处旧店铺收买过来，开了一处半官方半民间的贸易客栈，取名“万盛客栈”，一来监视高桂滋和马鸿逵在陕北一带的军事行动，二来利用商贸这条线窥探共产党在古盐州的活动，一石二鸟，这便是他为控制三边走的一步棋。

安边是白于山下的一个古老大镇，这座裸露在蛮荒高原的城池，它北倚长城，南抵白于山，东连张家畔，西接古盐州，八里河流经城郭之北，像一条系在安边古堡上的腰带，青绿透亮。古镇安边夹在镇靖县和盐州城中间，商贸上遂有“三点一线”之称。高耸城墙，连有瓮城。十字街正中是钟鼓楼和跨街的木牌楼，是古镇的象征。北城的文昌阁，东城的魁星楼，南城的三皇庙，眼光庙，以及城隍庙、观音寺、土地庙……倘若从空中俯视这七座庙宇就是北斗七星的反转图。

当年守御的千户所，早已弃甲丢盔。五百年弹指一挥间，安边古镇铁骑时代的铿锵性格，那种征与屯、安与乱、富与贫、荣与衰的旱码头遗梦，仍然弥漫着历史的色彩。一代代安边人在西口发展商贸，却把这座古堡营造成儒家的商业发祥地。居民男商女织，晴耕雨读，文风蔚起，科第有佳，既戍守边关，又以武蔚文。每一条古老街巷，每一座古老宅院，都曾留下祖先的身影以及历史的温度，曾留下边寨的游牧文化，文脉相承，散发着历史遗韵。

无论是明清时期还是当下，无论是秀才进士，还是挥剑习武者，绅士饮酒，皆是安边古镇的风骚。当今，安边这块商贸发展之地，成为张家叔侄的“家天下”。十一旅与张氏家族两大势力明争暗斗，尔虞我诈，矛盾一触即发。陈绍武觉得这是一个可以利用的机会，于是在六姨太的说合下，走马上任，成了安边“万盛客栈”的首任经理。

万盛客栈的筹建开业，有个谜团一直未解开——首任经理陈绍武为什么退避三舍，深居简出，迟迟不露面？让一个前业主的儿子当掌柜，引起人们的猜疑。破解谜团的，是一起鲜为人知的黑色秘密“交易”。

早在一九二三年秋天，延安府有一个税官张一瑞，勾结西安靖国军总司令陈树藩部下刘茂盛贩卖烟土。这个人心狠手辣，巧取谋利暗做手脚，将胶泥和面膏掺进烟土内，一箱一箱打包装运直发西安，不巧被靖国军查获，密报陈树藩，陈树藩大怒，将刘茂盛秘密逮捕抛入石灰窑，泼水烧死。同时下令将税官张一瑞缉拿归案，投入延安府监狱治罪。

惯使权术巧取财物的张一瑞，在监狱里买通牢头，打通关卡，送出十万火急的密信。令其姐夫 ——安边堡石牌坊巷富裕商人李春生，务必在八月十五中秋夜之前送钱赎身。李接到信后，连夜雇了一个脚夫。那脚夫是个年轻人，名叫张猛，二十多岁，体魄健壮，憨厚老实。他便和脚夫带了三千大洋迅速起程，当第二天行至镇靖县老虎脑山坳里时，猛然扑出一条野狼，驮马蓦然长嘶一声，两蹄腾空将李春生坠进深沟当场跌死。好心憨厚的脚夫张猛将李的尸体存放在附近山神庙内。一路马不停蹄于八月十五夜里，将赎钱如数送到延安监狱，狱吏嘱咐他于明日黎明前“接尸”。事后方知，原来狱吏收到罪犯赎身钱后，对张袒护有方，使用一个“金蝉脱壳”之计做了手脚，救下了张一瑞。办法说也简单，狱吏趁深夜无人之际，在张一瑞浑身涂上黄色颜料，继而用铜器在其身上摩擦，张的身体刹那间变成一具面如黄裱的死尸，狱吏还请人来验明正身，记录在案，遂以“落牢”为名，结了案子，张神不知鬼不觉地逃过了一劫。

张一瑞获救后，滴水不漏，摇身一变，改名换姓为柳彦斌。给井岳秀六姨太送了二千大洋，在盐州保安队混了一个大队长职务。对脚夫张猛的江湖义气和热心之举甚为看重，便将其收在自己麾下，成为有力的臂膀，也算知恩图报。姐夫李春生遇难死后，留下孤儿寡母艰难度日，这时发达的柳彦斌突然发了慈悲，想为其外甥谋个事做。趁着陈绍武执掌起安边万盛客栈之机，便在私下和陈商议，愿出三千大洋入股万盛客栈，条件是安排他外甥李少康为万盛客栈一个掌柜。陈绍武觉得一来柳彦斌是六姨太的红人，在古盐州也是一条地头蛇，在安边勾结张家父子震慑一方；二来万盛客栈刚刚开业也需多方协助，多一个朋友多一条路，于是便答应其愿。二十五岁的李少康，重诚信，讲义气，颇懂生意经。守夜护栈，送镖结账，勤奋谨慎，精明强干。收货发货头头是道，账房、灶房、草料房管理得井然有序，得到陈绍武的重用。

这日，陈绍武在客栈内室，思考万盛客栈一切安排就绪后，他得尽快去一趟盐州城，到永兴饭铺去接头。盐州城地下党组织遭叛徒出卖而破坏，白色恐怖，十分猖獗，面对这样的形势，必须尽快与党组织联系。他将客栈交给年轻人李少康经营，准备第二天出发去盐州城。陈绍武觉得李少康是个人才，可以独当一面，于是放手让其在前台经管主事，自己隐在幕后策划经营万盛客栈的总体事务。这便是引起人们猜疑的原因。

这时年轻的掌柜李少康走进。“陈经理，一个从东面上来的马帮队入住客栈，碎金镇百顺当铺大股东沙贵图跟随压阵。”

“沙贵图？”

“是的。此人派头很大，坐着一个豪华驾窝子。”

“他们是在安边长住，还是路过歇脚？”

“据说去古盐州，好像只宿一晚。”

“好！不可怠慢，要热情接待！”

“是！”李少康匆匆走下。

“碎金镇当铺东家？一个勾结悍匪杨猴小的野心家，一个活跃在西口道上神秘鬼祟的商人……”陈绍武点燃一支烟静静思索着。

正是：正月初五炮开花，杨匪死在龙眼峡。

长城匪患始平定，榆林成了井天下。

姨太儆猴耍威风，绍武开店戴盔甲。

金蝉脱壳柳彦斌，混上警长寻摩擦。

第十二章

砖井堡长城驿站马帮歇脚
大沙湾沙暴冲天牧女得救

万盛客栈院中的老槐树上，栖息着几只土褐色的猫头鹰。沙贵图一行进店的时候，它们正在枝丫间打盹儿。一阵马帮卸驮的响动，匆忙的脚步声和呐喊的人声，猫头鹰展翅飞走了。猫头鹰从来是按照自己的生活轨迹，昼伏夜出，在万籁俱寂的夜空自由飞翔，驰骋着生命的辽阔与悲怆。

歇了不到八小时的沙贵图，在黎明前的黑暗中又登程了。夜色茫茫的旷野冷风飕飕，一只孤零零的老鸦，被马帮惊动翅膀沉甸甸地飞起，它飞过安边城头，在暗色的苍宇转头斜乜一眼马帮队，而后又展翅升向高空，发出时隐时现的哀鸣，转眼间便消失在长城烽墩后不见了。这些神秘鬼祟的马帮队，在静静的夜里默然无声。离哨卡还有一段距离的时候，便人不出声马掩铃儿，远远地静悄悄地绕着道儿，只有马蹄下发出低沉的沙沙声。当太阳刚刚从地平线露头时，八里梁的哨卡已远远抛在后头了。平沙浩浩，瀚海无垠，骤然间，一曲信天游从远处飘来——

“一座座沙峰一道道滩，

赶着羊儿沙窝里转。

一队队骆驼走三边，

花马池里去驮盐。

白于山里有个死羊湾，
王贵李香香人称赞……”

这声音绵长而凝重，那么缥缈，那么浪漫，宛如天籁之音。流露出一种隐秘苦涩的锋芒，一种鲜活的意趣。这声音和夜幕一样沉重，把一切似乎掩盖得天衣无缝。

三边高原是陕北海拔最高的地方，南面是万壑涌浪的白于山，北边是千里无垠的沙漠，中间夹一块平展展的草滩，一马数百里，有“小关中”之称。然而，三边高原气温低，风沙大，也有“一年一场风，从春刮到冬”之说。说它是沙的家园、风的天下，一点也不奇怪。在井岳秀统治下的这块地方，官场政客的明争暗斗，土豪乡绅的巧取豪夺，四百里的“小关中”并没有一丝明亮和温暖。这块塞外的沙漠草地，土匪强盗依然猖獗，饥饿和灾难把这里的百姓一次又一次抛向深渊。

中午时分，这支神秘的马帮已走了四十里路，远远地望见砖井古堡了。砖井古堡，顾名思义，据说当年这儿因有一口砖砌水井而得名。对于这口古井的来历，谁也说不清楚。只知道这口古井，井水清澈甘甜，从不干涸。据砖井自己人讲，已有二百多年历史。当年裸露在塞外荒原的明朝卫所，中原垦荒士兵迁徙到塞外，组建砖井守御千户所，屯军戍边。相传在明正德十二年（1517），军士开始筑堡，一座建造两年的四四方方砖井堡，屹立于这片边塞蛮夷之地。城堡坐北向南，平地方形，城墙高数丈，堡垛三百口。到了清康熙中叶，砖井百姓剔除守御，安心屯田放牧，使之成为通往西口商贸必经的一隅。到了民国年间，高原几经战乱，长城线上砖井古堡城郭早已成断壁残垣，这口古井还在，甘甜之水还冒，成为走塞外赴西口商旅客人的歇脚之地。

历史的镜头由远而近推移，古时候这块三边高原上沙漠草地，曾经是一处游牧民族和农耕民族的杂居之地。南麓一片厚重的黄土高原，是梁峁涌浪的白于山，群峰连绵数百里。科学家推断这块地域，是从遥远的西伯利亚刮来的沙尘，经过数亿年积淀形成的黄土层。这儿的一切离不开一个“土”字，土塬、土墙、土窑、土炕、土门洞……农家住的土窑洞大都沿山而筑，梯形岭上，开掘窑穴。窑洞深大，窗户窄小，宽展大炕占据窑的一半空间。黄土泥坯垒成土炕，挖掘黄土打成院墙。慢生活是山里人的节奏，也是砖井古堡的主旋律。黎明即起，当金色的阳光在山坡上慢慢移动时，牧羊汉背上雨毡开始编织自己的发财梦，农家嫂怀抱小孩哼着小曲忙碌着自己的生活情。客人来了，窖水一碗，凉拌炒面，成了待客饭，土窑洞里，成了马帮脚户的歇脚点。

山高干旱地，村庄都缺水。做饭泡茶的水来自水窖。这种被称为地下缸的水瓮，雨雪丰盛时收集雨水冰块，自然沉淀净化，人畜共用，有“先洗脸，后洗脚，完了还要给牛喝”的习俗。大山沟底，有一条细细涓流，人们说它是红柳河。古时候这儿是蛮荒之地。祖先迁徙至此扎下根来，一代一代凿穴而居，世代相传，男耕女牧，打理家业，一生一世也没有离开这片土地。这些窑洞亲近黄土，吸取地气，隐藏着无尽玄机，成为白于山活化石的最直接见证。

传说若干年前，秦直道留下一条小径，成为一峰峰骆驼，一行行马帮通往塞北长城内外的通道。生活在白于山下的砖井人，历朝历代都遭到烽烟战火的侵蚀。进入清王朝后，中国封建社会已是千疮百孔摇摇欲坠，官场腐败堕落，官吏贪污受贿，买官进爵，敲骨吸髓……

早先年春上，一个自称野山道人的外乡人来到三边，鼓动当地贫苦百姓参加义和团组织，深受教会迫害的人们纷纷加入，一时义和拳遍及城乡，学拳弄术声势很大。引起躲避八国联军入侵逃往西安的慈禧太后的注意，遂以禁止“与诸国仇敌”行动为借口，镇压这一带义和团活动并迫其解体，以求和姿态签订了一个名为“宁条梁条约”的卖国条约。令在这一带居住的包括白泥井、宁条梁、砖井堡的穷苦百姓，向教会赔款十四万两白银，同意教会种种无理要求，这给当地劳苦大众埋下了无穷的后患。

七月里的清晨，整个山显得半明半暗。晨阳发出宁静柔和的红色的光晕，像燃烧起来的火焰。既不像旱天时那么热气逼人，也不像暴风雨前那么暗红一团，原野带有朦朦胧胧灰色调，飘卷着塞外干渴的“旱旋风”。长城脚下，砖井古堡，城墙逶迤，一条土街，两侧店铺，民居、驿站、骡马店、骆驼店连成一片，飘摇在历史的风雨中。

沙贵图躺在驾窝子里正在打盹儿，刘彪望着西边黄漫漫来的风云，匆匆走近驾窝子。“沙爷，不好！沙尘暴就要来了。”沙贵图揭开驾窝子遮帘望了望西边天际，风云翻滚的沙蛟旱霸铺天盖地而来，忙对刘彪道：“前面就是砖井堡，我们就住闫二胯子客店！”

“我这就去安排！”

离盐州城四十华里的小镇砖井古堡，有紧靠长城边墙的一院土房子，那是闫二胯子的砖井客店，与别户人家稍有相隔。客店是一座破旧的四合大院，院内中间有一排坐北向南的房舍，有七八间，它是闫二胯子接待客人的房间。院中央有一口砖砌的水井，相传有些年头了，但什么年代、什么时间，是什么人打的这口古井，谁也说不上来。总之，砖井古堡的命名与这口古井分不开。

店院后面有一个土围子，种了一些蔬菜，还有少量的水果：山杏、梨子和苹果，它们自然生长。菜地旁用篱笆围起了一个小院，养了二十余只鸡，足够供应客人一天所需的鸡蛋。院内客房一侧有三间一进两开的砖瓦房，有些时髦的翰墨味儿，显得富丽堂皇。正中墙上挂着一幅行书中堂，是清代状元王杰的手笔：“案有琴书烟有馨，竹围茅庐柳围墙，柴门中月无人到，开罢梨花又海棠。”两旁挂着“果老骑驴过赵桥，钟离点石把扇摇，彩和手执云杨板，国舅瑶池品玉箫，洞宾背剑清风客，拐李葫芦道德高，仙姑敬奉长生酒，湘子花篮献蟠桃”的八仙组字组联。下方摆着一个八仙桌，桌上有一个坐式自鸣钟，一对圈椅陪衬在两旁，在这沙漠边缘草地，却有些富户商家的文化气息和乡俗意趣。

店主闫二胯子是个残疾人。据说他五岁的时候，在院墙外小解，被野狼叼去了，后被追撵的人们从狼口中夺回来，从此一条腿留下残疾，走起路来一瘸一拐的，又因他排行老二，人们便习惯称他为闫二胯子。

闫二胯子虽然有些残疾，却是一个憨厚老实的勤快人。他五十岁左右，是一个典型的三边高原人。高高的个儿，宽宽的肩膀，强壮的体魄，坚固的头脑，白花花的头发，敏锐的眼神，加之脾气温和，性格坦诚，如果不是腿有些拐，也可算是砖井古堡的一个美男子。

他的祖籍据说是山西洪洞县大槐树，他家在砖井开店已有些年头了。他从父亲手上继承下这座店院后，勤劳精明，经营有方，小小的砖井客店，却留下一个大大的名声。他的妻子秋桃可以说是在整个砖井古堡，再也找不出的极好的伴侣了。她四十五岁左右，和丈夫一样健壮，一样身心俱佳，只是面貌举止有些粗鲁，但她和善、泼辣，成为她丈夫不可缺少的帮手和出色的管家。在日常事务中，她清扫卫生、整理床铺、布置餐饮、杀鸡拔毛、生火做饭、洗碗刷盘、挤羊奶、造米酒……闻名西口路上的闫二胯子客店的成功，有她的一份功劳。

砖井古堡一霎时间，沙尘蔽日，狂风怒号，黄漫漫的沙蛟张牙舞爪，犹是扑天狂飙从天际而下，冲刷着砖井堡这块宁静蛮荒的大地。沙贵图和他的马帮像一群黄鼠狼灰头土脸地匆匆钻进砖井闫二胯子客店。

“天哪，我的羊……我的羊！”一个牧羊姑娘背着雨毡在风沙中奔跑呼喊着。正在沙尘中飞驰的陈绍武和张军良，听到沙坳里传来的呼喊声，这声音离他们并不远。呼喊声很急切，显然是陷入困境者发出的呼救。

翻滚的沙蛟，就像面目狰狞的困兽，肆虐切割着大地，咆哮着掠过砖井的原野，妄图把生命埋葬。一群飞行的沙鸽被沙蛟卷落跌进沙漠，一群群羊被卷在疯狂的沙尘中，埋进了厚厚的沙海。牧羊姑娘一边嚎啕着，一边拼命地从沙漠中往出刨羊，血腥的风沙给大自然的生命留下悲痛。陈绍武和张军良迅速将坐骑拴在一棵树桩上，毫不畏惧地冲进风暴中，从沙漠里往出刨羊。他们看到在无垠的沙漠上，无数的沙鸽被风沙卷落，活蹦乱跳的羊儿被风沙埋葬奄奄一息。一个时辰后，沙尘暴飞逝，在迷蒙的沙尘中，陈绍武和张军良将剩下的羊收拢在一起。

“女娃，这是你的羊，快赶回去吧！”牧羊姑娘接过羊，沙土扑面的脸上泪满双腮。陈绍武望着远去的牧羊小女娃，他思谋着，如果没有战争、没有病毒、没有饥饿、没有贫穷、没有天灾人祸……也就没有那么多的无助和痛苦。

陈绍武和张军良刚刚骑上他们的快马奔驰在沙路上，就被一群赤着脚，裸着背，头上扎着柳条圈，像古代茹毛饮血的野人一般的人，抬着龙王爷的神楼挡住了去路。两人下马站在一侧，看着这群疯狂的祈雨人，一会儿登上了沙峰，一会儿又拐进沙湾，拼命地呐喊着粗犷的祈雨歌。这声音听起来既洪亮又沙哑，又不失激情澎湃；歌声在原野上空婉转盘旋，就像陀螺一般一直盘旋飞翔着，反反复复从高音呐喊转向低音呐喊，反反复复又从低音旋律滑升到高音旋律……祈雨人抬着神楼不停地奔跑着呐喊着，不停地发出激情豪迈、极其奔放的滑稽曲调和节奏，真像浑身附了神灵一样，这种激情式的拦羊嗓子回牛声的呐喊，使愚昧的山里人听了非常快慰。

“砖井堡哟万民众，祈求龙王显神灵。

哎……万民！

龙王爷哟降甘霖，铺云行雨压黄尘。

哎……万民！

上来了哟上来了，和风细雨过来了。

哎！下海雨救万民……”

奔跑者们用心唱着，调用激情吼着，跟随着的庄稼人用心灵听着。祈雨人仿佛完全沉浸在神秘而又活泼的苦涩之中。其实，祈雨似乎是一种凝聚人心的形式。与风沙打了一辈子交道的砖井农民，他们在这荒蛮的原野组织乡亲们祈雨，为的是凝聚力量稳定人心，是鼓励人们信奉神灵，有求必应的一种愚昧活动。告知人们，天不下雨刮黄风，沙蛟旱霸冲天起，是对官府衙门无能的一种嘲笑，是对懒汉不务正业者的一种惩罚。只要比油还珍贵的雨水一降临，人们的共同愿望也就实现了。庄稼长起来了，牧草丰茂了，农家的心情也舒畅了。

这里的人世世代代靠天吃饭，求神祈雨央告老天，也就成为一种传统习俗了。

天有不测风云，人有旦夕祸福。看来这个魔咒，人们是永远很难解开的。陈绍武望着远去的祈雨人，跨上骏马冒着风沙向古盐州驰去。

正是：沙尘冲天震耳吼，马帮躲进砖井堡。
闫二胯子开客店，土墙土窑土门楼。
瀚海吼出祈雨歌，狂风呼啸救牧姑。
回望革命两骑者，红色尖兵驰盐州。

第十三章

柳彦斌诱迫刀会计谋失算
陈绍武酒店设宴探秘军情

一九三四年春上，榆林军阀井岳秀执行所谓“并村移民，修筑堡寨，组训民众，编练保甲”的政策，在军事上实行“碉堡封锁”步步为营的稳扎稳打策略，企图扼杀红色政权，清查共产党，阻止革命势力在陕北一带的发展，并调集所属部队进驻三边各地和宁夏马鸿逵部队联防，镇压这里的革命活动。

身在古盐州的柳彦斌，时年四十二岁，早已成为盐州一方势力的霸主。当年他在延安犯事使出“金蝉脱壳”之计，贩毒掺假又能不露声色独吞不义之财，可见其手段之高明。因他的表姐是井岳秀的六姨太，遂摇身一变，鸡毛上天，又当上了盐州保安队的大队长，实权在握名声显赫，一路走来财源滚滚，官运亨通，成为这儿的一个举足轻重的人物。

这日柳彦斌正在办公室，一瞬间想起他和县长白伯英的对话。“赤匪刘志丹，盘踞在白于山里，神出鬼没，无孔不入，蛊惑乡里，到处赤化，闹腾得十分厉害，宁夏马鸿逵司令要我们想办法彻底清除。显然，如果不把这股红匪撵跑，对我们盐州城的安全威胁是很大的！”柳彦斌接着道：“白于山里有一个狼嵔崄，潜藏着一伙‘大刀会’，会众不少，势力不小，为首的名叫刘二贵，使用一种药酒‘羊头疯’，能使人刀枪不入。我们不妨引诱胁迫，让他们进攻柳树涧，撵走刘志丹这股红匪势力。”

“这倒是一个办法，借刀杀人……不过，他们会听你指挥吗？”

“先给他们一点甜头，然后软硬兼施，我想他们会干的。”

“好！就这么办。若能成功，我在井岳秀跟前给你请功！”

一轮红日，紫霞霭霭，云山逶迤，山峦起伏。黄土梁峁上一眼土窑里，三边特委的白锋岗，有一副久经考验和战火锤炼的严峻面孔，他对助手杨啸风道：“这里是陕甘宁三省交界，也是兵痞土匪和‘大刀会’的勾结之地。自从蒋介石把这块地方划为‘晋绥区’后，‘大刀会’把这里搅得人心惶惶地暗天昏。有迹象表明，这股‘大刀会’势力受国民党地方势力的鼓动，喝上一种叫‘羊头疯’的药酒，自鸣刀枪不入迷惑老百姓，气焰十分嚣张，反动派有可能妄图利用‘大刀会’将魔爪伸向白于山红区……”说话间，一个红军战士进来报告：“一伙头扎黄巾手举大刀的乌合之众向三山堡方向扑来。”白锋岗对杨啸风说：“说曹操，曹操就到。你去组织战士加强警戒，告诉战士们，不到万不得已时不许开枪！”

“是！”杨啸风迅速离去。白锋岗对一个战士道：“走，我们出去看看。”两人挎上驳壳枪走出窑洞。

一个山坡上，一伙头扎黄巾手举大刀的乡匪会众，在药酒的威力下，大刀闪闪，杀气腾腾，横冲直撞，喊声震耳，掀起一股滚滚尘烟向古堡扑来……一些不明真相的老百姓跟随着围观着。一个穿着黄呢子的头目喊着：“赤匪滚出去，共党滚出去！”挥舞着大刀，鼓动乡匪会众向三山堡冲来。杨啸风指挥着战士一面散发宣传品，一面向乡匪会众喊道：“乡亲们，你们不要上当，刀枪不入是骗人的。红军不忍心开枪，请大家劝阻自己的亲人，不要受坏人的欺骗和蒙蔽。红军的让步是有限的，如果再靠近，我们可要自卫了，枪一响，子弹是不长眼的！”

红军战士们个个目光愤怒，杨啸风望着渐渐围上来的乡匪会众对白锋岗道：“我们不能再退了，如果再退，他们就会更加嚣张！”

白锋岗放下望远镜对杨啸风道：“对准会众里那个穿黄呢子的反动头目，一旦打垮敌人，不要追击，更不能伤害会众！”杨啸风点头离去。

大刀会头目刘二贵等撒着酒疯，挥舞着大刀气势汹汹地围上，一声枪响，穿黄呢子的国民党匪首应声倒地。刘二贵和几个包黄头巾的小头目乱成一团，酒醒了一大半，丢下大刀惶恐地向后逃遁，跟随乡匪的会众一哄而散。

第三天中午，狼嵝峪一眼极深极大的土窑洞里，窑壁两侧十余支油灯捻子亮光闪闪，刘二贵等会众正在香案下烧香磕头，祭主求神。一个小头目报告："会长，县保安队的闫副官到。"

刘二贵："请！"

保安团的闫副官带着两个黑狗子走了进来，他从口袋里掏出一张清单交给刘二贵："前天我们联合向三山堡红区进攻，保安队死了几个弟兄，丢了十余支枪，柳队长要你们上缴抚恤养伤费，五十石黄米，五百斤麻油，予以偿付。"刘二贵忍着满腔怒火："娘的，柳队长真不够朋友，这不是屎壳郎打喷嚏——满嘴喷粪吗！我们上阵冲在前面，你们却撒腿跑了，还要我们缴什么抚恤费……这叫什么玩意儿！"闫副官一听大怒，举起手枪对准刘二贵："不要不识抬举！你说，缴还是不缴？"

混在刀会中一副会众打扮的杨啸风和两战士举起了枪："不许动，放下你的枪，这里不是你们耍威风的地方！"

闫副官一看事不对头，见三支枪对准他们三个人的脑壳，早已吓破了胆。假惺惺求饶道："大家进了三宝殿，都是来烧香的人，有话好好说……好好说。"杨啸风怒目圆睁："你是你，我是我，人不跟贼搭伙！你们装神弄鬼，坑害群众，披着人皮，做着鬼事，快快放下武器！"闫副官此时像土地爷接城隍，一下子慌了神，赶忙放下武器，瘫跌倒地，束手就擒。

杨啸风和战士趁热打铁，向刀会会众宣传抗日，宣传共产党的政策。刘二贵此刻渐渐醒悟，深感上了保安团的当，决心改过自新，弃暗投明与保安团决裂，一心一意跟红军，跟着共产党走。

翌日，狼嵝峪一个麦场上，白锋岗和杨啸风对刘二贵等刀会会众："今天我们杀鸡盟誓，立下文凭，各执一纸，遵守诺言。第一，实行减租减息，让大家都有饭吃；第二，同国民党和为非作歹的保安团断绝关系，灭匪保民；第三，只要刀会支援抗日，我们保证会众的生命和财产安全。”

刘二贵等刀会会众悲喜交加：“我们从今以后依靠共产党、依靠红军，全力支援抗日，跟着红军灭匪保家。”白于山一隅，掀起一派红火热闹的革命景象。

一条深沟巨壑的山路上，一批零散的红军战士扛着经过烽烟战火的猎猎红旗，行进在崎岖的山路上。两个身穿灰服的红军指战员策马飞驰，马蹄嗒嗒敲打着陡坡山路，扬起一阵阵烟尘，他们是三边特委派往盐州城的白锋岗和杨啸风，两人抖缰跃上山头。白锋岗指着面前大山：“沿着这条秦直道山路可直达盐州城。盐州是三边高原的一处要塞，也是西口路上的一个咽喉要地和‘旱码头’。在那悲惨的年月，驼铃马帮绵绵不断的商道，古盐州成为西部商业精神的起点，既是经济发展的商贸区域，也是西部边疆的军事要冲。这个地方曾一度是榆林军阀井岳秀和高桂滋部队管辖的区域，据悉现在是宁夏马鸿逵统治的地盘。这个地方有‘一脚踏三省’之说，西边紧靠宁夏的盐池县，北边接壤内蒙古的城川，地理环境比较特殊。”

杨啸风闪动着明亮的眸子：“我的任务是什么？”

白锋岗凝望着远方：“上级要我们在盐州城设一个暗哨，你要利用自己蒙地商客身份，一方面注意宣传和扩大红军的影响，另一方面从商贸角度打通这条商业隘口。盐州城这个商贸集散地，白色恐怖十分强烈，土豪恶霸争相变脸，商匪悍霸比较突出，社会生活很不平静，现在西口商道上出现了一股打着什么‘劫富济贫’幌子的黑色势力从中作祟，暗中兴风作浪，蠢蠢欲动，搅得人心不安。我们要在这儿落脚，需要彻底掌握这儿的风云变幻，为将来红军西进打下良好基础。

“毛主席说：长征一结束，新局面就开始。直罗镇一仗，中央红军同西北红军的团结，粉碎了蒋介石向陕北的‘围剿’。为党中央把全国革命大本营放在西北的任务，举行了一次奠基礼，他告诉我们开辟西北的重要性。这给我们工作指明了斗争方向！”

杨啸风：“我明白了！”

白锋岗：“接头地点是盐州城‘九月会’集市赛马会，有一位骑着银鬃马黄绒鞍的骑手，见了他，他会说：‘这是一匹好马，好像有龙性？’你说：‘是马三分龙，马有龙性、野性，一股龙马精神！’另外盐州城东南方向有一个柳树涧古堡，那里有我们一个红色秘密据点，刘志丹的部队经常在那一带活动，你顺便到那里接一下头了解一下情况。”

杨啸风：“是！柳树涧是我的老家，那里人地两熟，正想回去走一趟！”

白锋岗：“以后我们会面，在古盐州长城街有个‘新记’铁匠铺，门口若挂铧犁便是我们会面的时候。”

“是！”敬礼。杨啸风提缰跃马向山路上驰去。

一日闲暇无事，柳彦斌正在办公室纳闷。部下送上一份请柬，打开一看，原来是老朋友安边万盛客栈老板陈绍武约他去永兴饭店小坐，于是便吆喝手下安排备马前去赴宴。

陈绍武此时是安边万盛客栈首任经理的身份，他和张军良骑着快马沿着长城街一路驰来。当两人驰进东城门口时，一具血淋淋的尸体吊在城门楼上，尸体上还挂着一条黑字白纸——“共产党人的下场”。城门口站着几个荷枪实弹的哨兵，示意他们下马检查，他们递上身份证明，哨兵看了看，挥手让他们进去。他们拉着坐骑缓缓走进城门拐过瓮城门洞，一条沙街塞风呼呼，满目沙尘飞扬，一辆大轱辘牛车响着叮咚叮咚的铃儿穿街而过，在沙街上勾勒出深深车辙印痕。两侧蓝灰色的铺面一字排开，元升西、大德通、万聚永、货栈、饭馆等招牌迎风摇曳。铺面台阶下蜷缩着几个衣衫褴褛的乞丐，在寒风中瑟瑟发抖。

中央的十字街道上，坐落着一座花花绿绿的钟鼓楼——它是盐州城的一个标志性建筑。传说是明代万历年间的产物。楼台楼身虽然墙皮脱落，斑痕累累，但不失历史风貌。蓦然间，一支穿着黑色服装的保安团黑狗子，从钟鼓楼圆洞中穿出，脚步扬起一道道沙尘。

白色恐怖笼罩着盐州城。

陈绍武和张军良拉着马走进永兴饭店，被门口两侧对联吸引。左联是“汉三杰闻香下马”，右联是“周八士知味停车”，横批是“誉满塞外”。

“好一个誉满塞外！”陈绍武称赞说。

“先生是来用餐，请里边坐。”一个年轻的女招待在门口说。

陈绍武将马缰交给张军良走了进去。一个四十多岁的女老板走出，她曾是宽州枣林坪开饭馆的田大嫂，从枣林坪来到古盐州是组织上的决定。她来到古盐州并没有感到辛酸和难熬，两次婚姻，两次守寡，每次都加深了她对生活淡然处之的态度。她的第一位丈夫是货栈老板，第二位丈夫是饭店掌柜，两人都给她留下一些遗产和生财之道。那年，经聚义阳蒙地掌柜介绍，她秘密加入了中共盐州地下组织，她和陈绍武结交认识后，有了一种崭新的人生信念，用自己的眼睛看待世界，永兴饭店也就成了盐州城地下组织秘密接头地点。

“先生订的哪一个房间？”陈绍武道：“你们不是有一个‘瀚海一秀’吗？”田大嫂将他领入瀚海一秀房间：“先生请进。”

陈绍武进了房间，一幅出淤泥而不染的《荷花图》国画，横在墙壁。“好啊！在这平沙浩浩的荒漠之地，能领略这‘瀚海一秀’可谓饱赏了眼福！”陈绍武激动地说。

田大嫂笑着道：“这幅画是家父早年留下的，据说是出自一名状元之手。”

“像是清代状元王杰的手笔。”

“正是他的作品。”两人握手寒暄。

田大嫂兴奋地说：“盐州城地下组织遭到破坏，我们早盼着和上级接头，你来了，我们就有了主心骨。”两人坐定。外面的杨树随风摇曳，树影在饭桌上晃来晃去。女招待春花端上奶茶后，去门口放风。

“你是从南边上来？”

陈绍武点点头说：“由于形势要求让你接替这儿的工作，你不会有意见吧？”田大嫂摇摇头表示自己又回到熟悉地方，服从组织决定。

陈绍武道：“我受中央和三边特委的选派，现在是安边万盛客栈的经理。先前，跟随高双成部队剿灭惯匪杨猴小，虽说是兵来将挡，水来土掩，实际上，是一场捉迷藏的兵家游戏。加之井岳秀跟随蒋介石，反共反人民的本质大暴露。现在杨猴小匪部虽然覆灭，井岳秀反共气焰却十分嚣张。中央红军到达陕北后，将要扩大红色边区。我们目前的任务是遏制古盐州的反革命势力，做好红军西进的战前准备。您现在怎么称呼？”

“还称田大嫂。”她笑了笑，“你刚才说党中央要西进？太好了！不过，盐州城这块地方白色恐怖甚是猖狂。之前，从苏联回来的几位同志就被地方武装杀害了，其中一位同志的尸体现在还吊在东城门口……”她愤怒地将拳头砸在饭桌上。

“我就是为这事而来。特委要求我们找个机会，打击一下敌人的嚣张气焰。”陈绍武坚决地说。

“好！最近从聚义阳一位掌柜那里秘密得知，宁夏马鸿逵要给盐州城运送一批军火，加强盐州保安团力量。扬言要清查共产党，血洗盐州城。”

陈绍武：“这个情报很重要，决不能让敌人的阴谋得逞！你在这里安全吗？”

田大嫂道：“很安全，女招待春花苦大仇深，她父亲曾是刘志丹部下一位赤卫队员，在一次战斗中牺牲，母亲去年病故了，家里只有一个七十岁的老奶奶，非常可靠。”

春花走进：“保安团柳大队长来了。”陈绍武笑了笑：“这是我请来的，你去招呼好了。”

田大嫂刚走到门口，柳彦斌掀起门帘走了进来。

陈绍武热情地站起：“柳队长，我们又见面了！”

柳彦斌握住陈绍武的手：“万盛客栈大经理来鄜县，有失远迎，抱歉，抱歉！陈经理到盐州城有何贵干？”

“万盛客栈刚刚开业，我想在盐州走动走动，拜访一些客户名流，还望柳队长多多指点关照。”陈绍武说。

“好说，万盛客栈的事也是我柳某人的事，何况我的外甥少康也在贵店，哪有不帮忙之理。再说万盛客栈有榆林井岳秀司令的支持，还怕红火不了吗！”柳彦斌哈哈大笑道。

这时女招待春花端上酒菜，放在桌上。陈绍武热情招呼：“来来来，酒逢知己，今天就我们两个人喝个痛快！”举起酒杯两人碰杯，一饮而尽。

柳彦斌压低嗓子："听说安边万盛客栈住过一个姓沙的大客商，还带着一个马帮？"

陈绍武："柳队长不愧精明强干，而且消息还十分灵通。"

"你知道那是一批什么货物吗？"

"我估计是这个东西……"陈绍武做了一个吸鸦片动作，斟起一杯，"喝酒，喝酒！我们不谈这个。"

柳彦斌眯着眼睛："兵荒马乱的，这个客商还敢冒这个险？"

陈绍武不以为然："不是有一句成语：'鹬蚌相争，渔翁得利。'你听说过沙贵图这个人吗？"

柳彦斌半信半疑地："听说此人是西口商道上一名显赫的人物，说他和县长白伯英还有些交情……管他呢！"他用手做了个"吸料面"动作，"老弟，你吸这东西吗？"

陈绍武笑了笑："老兄要'坐老机'？我送一点便是。不过，别让白县长知晓了。"

柳彦斌自饮了一杯："不……不！老弟你也太多心了。最近白县长来了桃花运，要娶小老婆呢。"

陈绍武试探道："谁家的闺女？"

柳彦斌神秘道："山里柳树涧，柳家，柳大头的女儿。"

陈绍武故意道："柳树涧？那里可是红军刘志丹出没的地方。"

柳彦斌摇摇头低声道："不怕！我们保安团也要鸟枪换炮啦，宁夏马鸿逵司令为了加强盐州城的安防，送来的新式武器几天就到。"他有些乐不思蜀地喊道："女招待，给爷们唱一个酸曲儿？"

春花走近斟酒："柳队长，我不会唱……"柳彦斌醉眼惺忪地举起酒杯看着春花："你不唱，我来唱……"

"说你是婆姨，你却没结过婚；

说你是姑娘哪，你却跟过人。"

女招待春花红着脸不示弱地举起酒杯唱道：

“说你是一头驴来，你不长尾巴；
说你是个人儿哪，你竟说的牲口话。”

这时田大嫂走过来拿起酒杯也哼出了声：

“说你是个官儿，你却经的商；
说你是个商人哪，你可常带着枪。”

柳彦斌虽醉，却有些不示弱地举杯唱道：

“说你是个菩萨，你却不在天宫；
说你是个神哪，养的尽是些妖精。”

陈绍武见状哈哈大笑，接着举起酒杯晃了晃唱道：

“你养你的私骆驼，她开她家的店；
两股道上的车哪，各跑各的线……”

柳彦斌醉意朦胧地举起酒杯：“干！”与陈绍武、田大嫂碰杯，一饮而尽，喝得酩酊大醉，摇摇晃晃地一头趴在桌子上，丢人现眼地睡着了。

陈绍武摇摇头道：“古人曰：‘酒坏君子水坏路，神仙出不了酒的够。’看来，酒可以把人送上天堂，也可以把人送进地狱。以海量出名的柳彦斌，今天也烂醉如泥了。”示意春花将柳彦斌的随从叫进来，将柳彦斌架了出去。

俩人见柳彦斌的狼狈相会心地笑了笑。

陈绍武对田大嫂道：“柳彦斌是一个地头蛇，既狡猾，又毒辣，狼子野心，胃口很大。他身上似乎有好多神秘之处，蕴藏着一种巨大危险和潜力，这种潜力他自己最为清楚，万一升腾和爆发出来，就会毁灭自身以及与他接触到的东西。假如他不吸取过去教训，不严格掌握自己的命运，迟早会爆发毁灭的，我们对他还是要认真对付的。”

陈绍武略停顿了片刻：“你这里还有什么困难吗？”

田大嫂摇摇头：“我能坚持。”

“我知道困难不少，不过你过去在盐州城多年，人地两熟，像一颗红色的钉子稳稳地扎在这里，对我们开展工作十分有利。红军长征刚刚落脚，困难重重，在这一时期，我们不仅要和明的国民党反动势力斗，还要和暗的商道上的飞贼大盗斗。今后你的任务是很艰巨的！”

田大嫂坚定地：“我明白……不过，不知你在安边发现没有，张家父子叔侄和十一旅的刘保堂为争夺地方控制权，明争暗斗，面和心不和，像一个火药库，说不定哪一天就爆炸了！你面前的安边可是一个顽固的反动堡垒，你得格外留心啊。”

陈绍武目光严峻地点点头。

正是：县长警官设计谋，诱迫刀会闯红区。
舞刀弄枪凭酒力，呐喊红军滚出堡。
特委派出英雄汉，赛马场上去接头。
经理摆下迎客宴，警长醉唱爬山曲。

第十四章

柳树涧红军营地遭敌偷袭
神秘者调虎离山留下谜团

一场旱霸疯狂席卷后的边塞大地，田野庄稼像被火烧过一样蜷缩扭曲得七零八乱，到处是沙蛟肆虐后留下的惨景。夕阳像蒙上厚厚的幕布朦朦胧胧，散发着淡淡的灰色光晕，又是一个深沉沉色调笼罩的夜晚。

乌兰自从在碎金镇以脚户身份被雇用后，便化名鲁布，小心谨慎，不露声色，跟随沙贵图马帮翻山越岭一路走来。然而，这支马帮极其神秘，行规极其严格，像猫头鹰昼宿夜行，一直向西经过七八个不眠之夜，到现在伙计们谁也不知道去什么地方。像一行出殡的黑色幽灵，在阴沉沉的夜色中蜿蜒跋涉，终于在沙蛟怒吼的朦朦胧胧中进了砖井古堡土围子客店。

乌兰想起自己那年离开内蒙古伊金霍洛旗，离开心爱的珠玛姑娘，为了虔诚的革命事业，为了寻找杀害父亲的凶手，摸清西口道上暗藏的顽匪，只能隐姓埋名，沉寂生活，进入古盐州日升昌银号。此次潜入沙贵图巢穴，马帮西进到现在一无所获。关于杀害父亲的凶手仍然是一片疑云。这支马帮神秘可疑，马驮中分明是装的烟土。然而，马帮头领刘彪总以护商队头目的身份，采路寻踪，秘密行事，一点不肯透露货物的来龙去脉，这些黑货到底送到哪里呢？乌兰想到这里，顿觉一片茫然。这些商道上的败类，在这非常时期，像一群偷油的耗子，来来回回地贩卖毒品祸害社会，又不知有多少人家遭罪，家败人亡。

这些社会蛀虫用他们的行话来说，鸦片行情看涨，乘机牟取暴利。乌兰脑子里突然产生一个大胆的设想，能否想办法找个机会暴露这些烟土呢？这也许是他此次“卧底”要做的一件大事。

正在乌兰出神之际，刘彪走近：“伙计，沙爷请你去一趟。”两人便借着明晃晃的月光走进后院。门口站着的一个伙计将门推开，两人一前一后走进。

一盏昏暗灯光下，沙贵图坐在一把圈椅上，口里叼着一支雪茄喷烟吐雾，醉眼朦胧。

“沙爷，他来了！”

“你觉得他可以带一支马帮，在盐州九月会完成这次行动吗？”

“他足智多谋，颇有武功，是完全可以信赖的！”

“那就让他准备起程吧，其他的规矩你可以告诉他。”

沙贵图充满血丝的眼睛盯着这个陌生脚户，没有问他一句话，而是死死盯着他的面部表情，总觉得此人似曾相识。

乌兰高大健壮，肩宽胸阔，聪智的头脑表现出蒙古族人的优秀品质，强健的身手仿佛显示出他身怀绝技。敏锐的目光给人感觉有十足的穿透力，要动摇他的意志是很困难的，他认定的事情绝不会半途而废。当他抹下头上的白羊肚手巾时，一缕缕浓密的头发便落在那饱满的前额上。他的明亮眸子显得诚实而坚定，一股英气流露在他的眉目间。他的鼻子酷似一个蒜头，鼻孔较大，嘴型微向前凸。他是内蒙古伊金霍洛旗中共地下党成员，他以日升昌银号管家身份，活跃于榆、神、盐三角地带。

他的父亲扎伊盟，过世已有五年了，在世时是一位精通蒙汉语的“边客”。穿梭于盐州与内蒙城川之间，与当时的红军商贸边客秘密往来，接受了不少的革命道理，在和日升昌银号经理的交往中，深受王晋柳欣赏。不久，便成为银号在鄂尔多斯一带的代理商。在一次西口交易时，被土匪撕票杀害。经理王晋柳听到这一噩耗深感悲痛，于是便让他的儿子年轻力壮的扎力格在银号干事。这时的扎力格经上级同意，改名乌兰进入日升昌银号。他很少在银号抛头露面，只是在小姐王碛妹外出办理商务时才协助陪同。一来他作为银号管家对女主人十分尊重，二来他总以大哥的身份对其爱护有加。他掌握了父亲在世时的经营秘诀，他能从人们忽视的情况中辨明真伪和方向，他能像《三国演义》中的关云长“千里走单骑”一样，忠于经理王晋柳，忠于日升昌银号。在他看来小姐王碛妹是他的一个小妹妹，他以大哥哥的身份保护着她，不让其受到伤害。他深明大义，明白事理，一颗金子般闪亮之心照亮着自己的前程，将来也许能成就一番事业。

现在化名鲁布的他，接受了沙贵图交给刘彪的秘密任务，要在盐州城九月会上与一名商客进行交易，换取一批武器弹药，这便是他与刘彪头领此行的任务。第二天黎明，他们带着一个马帮离开砖井向古盐州出发了。

这年秋天，天气十分寒冷，红毛风卷着沙石刮了几天。红二十六军战士在刘志丹的带领下，与井岳秀手下的高双成部队进行几次恶战后，摆脱了围追堵截，辗转到三边高原白于山山区。

提起白于山，人们打寒颤。这里有一句俗语：霸王烟筒黑窑窑，天窗插捆烂糜草，住的虽是黑窑窑，吃的可是面条条。山大沟深，地广人稀，生活粗犷，风俗落后。冬季闯进冰雪严寒的白于山，没有耐寒本领火力不壮冻死你；春天钻进狂风呼啸的白于山，没有点胆子狼嚎鬼哭怕死你；夏季钻进干旱缺水的白于山，没有点耐渴能力火辣辣的渴死你。这里是“沙土打墙墙不倒，野汉进门狗不咬，女子嫁汉娘不恼”的地方，姑娘坐在黑窑窑，回眸一笑怕死你。赶牲灵的脚户进了山，一碗凉水拌炒面，宁给吃炒面，不给喝凉水，水比油贵整死你！一个个水窖，成了地下的缸，一碗碗窑水，成了待客的玉液琼浆。

白于山里有个村庄叫柳树涧，距盐州城有一百多华里，山梁上有一处古堡遗址，这就是与闯王李自成齐名的明末农民英雄张献忠的故乡。张献忠是元朝末年镇守宁夏的将领张思道的后代，他充当过延安府捕役，参加过明末的边防军，在边防军里他本是一名出色的军人，不料遭陷害，被捕定了死罪。所幸在处斩前延安府的将领发现实情，免了死罪，打了他一百军棍除名，开始闯荡江湖奔走谋生。崇祯八年（1635）张献忠先后参加了府谷王家胤和米脂高迎祥的义军，扛起了推翻明王朝统治的大旗。

世事沧桑变迁，如今柳树涧古堡也成了一座废墟，但断壁残垣的古堡里依然有不少的人家。这深沟巨壑中虽不甚繁华，也还有几处商店、客栈和饭铺。这里有一种美食——炖羊肉。柳树涧的馆子里，锅台上一口大锅沸腾着，烟雾缭绕的黑窑窑里，炖着大块的连骨头的羊肉，撒上一把盐，锅里就会散发出诱人的香气。原因是这儿的山地有一种叫“地绞绞”的草儿，羊儿吃了，羊肉就没有了腥气。肉熟了，能把一条巷、一条街香透。再吃上一碗羊肉臊子剁荞面，便是这里的一绝。

在塞北大地上，有很多河流跟无定河一样，一边是山地，一边是川地。可是白于山里的红柳河却与众不同，这条窄窄的小河蜿蜒曲折，形如蛇身，整个河流没有半里是直的。从老虎脑高峰望下去，可以看见大约二十里流域内的古堡废墟，峁梁沟涧、坡洼人家，以及一望无际光秃秃黄漫漫的黄土冲沟、黄土漏斗、黄土陷穴……那弥漫着的重重雾霭把万物都笼罩住。

低矮的山梁上，秋风阵阵吹拂着荞麦花，泛起一圈圈粉红色的涟漪。夜里一场阵雨，荞麦花仰着头又往上蹿了一节，构成一片一片地毯般图案，在起伏连绵的山坳间十分耀眼。秋风吹送下，挖挲着的荞麦花碰撞摩擦，迎风摆浪，引来了蜜蜂采蜜的嗡嗡声。

就在被一条深沟隔断的山峁上，距离冲沟夹缝的顶端，有几处向阳的黄土窑院，一杆红旗猎猎飘扬，红军的一个支队驻扎在这里。一个身着灰色服饰的红军女战士，向围着的战士兴高采烈地说唱着快板：

“谢子长，刘志丹，一杆杆红旗染红了天。
打土豪，闹翻身，穷苦大众心喜欢。
蒋介石，卖国贼，他反对人民打内战。
调兵遣将搞破坏，实行独裁统治把战火燃。
土匪恶霸钻空子，流氓地痞打家劫舍民不安。
搞摩擦，挑事端，鼓吹红军来了共妻又共产。
反动派苛捐杂税抓壮丁，欺压百姓天昏暗。

蒋介石泥菩萨过河不贴金，‘攘外必先安内’政策露了馅……”

老百姓和战士一片哄笑。

红二十六军一部分队伍经过几次战斗后，转移在柳树涧进行训练休整。为了防范不测，在山头一处土墙垛上设了岗哨。小山村坐落在壁立千仞的山坳间，一道危险的黄土冲沟从山上到山下把这山梁隔断开来，冲沟就像无底深渊一样大张着口子，一派山岛竦峙、嶙峋峡谷的粗犷景象。处处是裸露的长长裂痕，把一个小村子分割成两部分，几棵憔悴的古柳斜怯怯地挣扎在山坡上，陷穴式的黄铜色沟底，一个牧羊女拦着羊唱着歌儿：

“三十三颗荞麦九十九道棱，
我交上那个朋友我牵心。

走头头那个骡子上崄畔，
小妹妹那个忙把红鞋穿。

骡子走头那个马走后，
我跟上那个哥哥走包头……”

一切都在蛰动着，觉醒着，萌发着，喧闹着，呼喊着。无数的露珠像辉煌耀眼的金刚石一样发射着迷人的光泽，那悠扬轻快的信天游迎面传来，疲倦的山坳行路人，顿感似一股凉风在身上冲刷洗涤一样，精神轻松了许多。

杨啸风接受了党的秘密任务后，一路北上。不料当他翻上一道梁峁时，发现一股敌人正偷偷向柳树涧靠近。原来是驻扎在安边堡的张廷芝、张廷祥的地方武装，获得红军在柳树涧休整的情报后，经过几小时的紧张跋涉，悄悄摸到了柳树涧，妄图将红二十六军一举消灭。这股敌人为了打红军一个措手不及，派出敢死队摸上墙垛，一支匕首割断了哨兵咽喉。就在敌人靠近柳树涧古堡村落的时候，一声枪响，划破了古堡原野的寂静。

杨啸风一怔，迅速登上山头，他看到这股敌人来势凶猛，柳树涧的红军战士定会遭到敌人突然袭击，损失一定是非常惨重的，绝不能让敌人阴谋得逞。在这紧迫关头，他毫不犹豫地掏出手枪准备向敌人开火，想引开敌人。这时，又一声枪响，震动了柳树涧。似乎这一枪也是发信号，并起到调虎离山的作用。果然这股敢死队听见后面枪声后，以为中了红军的包围，迅速掉过头来还击，这时枪声像炒豆子一般响了起来。

杨啸风躲在山梁土墙下，变换着角度不断向敌人射击。他的第一个念头就是转移敌人视线把敌人引过来，于是他迅速跨上战马边射击边向山坳奔驰。驻扎在古堡的红军战士听到枪声，迅速组织部队占领了制高点和敌人展开了激烈的战斗，敌人几次强攻都被红军打了下去。一个时辰后敌人凭借强大火力，又开始向柳树涧古堡发起猛攻。这时刘志丹带着部队从后山发起了救援攻击，敌人腹背受敌，顿时慌了阵脚，只有招架之功，没有还手之力。此刻刘志丹的援军压制住了攻击古堡的敌人，古堡里抗击的红军战士发现援军到来，如虎添翼，立即组织火力，发起强烈攻击，使敌人退下山坡，仓皇逃窜，敌指挥官只好下达撤退命令，丢下几十具尸体落荒而逃。

事后刘志丹握着杨啸风的手说："你怎么绕道来柳树涧呢？"

"我是柳树涧人，顺便回家看望一下老娘……"

刘志丹道："原来是这样。谢谢你开的第一枪！我们的战士才有回旋的余地，否则后果不堪设想。"

杨啸风摇摇头："首长，第一枪不是我开的！"

刘志丹不解地："不是你开的，那又是何人呢？"

"第一枪真不是我开的！我准备将敌人引开时，突然一声清脆的枪声从上空响起……"

"哦，难道另有开枪之人？"

"也许是吧，可能是不愿暴露自己。"

"我们要感谢这位开枪报信之人。他不愿暴露自己，是否有某些顾虑？也好，我们只当是一个不解之谜吧！”

杨啸风：“我觉得这股敌人不像是高双成的队伍，看样子像是另一股地方武装。”

这时，一个红军战士报告：“从留下的尸体看，这股来犯敌人像是安边堡张廷芝的地方武装。”

刘志丹：“你估计得不错，看来这些地方武装，也想趁势放一把火。虽然偷袭没有得逞，但是放了几枪，挨了几刀。”

杨啸风：“他们这次吃了亏，会疯狂报复的！”

刘志丹：“不必担心，我们将暂时退出柳树涧，寻找新的战机。你去盐州城的任务一定是很艰难的，相信以你的聪明才智，定会顺利完成任务的。再次感谢你的协助！”

“首长太客气了！我们是为一个共同的目标，不必感谢。我就不打扰了。”杨啸风跨上战马向首长敬礼！

刘志丹挥手：“再见！”

杨啸风掉转马头，腿夹马肚飞驰而去，眨眼间驰进梁长峁短的万壑丛中。这时碧空云淡，原野黄绿相衬，显示出七月的白于山巍巍雄浑，清新透明。一棵棵榆树粗壮结实，榆树叶儿像被雨水浸润过一样粼光闪闪。纵横交错的丘壑斜坡，一块块荞麦田开着粉色花儿，在和风中轻轻波动着，游动着的云影映射出浓重的色彩。

刘志丹望着远去的杨啸风喃喃自语：“这也奇了，第一枪到底是哪个神秘人物开的呢？”

正是：白于山里柳树涧，红旗飘扬歌声喧。
白匪派出敢死队，偷袭红军上山巅。
一声枪响似报信，几百敌人吓破胆。
神秘枪声解了围，红军才得巧周旋。

第十五章

九月会三方势力明争暗斗
赛马场龙驹神骏暗号接头

那日，杨啸风回到柳树涧后，才得知母亲在一年前已经去世。此刻，他拉着一匹铁青马默默地跪在母亲墓前悲愤欲绝。黝黑的脸庞上滚动着泪水喃喃自语："母亲，孩儿来迟了！孩儿不孝，连累了母亲，呜呼哀哉！母亲安息吧！自古以来，忠孝不能两全。"他叹了口气，烧化了纸钱，擦干了眼泪，跃身上马便向敌占区的古盐州驰骋而去。

自从刘保堂的十一旅部队在安边堡驻扎后，对张兰亭父子叔侄的地方武装势力产生一些威慑力。然而，强龙难压地头蛇。装一肚子坏水的张廷芝、张廷祥兄弟俩表面是人，背后是鬼。披着人皮，做着鬼事，在安边堡奸贪横行，使得民不聊生。他们对十一旅的镇守极为不满，密谋实现"赶着猴子进了山，拔掉萝卜地皮宽"的狼子野心。迟早有一天要把镇守安边的军权夺回来，实现他们对安边堡的永久控制，是这股地方势力走的一盘棋。

某日，探知一部分红军在柳树涧活动的情报后，张廷芝、张廷祥兄弟俩觉得有机可乘，秘密调动自己的地方武装，派出敢死队，妄图包围柳树涧的红军，将他们一举歼灭。岂料，偷鸡不成蚀把米，吃了败仗，狼狈逃窜回来。

为了挽回面子出一口气，这天，兄弟俩假惺惺地面见了十一旅旅长刘保堂，掩盖了他们进攻柳树涧失败的劣迹。只说他们秘密侦察到柳树涧有红军驻扎活动的情报，建议刘保堂派兵趁其不备消灭这股赤匪，不要让其成了气候，若不提早清除，恐怕就来不及了。

刘保堂沉默了一会，不以为然：“十一旅有三个团，你们地方武装也有两个团吧，难道还怕刘志丹那股红军吗？现在对他们进行围剿恐怕还不是时候。”

张廷芝接着说：“不能小看这些赤匪，像刘志丹这些犯上作乱的匪徒，我们决不能心慈手软。不然的话，你给他一根高杆，他就想爬到天上去。”

张廷祥咽了一口唾沫道：“是呀，只要我们向这股赤匪发起总攻，只需两天，就可以把他们击溃，赶过老虎脑！”

刘保堂摇摇头：“这股赤匪，别看他们在山里闹得凶，我想成不了大气候。现在我们没有必要同他们进行较量！”刘保堂有些藐视地说。

张廷芝惊讶道：“为什么呢？你是不是担心我们还不能把他们一举歼灭？”

刘保堂慢悠悠道：“以我们现在的兵力，打败这些赤匪，绰绰有余。”

张廷祥火气道：“既然这样，那我们还等什么呢？”

刘保堂瞟了他一眼道：“刘志丹这股赤匪，极其狡猾，刚刚将三山堡的‘大刀会’赤化了。他们神出鬼没，东躲西藏，打一处换一个阵地。地形熟悉，同情百姓，今天你在柳树涧找到他们，明天他们又不知窜到哪里，我们只能将其击退，不能彻底消灭。或者说只能消灭他们的肉体，无法消灭他们那种红色的献身理想。何况榆林井司令也没有明确的命令，没有十分的把握，最好不要擅自行动！”实际上刘保堂这番话，隐隐约约揭露了他们上次的秘密行动，给了他们俩迎头一闷棍，这一闷棍，起到敲山震虎的作用。

两人见刘保堂有些胆怯厌战，犹如赤脚丫子进冰窖——凉到底了，便恨恨地离开了旅部。从此，两人夺权的思想越来越浓，控制地方势力的野心越来越大。后来在安边堡爆发的惊心动魄的“鸿门宴”一幕，杀掉了刘保堂，引发了内乱，促进了十一旅的起义，这是后话。

入秋的三边高原古盐州，碧空云淡，长城逶迤，秋风送爽，糜谷飘香。一年一度的盐州九月会是长城线上最繁华的商贸交易市场。九月会不同于一般的庙会集市，它规模大，时间长，又是传统定下来的日子不会变。不仅城周围农户和小商小贩关注交易时间，而且吸引着远方的客人，几十里、几百里，甚至从千里路外赶来的商客。北至内蒙古鄂尔多斯，中至宁夏吴忠堡一带，南至黄河晋西北走廊，都有商客接踵而至。骑骆驼的、赶骡子的、拉毛驴的不约而同地从四面八方赶来，九月会也就成为古盐州商贸交易的核心。

在那动荡年代，古盐州九月会还是会在风雨飘摇中显得热闹红火一阵。表面上它是一个商贸交易的盛会，实际上它涌动着白色的、红色的、灰色的、黑色的一股股暗流，不乏做大买卖的、贩皮货的、贩大烟的、贩卖枪支弹药的，应有尽有。红白两道和土匪强盗的不断光顾，为古盐州九月会抹上一层神秘多彩的色调。

九月会还有一个特色，就是做小本生意的、赶牲灵的是这里最为活跃的人。有句话叫："脚夫若要富，买卖搅庄户。买卖十二行，比不上赶牲口的忙，走着吃干粮，坐下补鞍杖，拉屎尿尿还在忙着盘算账。"当然还有肩扛的、挑担的、赶牛羊的、卖牲口的。更有骑骡压马的，骡子头戴红缨笼头，马背上备着栽绒鞍，还有骑着走骡的商家绅士，在九月会上压骡走马炫耀的，成为九月会的一大亮点。

古时盐州东滩有一个沙漠湖泊，人称东湖。每到仲夏，四周绿草如茵，马莲花紫艳匝地，升腾起一片片紫霞，十分耀眼。沙湖边有一古庙，人称汤王庙。碧水一泓，人称娘娘水，终年不涸。波光潋滟、瀚海平湖，成为盐州一道美丽风景。相传远古时候，久旱不雨，汤王以为自己获罪于天，于是自责自焚而死。娘娘伤心痛哭不止，流下眼泪化作一池清水，脸上脂粉落地变成一簇簇紫色马莲花。后来，人们称这片水为东湖。湖水清澈甘醇，成为行人饮马止渴的地方。正如唐代诗人李益写下："绿杨著水草如烟，旧是胡儿饮马泉。几处吹笳明月夜，何人倚剑白云天。从来冻合关山路，今日分流汉使前。莫遣行人照容鬓，恐惊憔悴入新年。"道出了当年盐州东湖行人走马的悲凉情景。

沧海桑田，几经战火，东湖已被风沙掩埋。平展展的沙滩上马莲花依然盛开，人们便称之为马莲滩。古盐州的九月会便在盛开着马莲的草滩上扎下根来。平日寂寥空旷的马莲滩上一下热闹起来。宽阔的东湖边搭起如雨后蓬勃而起的蘑菇般的帐篷，星罗棋布地点缀在马莲滩上，花花绿绿的各式招牌迎风飘扬，饭铺、小吃铺的篝火熊熊燃烧，升腾起埋锅造饭的袅袅炊烟。一辆辆大轱辘牛车上的农家小摊点，一个接一个，吆喝声、叫卖声不绝于耳。牲畜交易活动场上，头扎白毛巾和戴着草帽的庄稼人，三个一伙，五个一群，不是看马看骡，就是看驴看牛，他们被称为“牙子”。这些中介人十分活跃，热情进行说合“打帮生意”，相互撩起衣襟，遮住手指用手指掐码子进行商磋，经过几次套手，直到“驴抹笼头牛解缰”双方才算成交。

九月会开市两天以来，可谓集圆市热，人山人海。晋西北的“山西梆子”戏演红了，马莲滩人头涌涌红透了。这天九月九重阳节，风和日丽，碧空云淡，接近中午时分，一场牵动古盐州神经的赛马会就要开始了，各路赛马选手和英雄豪杰都会聚在广阔的马莲滩上，想在这儿亮一亮自己的龙驹神骏，抖一抖自己地方的威风，何况获得冠军的还有一匹马的奖赏。

赛马会虽然是一场民间组织的赛事活动，实际上它暗藏着城里人、东滩人、南山人一场精神角逐和较量，但也牵动着官场人物、字号东家、牧场富户以及形形色色不露面人物的血脉神经。在这场赛事中不乏有下赌押宝的人，涌动着方方面面的势力，将九月会推向高潮。

具有三边高原风味的九月会赛马场，彩旗高扬，质朴粗犷，一片柳林掩隐的起伏沙漠，一片如茵绿色草原开阔平展。这里可以远眺到五里以外的盐州城，黄漫漫城墙四四方方目视可见，高高屹立在城中的钟鼓楼，沐浴在阳光灿烂的黄色屋舍中间，显得十分独特宏伟。

赛马观礼台搭在一个高出地面的平台上，渐渐挤满了客人，来赴会的一些政界商界的老少和盐州城里的头面人物，尽管在年龄上和性格上各不相同，但他们的社会地位是一样的。县长白伯英戴着丝边礼帽，身着长袍马褂，一副金丝边眼镜扣在脸上，身边坐着一位时髦姨太太用面纱遮住了脸，身着衣服极为华丽，漂亮的斗篷下露出白嫩手臂，戴在手腕上的金手镯闪闪发亮。几个随同的妖艳少妇个个打扮时兴，花花绿绿衣服下面都是锦缎衬裙，里面是质地细软的裤子，高跟鞋式样很好，踩地沙沙有声，含眸吟笑，明眸皓齿，十分惹眼。

世袭的恶霸地主武装头目的张兰亭、张玉亭兄弟赫然入座，他们是代表东滩的一股武装势力，在军阀马鸿逵和井岳秀的庇护下，独霸一方，鱼肉乡里，压迫剥削，假公济私，摊粮要款，扰乱地方，令安边东滩一带百姓啼饥号寒，怨声载道。今天在这场赛马会上他们要显示一下自己的威力。久听人说，万盛客栈新任经理陈绍武，曾担任高双成作战参谋，不仅谋略过人，而且马上功夫十分了得，便选择其为东滩骑手。而陈绍武呢，也乐意完成这桩赛马盛事，一来便于接近张家父子叔侄，二来自己也有接头任务在身，便欣然承诺下来。

赛马场起跑线上，龙驹神骏集聚，马嘶人啸，一片欢腾争艳之势，各路骑手立马握鞭聚集在这里。最引人注目的是代表盐州城的选手，他是保安队柳彦斌手下的一个头目，名叫张猛，三十多岁，是一名骑射俱佳的选手。他骑着一匹装饰华丽的黄骠马耀武扬威，柳彦斌在一侧面授机宜，马上的张猛志气昂扬，成竹在胸，看似有一种志在必得之感。商人服饰的陈绍武骑着一匹银鬃马，座上的黄绒鞍显得十分耀眼。他虽是安边万盛客栈的经理，但因是军人出身被选为东滩的选手，何况他带着一项秘密接头任务，也想在这称雄的赛马场上显露一下身手，此刻他容光焕发，精神抖擞，勒着跃跃欲冲的银鬃神骏，独具英姿。农民服饰打扮的杨啸风骑着他的铁青马出现在起跑线上，他是代表南山一派参赛的，他勒着马的嚼环，铁青马长嘶一声，两蹄腾空，几近直立，嘶吼声中蕴藏着一股拼力厮杀争强好胜的雄姿。

三点钟，军号声声，鼓声咚咚，在一声清脆枪声中，各路骑手跃马扬鞭冲出起跑线。一片尘土中数十骑奔驰在沙滩上，会场顿时吆喝声、呐喊声响成一片。一个圈子下来，骑着黄骠马的张猛扬鞭纵马已飞驰到众选手前列，这时奋蹄奔腾的银鬃马像一股旋风追了上来。杨啸风的铁青马也不示弱，风驰电掣地迎头赶上。蹄扬尘飞，寸步不让。一时间，张猛的黄骠马和陈绍武的银鬃马已是并驾齐驱，并头前进，你追我赶，相持不下。观礼台上赌钱押宝的各类人物，目瞪口呆地死盯着场上的风云变幻。因为他们的赌注大都压在张猛身上，心都提到了嗓子眼，希望盐州选手张猛取得胜利。眼看就到了终点，这时一匹龙驹像闪电一样，以雷霆万钧之势冲到了最前面，它是南山骑手杨啸风的铁青马，在一片欢呼声中，夺得了全场第一名。

那些押赌注的头面人物，一声叹息！观礼台上顿时唉声叹气，吵吵嚷嚷……这时冲过终点线的陈绍武，纵马赶上夺冠的南山骑手杨啸风，两匹马并肩向柳林间疾进。陈绍武便向铁青马上的骑手道："这是一匹好马，这匹马好像有'龙性'？"杨啸风答道："是马三分龙！马有龙性，野性，一股'龙马精神'。"两人对视，热情地在马上握手。

杨啸风激动地："我们终于见面了。"

陈绍武点点头："这里不是谈话之处，现在你先去观礼台领奖，明天上午在长城街'新记'铁匠铺再叙。"

杨啸风："好，明天上午长城街'新记'铁匠铺见。"两人迅速调头，驰马奔向观礼台。

一抹斜阳还在高照，秋晒的庄稼懒洋洋地缩着身低着头。秋后一伏，城里还有些闷热。四处弥漫着令人无法喘气的沙风，那些羽毛黑乎乎的乌鸦，可怜兮兮地飞起又落下，不知是一种饥饿的折磨，还是向人们祈求怜爱，忽而从枯黄的草地上扑啦啦飞起来，忽而又像乌云一样黑压压飘过去。唯有那些野兔，一点也不忧郁，在草丛中窜来窜去地撒野奔跑，一会儿蹲下来，仰头观望，又一窜飞快奔跑，似乎在无拘无束地挑逗着人们。

柳彦斌此刻像一只斗败了的公鸡垂下了头，长长地嘘出一声像呻吟似的叹息，露出憎恨的目光。远远望着夺冠的杨啸风喃喃自语："这个农民骑手好身手……他是一个什么人呢？"心里顿时产生了一个不解的谜团！回头对张猛道："此人身手不凡，不像是一个农民身份，南山是赤匪不断出没的地方，这个赛马选手十分可疑，不会是混进来的共党分子趁机捣乱吧？要注意他的一切行动。"

张猛气喘吁吁地："是！"

正是：盐州传统九月会，龙驹神骏鹰疾飞。

明是商贸暗较劲，三方势力争高低。
南山好汉勇夺冠，东滩暗哨接关系。
观礼台上声声叹，输了赌注真晦气。

第十六章

王晋柳密会乌兰惊悉大盗
陈绍武铁铺议事设下眼线

盐州城可以算是塞外一座最质朴、最粗犷的古老城市。土黄色街道、土黄色屋舍、土黄色的人家和刷了“鬼子蓝”的土黄色铺面，绵延散落在一个四方形的城堡里。出了城便是无垠的沙漠，旷野里到处显露出一丛丛、一簇簇茁壮起来的沙蒿拨子，经风沐雨，年长日久，在黄色雾霾中像一座座堆起来的坟墓。

盐州城的秋天，是最使人留恋的时节。整个苍宇都非常透明，早霞升起时那种宁静柔美的暖调光华，既不像旱天时干热逼人，也不像沙尘暴之前的黄云笼罩，而是清澈如洗，明净灿烂散发着新鲜而亮丽的光辉，盐州城沉浸在一片浅紫色的雾霭之中。到了正午时分，许多又圆又厚的白色云团便纷纷涌现出来，它们好像无数岛屿坐落在天幕中，慢慢地环绕往一处移动，转瞬之间，它们中间原有的青天已经不见了，呈现出浅灰色阴暗沉闷的幕带，一团团酝酿着无法察觉的雷阵雨。到了傍晚，这些灰色暮云便纷纷消失了，被落日余晖映照成玫瑰色，鲜艳亮丽，格外引人注目，把短暂橙红色光晕留给渐渐发暗的城郭。顷刻间，一轮明月则渐渐升起，预示着人世间的生生不息。

国共两党的争锋，征剿土匪的厮杀，也不能阻止古盐州人对富贵的追求，对发财的幻想。何况，这里有五个丰碑式的产业，盐湖、畜牧、油坊、边贸、马帮驼队，这些已成为边塞旱码头商贸发展的缩影。一年一度的九月会就像内蒙古的那达慕盛会，在一番紧锣密鼓的筹措之后，三边高原扬起了传统盛会的旗帜，吸引着陕、蒙乃至晋西北的买卖客商。

元升西客栈是盐州城一家老字号。经理名叫闫殿仁，是河北顺德府人士。为人向善，热情好客，诚信待人，经营有方，赢得各方人士的称赞，成为三边高原商界的“诺亚方舟”。他的客栈坐落在城内古楼东街，年代久远信誉卓著，不仅在三边乃至西口也是赫赫有名。晋西北的驼队，内蒙古的马帮，秘密的延安红区贸易公司驮盐队的牲口都在这里住歇。每年九月会，特别是以经商为幌子，红、白、黑各路人马汇聚元升西，也有不少的盯梢和暗哨，进行各种各样的买卖交易。

元升西经理闫殿仁，开设客栈多年，有一项经营秘密——每年在九月会期间，邀集住店客人共同聚餐，也叫“搭平伙”。实际上是羊毛出在羊身上，自己出钱平分秋色。客栈聚会进餐，实质是联络各方人士求得万事亨通。住在元升西的客人，不乏三杂五姓，各路豪杰，来求生意兴隆，不是“按下葫芦浮起瓢”的客，就是“牵着骆驼赶着马”的生意人。客栈也要创造一个和平的气氛，合适的机遇，相互交流、互通情报的机会。搭平伙集体聚餐，就成为元升西客栈一项经营举措。不论是大客商，还是小东家；不论是拉骆驼的，还是赶马帮的；不论是红道上的，还是黑道上的；不论是什么来路，还是有什么样的处境——都一视同仁，聚会就餐。所以，住在元升西的客人，都愿意参加这种聚会，这成为元升西客栈经营的成功之道。

刘彪和伙计鲁布带着那支马帮在黄昏时分住进了元升西客栈。他们要在九月会期间，和宁夏客人进行一桩黑色的烟土交易。这天鲁布打着脚户走长路的裹腿，脚下是白布袜子牛鼻子鞋，身着土气的土布服饰，参加了元升西聚餐会。发现了有不少政界、军界、商界的人物和脚户、马夫等形形色色人物。这使他初步认识了解到，九月会绝不是一个普通的集市盛会，而是一个充满神秘诡异的场所，热闹中似乎隐藏着杀气！

深夜鲁布以巡视周围动向为名，在街上转了一圈，然后偷偷去了一趟日升昌银号。见到经理王晋柳和小姐王碛妹，便将一路所见所闻和探索到的马帮行踪，告诉了王晋柳。他言这支马帮队不在白天走，只在夜间行，悄悄绕关口，秘密过哨卡，行踪诡秘，守口如瓶，驼驮里上面装的皮毛货物，下面藏着烟土，鬼鬼祟祟进入盐州城。如果估计不错的话，这批烟土可能利用九月会进行交易……他提醒王晋柳，马帮主人就是当铺东家沙贵图，一路行踪诡秘，深居简出，从不露面。踩路行事，总是以护商的一个外号“点灯子”的头目代理。这个当铺东家，现在还深藏在砖井堡坐镇指挥。

“如果这个沙贵图再来银号纠缠，我们如何是好呢？”王碛妹插话说。

“此人不来便罢，若再来时王经理可要留心，别听他的欺骗和蛊惑！据我初步查实，这个当铺东家有可能就是传说中的西口大盗‘沙里狐’。”

“沙里狐？”一向沉默寡言以勤奋耕耘著称的王晋柳，一听说“沙里狐”三字，仿佛雷击耳，深感这个打着心狠手辣烙印的沙贵图，似乎又在试图践踏银号，愈听愈觉得不是滋味，愈听愈觉得寒心可怕，便唰地抬起头来。回想当年与他在生意交往时，只觉得此人生性粗暴，贪婪无厌，虽变成了卑鄙的商界龌龊，但也不至于成为人们唾骂的江湖大盗。近两年和他少有交往，此次带着烟土秘密而来，是不是和银号又要发生关系？想到这里，他还是不敢相信自己的耳朵，于是又问：“你说沙贵图有可能是隐藏在商界的西口大盗沙里狐？”

“现在还说不准，不过十有八九。”乌兰焦灼地说。

“如果真是他，我们就是跳进黄河也洗不清了！”

王碛妹接着说：“我们银号的那船货物，就是被沙里狐的爪牙点灯子所劫持。他们穷凶极恶，手段残忍。用枪逼着船夫一个个跳进黄河，是一伙杀人不眨眼的刽子手。”

在王晋柳看来，乌兰一向不苟言笑，为人正派，处事缜密。自己也敬他三分，每逢重要决策总要征询他的意见，乌兰也从不推诿。沙里狐不仅在黄河水路劫掠船只，更屡屡在西口商道骚扰危害商队！此刻，王晋柳的心窝像被人踹了一脚，说不出一句囫囵话来。

“这些……这些可恶的强盗，原来是一伙红眼饿狼！”

“害人之心不可有，防人之心不可无。我们是要多长一个心眼了！”王碛妹接着说。

“我们受了他多少蒙骗啊！”王晋柳此刻六神无主，回顾自己过去误踏贼船，险些将日升昌银号拖向深渊……一阵令人难耐的静寂之后，谈话中断了一会儿，他问乌兰：“你还要待下去吗？”

“为了银号声誉，我想继续跟踪监视，何况我的身份还没有暴露，我想进一步查清其最终目的，我觉得此人好像还隐藏着一个极为可怕的阴谋。”

“我知道了，如果是这样，你还是快点回去，不要让他们发现什么破绽。”

“我这就回去。对了，我现在的名字叫鲁布。”乌兰回头对王碛妹道：“可以给柳彦斌发一个匿名信，九月会上有贩卖烟土的交易。”

“是不是要提醒一下柳彦斌？”

“是的！井岳秀已下了明确的禁烟命令。”

“这事我来办。”王碛妹点头。

乌兰迅速从后门出去消失在黑暗中。

盐州城长城街上有一个“新记”铁匠铺。已是深秋傍晚时分，铁匠铺炉火正红，一个五十多岁铁匠铺师傅，他叫李大力，是三边特委安排在盐州城的眼线。李铁匠正在炉口铁砧子上敲打着一个铁铧，他敞着怀露出结实的胸膛，每呼吸一下肋部便显现出久经锻炼的铁骨肋条，一只手握着钳子夹住烧红的铁块，另一手举着小铁锤敲打着，迸发出点点火星，留下一束束光尾。他的儿子李小刚，二十多岁，则在一旁抡动铁锤挥舞着，火红的铁块在铁砧上旋转着翻滚着，一股股血红的火焰跳跃着飞溅到地面，照亮着两个魁梧的身躯——他们是陈绍武和杨啸风，两人一边打铁一边在忽明忽暗的角落间交谈着。

杨啸风：“八月一日，中国共产党发表《为抗日救国告全体同胞书》推动抗日民族统一战线形成。此时，中国工农红军仍在长征途中，遭受到国民党军队的围追堵截。十二月的瓦窑堡会议上，毛泽东提出要建立广泛的抗日民族统一战线，‘组织千千万万的民众，调动浩浩荡荡的革命军’与日本侵略者进行坚决的斗争。”

“榆林的军阀井岳秀哼着蒋介石‘攘外必先安内’的陈词滥调，实行白色恐怖，极力陷害和抓捕共产党人。残酷手段令人发指，实在反动透顶！”陈绍武激动地说。

“红军到达陕北后，对井岳秀和高桂滋可能有一定的威慑力。不过，党中央有新的部署，进一步扩大红色区域，有可能向西发展。三边特委要在盐州城建立一个地下秘密岗哨，我们做好这方面的工作。”杨啸风说。

陈绍武：“太好了！这个秘密地下岗哨，暂时就设在‘新记’铁匠铺，不会引起敌人的注意。”他拿起一个新打的铁铧触摸着：“盐州这块地方比较特殊，以前是井岳秀管辖，一度又成了高桂滋的地盘，最近宁夏的马鸿逵也插手进来。盐州城和安边堡便成了他们妄图阻挡红军西进的堡垒。前几天刘志丹一举攻破了镇靖城，这是敌人万万没有想到的。”

“镇靖城现在已掌握在红军手里？”

“是的！已被刘志丹出奇制胜一举拿下了。据说前不久刘志丹的二十六军探知镇靖城守军不多，假装贩盐脚户，潜入县城切断联络线，包围了营长驻地，经过激烈战斗，守城营长当场被击毙，解放了镇靖城。听说高双成闻讯大声痛哭，不知是哭他的地盘？还是哭他的营长？总之镇靖城解放对井岳秀是一个沉重打击。”

“这样，我们离这块红色区域越来越近了。”

“是啊，盐州城离镇靖城距离有一百多里，中间夹一个安边堡，是一颗硬钉子。张家父子叔侄，是一股世袭的地主武装势力。他们既依靠井岳秀，又巴结马鸿逵，固守安边堡这块地盘，飞扬跋扈，仇视革命，是一股不可轻视的地方武装势力。”

“你可是歪嘴吹喇叭——偏偏遇上个端端！”杨啸风说。

“万盛客栈是井岳秀十一旅的官办客栈，有这个金字招牌我想不会有事的。况且我曾是高双成的一个参谋，在军队中混了一阵子，他们绝不会对我产生怀疑。”他停顿思索了片刻：“近几年商道上极不平静，出现了一股黑色暗流，西口商道虽然流的是一股浑水，但现在被这股暗流搅得越来越浑了，你进入商界之后，彻底探一探这股黑色暗流的深浅，如果涉水极深，我们决不能让其招摇撞骗，浑水摸鱼，坑害社会，坑害人民。”

“我对这股黑色野蛮势力，早有耳闻，传说很多，到目前为止，我们也只是看到冰山一角。”杨啸风道。

“最近万盛客栈住过一名大客商，是碎金镇百顺当铺东家，名叫沙贵图，有四十多岁。这家伙派头十足，出动时总是乘着豪华的驾窝子，带着一个马帮队，据说是为赶赴盐州的九月会而来。从他们昼宿夜行的行踪来看，十有八九是贩卖烟土。在这片车辚辚，马萧萧的烽火动荡中，他们真是旗杆上绑鸡毛 —— 好大一个掸（胆）子。竟敢大摇大摆做这种交易，可见其有着诡秘的实力。”

“一个与社会背道而驰靠走私贩卖烟土所构成的空中商贸楼阁，迟早会坍塌的。如果真的是做这些勾当，这把火可就烧大了，我们光往锅里添水，不如釜底抽薪。寻找机会打击这股商贸线上的猖狂势力，是当前的重中之重。不过，万事都有它的流程和逻辑性，每件事情我们都要缜密地进行。”

陈绍武接着说：“有消息传来，宁夏马鸿逵刚刚运来一批武器弹药，是武装县保安团的。据侦察这批军火可能存放在县衙后院，我们可否在这批武器上做点文章？最近县长白伯英要娶小老婆，这是一个可以利用的机会，如能得手，就能挫败一下敌人的嚣张气焰！”他扫了一眼炉花飞溅的沉沉夜色：“你去给三边特委汇报，我们制定一个方案出来。”陈绍武：“铁铺门口若挂着三个铁铧，便是我们接头之时。”

月亮出来了，黑蓝色的天幕下，它细细的一弯，给苍茫的盐州大地洒下淡淡的美妙银晖。高高悬嵌在天边的点点繁星，此刻已经倾斜到一侧去了。周围万籁俱寂，如同黎明前的黑暗一样，一切都沉浸在那无声无息的梦幻之中。散发着强烈气味的干燥秋风，蒸腾着寂静的盐州城。

杨啸风握着陈绍武的手：“谢谢你的精彩谋略。”陈绍武摇摇头，两人握手告别，离开夜色暗暗的铁匠铺。

正是：三边名店元升西，经营手段是聚会。

住宿商人搭平伙，卧底脚户露底细。
银号惊悉西口盗，警官探知黑交易。
经理秘密制方略，英雄筹划夺武器。

第十七章

城大墩枪支交易刘彪惨死
柳树林焚烧烟土商女争雄

长城蜿蜒，沙漠无垠；烽墩荒草，野店孤烟。一九三四年古历九月十日，正如我们所料，诡秘的沙贵图蹲在砖井堡闫二胯子客店没有丝毫移动，静静地等候佳音。狡兔三窟，这个在生意场上的狡兔，每次进行黑色交易从不直接露面。此次塞外之行也不例外，他带着一个说长不长说短不短的马帮队，驮着一些土布、火柴、皮毛以及一百多包大烟土，神不知鬼不觉地登上了三边高原。他心里思谋着有两宗买卖要做：一是要和日升昌银号经理王晋柳商谈再次合作事宜；二是利用盐州九月盛会进行秘密交易。出于安全考虑，便在离盐州城四十里的砖井堡住下来。在这风声鹤唳的烽火年月，退避三舍，遥控指挥，这样便于观察行事。他的第一宗交易是用四十大包烟土换取五十条步枪的买卖，交换地点定在古盐州城大墩烽墩口子的柳树林里。头一天，他就派出刘彪和伙计鲁布，赶着两匹驮着烟土的牲口秘密出发了。

刘彪这个护商队里的头目，在他东家的眼里可算是凤毛麟角。他三十五岁，高高的个子，一头浓黑发鬓，神色阴沉，目光冷漠，说话声音干涩，举止鲁莽粗野，但他有一种被驯服的天性。他盲目的勇敢，敏捷的动作，出手的迅速，残酷杀人，点放天灯，在江湖商道上留下“点灯子”的恶名。再加上新招来的脚夫勇猛顽强和过硬功夫配合，这宗以烟土交换枪支的买卖，也许能够顺利完成。

在古盐州长城烽墩口子原野边墙下，有一片蓬头柳，构成浓绿浓绿的诱人色彩，像点燃的绿色火炬，在朝晖夕照中蓬蓬勃勃燃烧着。

十月的长城线上，天旱缺雨，千树打蔫，百草枯黄，庄稼叶被晒得蜷缩起来，唯有这片蓬头柳依然茂盛挺立，它像婴儿般匍匐在母亲的怀抱，无论雨水多么缺少，空气多么干燥，风沙多么肆虐，一棵棵茁壮的蓬头柳就像古代武士，守护着长城烽墩口子，任凭狂风沙浪，雷劈电击，粗壮顽强而不倒。逝去的岁月里，这片蓬头柳曾是一道天然防线，抵御着反动派的侵略。每一棵蓬头柳，就是一个掩体，战士爬上树桩，戴上柳编伪装，埋伏在树丛中和敌人打伏击战。当年红军游击队，就曾利用这种蓬头柳打击消灭敌人。

城大墩是万里长城遗留下的一个烽墩，大墩下有一个小村子，名曰烽墩口子。远远看去，好像只有几十棵树、几户人家，再往后延伸就是一条残缺的长城边墙了。独特的地理环境，决定了烽墩口子人艰难悲惨的过去。在土匪杨猴小和不沾泥暴乱的时期，小村经常被过往的土匪糟害，牛羊被牵走，猪被杀掉抬走，庄稼被土匪的战马吃掉。有的婆姨被糟蹋，有的后生被抓走。站在烽墩口子向东眺望，是一望无际的荒滩，偶尔一两簇芨芨草在寒风中抖瑟。一片柳树林横在南面，成为一道屏障。几十户人家就建在蜿蜒的边墙旁。暖阳照在上面仿佛罩了一层黄红色薄纱，氤氲着一种暖煦的气味。据说原本修筑长城时，计划中没有这段边墙，因施工者喝醉睡了一天，长城边墙就在这儿拐出了一段，这是城大墩人自己的传说。

这一天寒风凛冽，灰蒙蒙雾霾隐藏着暖阳，大约下午四点的时候，鲁布领着马帮来到烽墩口子边墙下，按照刘彪交代，五点钟时，边墙那边会有人摇动小旗，拍三下手掌便是信号。这边同样摇动小旗，拍三下手掌以示回应。两家便各派一名验货者进行验收，然后将验收物资抬上马背互相交换。这宗买卖是刘彪精心策划和安排的一次诡秘行动。为了掩人耳目，地点选择在城大墩的烽墩口子，进行走马交易。然而，不知哪里出了问题。正当两家进行交换之际，一声枪响，打破了这桩秘密的交易。与此同时，呼啦啦一个排的保安队将现场包围起来。

保安队长柳彦斌纵马跃上高坡，举起望远镜窥视，对手下张猛道：

“坏了！哪里来的枪声？”

张猛一惊：“是不是走漏了消息？”随着大声喊道：“你们被包围了！不要乱动，接受保安队检查。”

这时西边的太阳悄悄落下来，把短暂的灰色光芒丢给渐渐昏暗的烽墩口子。一片密密匝匝的树干粗壮有力，树冠茂密苍翠的蓬头柳，遮风挡阳，树林间人影晃动，为这桩黑色交易蒙上神秘的色彩。突然又一声枪响，从长城烽墩射出，场面顿时大乱，枪声四起。鲁布举目扫了一下周围，趁势赶起驮烟马匹向前奔跑。此刻三方对射，枪声不断。柳彦斌和张猛迅速躲在边墙下，不断点射还击。保安队士兵慌忙趴在地上举枪乱射，一匹飞奔驮烟马匹中弹倒下。奔跑中子弹不断嗖嗖地在鲁布脚下飞溅。这时，一支手枪顶在他的眉心，挡住了去路：“你往哪里赶呢？”刘彪用枪指着他。

“枪声中，我已失迷了方向！”鲁布汗流浃背地说。

“你这个内鬼，我早就看出来了，你想趁乱独吞烟土？我现在就送你上西天！”他正欲扣动扳机，突然脑后被人一击，一个踉跄栽倒在地，霎时一个鱼跃刘彪又翻身跃起，正欲扬手射击，被杨啸风飞起一脚，手枪落地。两人扭打在一起，拳脚并用战斗在一团，你翻上来，他又压下去。几个回合，难分胜负。这时凶残的刘彪从裤脚抽出一把匕首，向杨啸风猛刺，杨啸风左闪右击奋力推挡，飞快的匕首不断在杨啸风的面部晃动，正在危险之际，王碛妹猛地捡起地上的手枪，情不自禁地向刘彪的脊背扣动扳机，一声枪响将刘彪击毙。杨啸风翻身跃起，用惊奇的目光望着王碛妹手中冒烟的枪口。刹时，回过神来的王碛妹吃惊地将手枪甩在一旁……

鲁布吃惊地望着杨啸风：“这位是？”

“他是万盛店陈经理派来的，今天来协助我们。”王碛妹气喘吁吁有些惊魂未定地说。

“这些烟土你们处理，我去引开敌人。”杨啸风说着敏捷地跳进树林，掏出手枪边跑边向敌人开火。鲁布捡起地上的手枪交给王碛妹：“走，我们冲出去！”两人迅速赶起驮烟马匹正欲离开，两条枪挡住了去路。鲁布和王碛妹还未回过神来，林中传出“叭！叭！”两声清脆枪声，两个黑狗子应声倒地，他俩趁势赶起马匹冲了出去。

柳彦斌望着林中的烽烟：“是哪路人搅和了呢？手脚如此麻利，真是铜盆遇上铁刷子，萝卜遇上快擦子。快去捉拿可疑之人！”张猛应声而去。

“柳队长，这里有一具尸体。”

“柳队长，那边发现两具尸体，还有一匹死马，马背上还压着两个沉重的箱子。”

“沉重的箱子？”柳彦斌迅速跑过去，打开箱子一看，是一箱子枪支。他忽然醒悟，原来这是一桩买卖枪支的黑色交易。是谁搅局了呢？他思索了片刻，觉得似乎有个神通广大的幽灵在暗地插手，扰乱了视线。想到这里他咬牙切齿，恨不得立马将他们抓住，碎尸万段。

张猛跑来报告：“发现三具尸体，一具是商人，两具是保安团警员。”柳彦斌惊愕了！此刻他气得面无血色两眼通红，浑身发抖。尽管嘴角还挂着一丝儿轻蔑，却鼓动着沙哑的喉咙不断嘶声呐喊：“继续搜查！”但发出的声音有气无力，像泄了气的皮球，一筹莫展。

那次，王碛妹从杨猴小匪部逃出后，正在危难之际，遇上高双成的参谋陈绍武才以得救，并赠送马匹平安返回盐州城，终想有朝一日能再见到这位救命恩人。一年过去了，未得谋面。说也奇怪，那天在九月会上，猛地发现当年救命恩人陈绍武参加赛马比赛，她十分高兴。于是一直等到赛马会后，再次与陈绍武相见，便邀请陈到日升昌银号做客，陈欣然前往。在交谈中得知陈绍武现在是安边万盛客栈的经理时，王碛妹觉得彼此间似乎有了共同语言。那天陈绍武要在盐州城举办万盛客栈开张见面会，宴请一些商贸方面的头面人物，王碛妹便以日升昌银号继承人身份，出席并协助招待事宜。在几次的交往中，王碛妹发现这位救命恩人的谈吐举止，不是一个满足现状的人，身上似乎有一股正义感呼之欲出。特别有一种对国家、对民族存亡视死如归的民族气节，有一种“国家兴亡，匹夫有责”的责任感，她深感敬佩。当他听到有商家，秘密贩卖烟土的罪恶行动时，显得极为厌恶。这时王碛妹大胆将他们夺取烟土事宜告诉他时，立即得到陈绍武的大力支持。并告诉她，有一位朋友名叫杨啸风，他年轻有为，勇敢果断，智力非凡，热心助人，又具有正义感会帮助他们完成任务。

一天，王碛妹收到鲁布的通知，告诉她九月十五日下午四点左右，在城大墩烽墩口子进行烟土交易，她便同杨啸风秘密潜入柳林等待时机。正如鲁布所料，保安队长柳彦斌收到一封匿名信后，便派张猛四处打探消息，得知交易点在城大墩烽墩口子时，柳彦斌带领保安团一排兵力以迅雷不及掩耳之势，迅速包围了烽墩口子，企图一网打尽。埋伏在柳林的杨啸风和王碛妹冒着“行动引来狗，回头咬一口”的危险，寻找战机等待出手。正在观察之际，突然一声枪响，似乎有人提前开枪扰乱视线，紧接着枪声四起，场面大乱，使柳彦斌一网打尽的企图成为泡影。

柳彦斌正在迷惑不解之时，张猛带来一个脚户：“队长，抓到一名运送枪支的脚户。”

“你赶来几个马驮，驮着几个箱子？”柳彦斌审问道。

“两个马驮，四个箱子，里面装有五十条枪。一匹马被打死了，我赶着另一匹马，刚刚进入树林，被一人挡住。他说：‘贩卖枪支是死罪，你还不快走？’我听他一说，非常害怕，便丢下马驮跑出来，被你们抓住了。”脚夫战兢兢地一口气全倒了出来。

柳彦斌回头问张猛：“清点了没有，丢下的那两箱子，装有多少条枪？”

“二十四条枪！”张猛回答。

“那就是说，还有二十六条枪不知去向？你们的主人呢？”

“被乱枪打死了。”

“他是哪里的商客？”

“是宁夏贺兰山人，他只说交易成功后，给二十块大洋，其他的不清楚。”

柳彦斌无可奈何地命令：“带下去！”一个军警将脚户带走。

碧空如洗，显示出秋凉的清新。遍布在烽墩口子的蓬头柳，每根枝条都鳞光闪闪，随风晃动，摇曳可爱。断断续续的烽墩边墙犹如一条黑乎乎大蟒，趴卧在静寂的长城荒漠上看不见首尾。那些低缓沙丘的长长斜坡上，黄漫漫的燕麦田轻轻地波动着。落日西下的天际余晖，一块一块的云影映在上面，闪动游移着深重的色调。

此刻柳彦斌既无限惆怅，又十分扫兴。命令张猛等清理战场，收兵回营。这时一个警员慌慌张张跑来："柳队长，树林里冒出一股焚烧烟土的烟雾！"柳彦斌回头一望，果然林中烟雾滚滚，火光闪烁，一股刺鼻的烟土气味弥漫出来。柳彦斌心下一惊：这又是哪个不怕死的人干的？急忙命令张猛火速前去查看。远处闪耀的一缕缕火光，像焚烧着他的灼热之心。明明是一桩以烟土换枪支的黑色交易，却被人耍了个一塌糊涂。有如此大的胆子，这不是在太岁头上动土，老虎口边拔毛吗？这又是哪里来的一股力量呢？他带着一种难熬的心情，骑着那匹黄骠马回府去了。

黑夜来临，一轮明月刚刚从云中露出来，惊慌了一后晌的烽墩口子人，渐渐开始安静下来。

正是：长城一隅烽墩口，塞柳两排成气候。
红色尖兵燃火焰，黑暗买卖有争斗。
商女争雄救战士，土匪惨死货物丢。
是谁开枪露了馅？警长三思摸不透。

第十八章

不沾泥密谋军火东山再起
沙贵图一石二鸟联手报复

自从那天黄昏，碎金镇东家沙贵图打发两人赶着马驮离开砖井堡后，不知怎的心里总觉得有些不踏实。因为，不久前蒋介石下了一道“严禁鸦片”的命令。官场虽然腐化堕落，但表面上对贯彻禁烟命令还需高调唱起。他深知“一着不慎，满盘皆输”的道理，于是便提高了警惕。

榆林军阀井岳秀在贯彻蒋介石禁烟命令时，则是睁一只眼闭一只眼，你下你的命令，我抽我的大烟，每日烟枪不离手，喷烟又吐雾。至于盐州城的保安队长柳彦斌，更是和烟土打交道的行家里手。自从十年前他贩卖烟土掺假出事，险些脑袋搬家，还是靠他的灵机妙算，力挽狂澜，才逃出了鬼门关。每次想到这里心里他总是痒痒的极不舒服，觉得老子贩大烟吃了大亏，你们贩大烟的日子也别想好过。何况现在上面有命令，他实权在握，总要显示一下自己的禁烟手段。于是抖擞精神，一反常态，把禁烟任务作为头等大事，日谋夜思，东抓西捕，严查走私贩烟活动。这既可完成上面的任务，也可为自己谋一些利益，以泄心中的怨气。那日柳彦斌正好收到一封举报信，透露出烟土交易的消息，何乐而不为呢。他迅速集合保安队人马赶往城大墩，演绎出包围烽墩口子的一幕。这个时候，碎金镇东家沙贵图正在砖井堡闫二胯子客店炕头上，悠哉悠哉地烧烟吐泡。猛然听到门口店家闫二胯子和侄儿的对话：“事情没办成，是你不会拍马屁！”

“如何拍马屁？”

“拍马屁，就是溜尻子！你不听人说，溜尻子走遍天下，刮精鬼寸步难行。社会乱象，以假乱真。逢迎讨好，阿谀奉承。不会拍马屁，啥事办不成。有一段评弹说书你听听。”便打开留声机，放上唱片，上紧发条，传出“拍马”的评弹来：

“社会乱象黑沉沉，拍马要算最万能。无论工农商学兵，不会拍马绝不行。有的是，奴颜婢膝甘拍马，拍得他，摇头晃脑笑吟吟。有的是，阿谀逢迎玩拍马，拍得他，神魂颠倒醉了心。有的是，装腔作势真拍马，拍得他，糊里糊涂乱了神。有的是，花言巧语假拍马，拍得他，既失金钱又失身。

有道是：人心无非都如此，难逃区区利欲心。拍马种类无其数，稀奇古怪笑煞人。男见女，献殷勤，包你一见定中心。女见男，送秋波，不是亲来也是亲。‘拍马’二字作何解？直到如今说不清。人若当马是畜类，拍马分明是骂人。不是骂你会拍马，骂人接收不该应！常言道：打死人儿要偿命，拍马哄死不愿人。拍马能使鬼推磨，不会拍马万不能……”

躺在炕头的沙贵图正听得出神，伙计鲁布疲惫不堪地跑了进来。

“东家，出事了！”鲁布有些精神恍惚地说。

“出什么事了？”沙贵图用一种吓唬人的眼光盯着，与其说是气愤，还不如说是高傲的心灵受到侵犯，蓦地丢下烟枪问道：“四十包烟土呢？”那双喷着怒火的眼睛死死盯着鲁布。

“丢了！不知哪里出了毛病，走漏了风声。正在交易之际，突然间烽墩口子柳树林被保安队包围了。刘彪觉得情况有变，命令我赶上马驮快走，这时枪声大作，刘彪在交战中不幸中弹身亡。混乱中四十包烟土也被保安团截去了……我冒着枪林弹雨跑了出来。”鲁布踉跄地险些栽倒。沙贵图还想问下去，见鲁布疲惫不堪便道：“你先下去吧……”

此刻的沙贵图精神恍惚满腔狐疑，像一口吃了个死老鼠，乱爪挠心，他怒不可遏。在失去理智的恍惚中慢慢苏醒过来喃喃骂道：“柳彦斌，你这个狗日的”正在唾骂中，一个随从匆匆走进：“沙爷，有消息传来，城大墩柳树林里焚烧了一批烟土！”

“焚烧烟土……有这事？”

“整个城大墩弥漫着烟土烟雾！”

这个突然袭来的消息，使他刚刚压住的怒火又点燃起来，他迅速跳下炕头，推开一扇窗户望着远处风卷云舒的长城烽墩，满脑子胡思乱想却不能表露出来。心中追悔莫及：担心的事，还是发生了。

惊恐的沙贵图在地上不停地踱来踱去，眸子涌动着血色，红得吓人。整整四十包烟土，不明不白地丢失，柳树林烧毁的是不是自己的那批货？一霎时货物被化为灰烬，他心里直打哆嗦，谁有这么大的胆子？简直是刺刀尖上耍流星！是县保安队的柳彦斌吗？不，他虽是一个见利忘义的势利政客，但也绝不会干出这种蠢事！那么，又是谁干的呢！难道是隐藏在盐州城的共党分子吗？想到这里他不禁打了一个寒颤。他觉得此事迷雾重重，非同小可，一时难以看出究竟。虽然损失了四十包烟土，对他来说犹如九牛一毛。但这个耻辱使他又难受又疼痛，难受的是计谋失败，损失惨重；疼痛的是，刘彪中弹而亡，犹如剁了他的一条臂膀。

回想自己出道以来，闯南涉北，滚打爬摸，挖空心思，纵横西口，从未遇上敌手，从未遇上这样窝囊的事，从未出过这么大的岔子，每次行动总能唾手可得。这次似乎像挨了一闷棍，有些晕头转向辨别不了西东，到底是哪路神仙搅局了呢？百思不得其解。羊毛出在羊身上，墙里失了墙外补。不能一头脱担两头空。蓦然回过神来的沙贵图想出了一个主意，命令手下道：“请不沾泥先生出来叙话。”

“是，沙爷！”一名伙计答着迅速离去。

假如说，三边这块曾经是李华的“浩浩乎，平沙无垠，敻不见人，河水索带……”的古战场；就像人们所说的那样，往昔是天高皇帝远的地方，这块不毛之地在过去的年月间，它是惯匪杨猴小和不沾泥流窜光顾的场所，而今流窜的土匪由明转暗死灰复燃，借助这块地盘又想兴风作浪。

实际上，这块边塞荒野的地方，地理环境非常适合土匪大盗们抢劫与生存。这儿平沙浩浩，瀚海无垠，广阔牧野，冲天旱霸。南部是梁长峁短的巍巍白于山脉，北边是草长雁飞的茫茫草场原野。从红柳河溯河而下，登上沟壑纵横的老虎脑，沿着长城烽墩的山麓羊肠古道步入黄土层峦。抬头便是广阔的漫漫丘壑，沙垄沙风土墙土门，是一片灰蒙蒙的黄土世界，茫茫原野，一望无际。长城烽墩的断壁残垣，起伏绵延，形成无数锯齿形缺口，古堡古寨十里埋伏，土匪强盗易于活动。

这块海拔一千五百多米的荒漠高原，令人望而生畏是因为从古至今都是普通人不敢涉足的地方，到这里来的除了那些穷困潦倒觅食混口饭吃的脚户们，再就是带着发财梦开辟生财门路的晋商冒险家。然而，从求生的角度，这里不毛乡野，地广人稀，也是穷苦人易于生存的温床，它像长城上一串项链上的明珠，镶嵌连接着镇靖县、宁条梁、安边城、砖井堡，一直到古盐州。是高原一处处旱码头连接的商品集散地，相互依赖，相互依存；一路通商，一路亨通；一荣俱荣，一损俱损。

这个由于脚下轻功，行走如飞的兵痞无赖，飞檐走壁不沾地面，留下一个“不沾泥”称号。他不愧是惯匪杨猴小的伙伴。在长城沿线大肆蹂躏一番后，将这块边塞荒漠当成了自己的庇护所。就像神话中的一条恶龙，每当庄稼快要发黄成熟的时候，它便发起洪水赶跑百姓，吃掉牛羊和庄稼，然后跑回深山睡觉。那年由于匪首杨猴小落荒逃跑中弹丧命，兵败杨桥畔，树倒猢狲散。不沾泥虽苟延残喘，留得残生，像羊群里跑出个骆驼——抖不了威风。前途末路瞬间变成一道插翅难逃的关隘，于是他按照杨猴小留下的话，投奔到沙贵图麾下。两人勾结在一起，狼狈为奸，相互利用。不沾泥想借用他的经济实力密谋东山再起，而沙贵图则利用他的残兵败将，扶持打造自己的商贸护商队。

这个亡命之徒对于碎金镇东家有多大的用处，这是很容易看出来的。此前他带着一批烟土，为沙东家做了两趟漂亮的生意，似乎站稳了根底。这次他以蒙商身份钻到塞北不少地方，并且把打探到的商情消息报告给他。而沙贵图对最近的烟土损失极为恼火，特别对保安队柳彦斌恨得咬牙切齿，口咬生姜又喝醋，忍着这个酸辣，寻找机会将损失补回来。在众多耳目为他效力之际，他以慷慨的金钱换取到马鸿逵为控制古盐州资助军火的情报。这情报等于在沙贵图眼前闪出一道光芒，他便想利用不沾泥密谋劫取这批军火，实现他既报复又得利，一箭双雕的两重美梦。

不沾泥这个凶悍残暴的帮凶，很乐意以自己特殊本领和武力报效沙贵图。借以求进身之阶，使他有机会再次扬眉吐气。除了他本性难移和与生俱有的狡猾手段外，他在抢劫这个行道上也是轻车熟路。他眼里既没有仁慈，也没有饶恕，是一个暴烈狂妄残酷成性的匪徒，他的野蛮行径与杨猴小无异，他的野心正好与沙贵图不谋而合。宁夏马鸿逵的这批军火，正是他梦寐以求的，他等待着这一机会的到来，他不仅注意到每一个细微的抢劫措施，而且也是为自己失败报仇雪耻的一次行动。

这一天，他来到沙贵图面前，表现出一种敬意。沙贵图则像往常一样显得十分镇静，他本来穿戴简单朴素，但为了掩饰内心的烦躁，厚颜无耻地虚装门面，打扮成一副身着绅士服饰的商家模样，道貌岸然地向不沾泥道："将军生活得可安好？"

"还好，多蒙照顾，不胜感激！"

"别客气！现在我们是一家人，不说两家话。将军可知盐州城最近的新消息？"

"有什么新消息？这样感兴趣？"

"县长白伯英要娶小老婆呢……"

"听说了，后天，也就是古历十月二十日。"

"宁夏马鸿逵司令，为加强盐州城防，送来一批军火……"

"真是英雄所见略同！小小的盐州城，这么大的事，岂能遮掩住。我已侦察了，那批军火就放在县衙后院。"

"这么说，将军已掌握了准确的情报？"

"是的！如果您感兴趣，在下即可赴汤蹈火，在所不辞！"

"看来将军成竹在胸，已有夺取谋略？"

“小事一桩，夺取这批军火如探囊取物！”

“好！如能成功，对我们武装地下护商队是有帮助的！”

“杀鸡用牛刀，我们就将小事大作一回！”

“这一回就看将军的本领喽！为了万无一失，我再派一个助手帮助你。他叫鲁布，是一个蒙古族人，智谋过人，心细胆大，他会帮助你完成任务的。”

不沾泥闪动奇异的目光点了点头。“你就等着好消息吧！”他的黑色大眼睛里流露出一丝必胜的信念，然后步履轻轻地退了出去。

山河易改，本性难移。沙贵图那双闪动的鼠眼望着不沾泥的背影，心急火燎的那颗心，似乎又鼓荡起一股灼热的勇气。

正是：焚烧烟土夺了枪，红色战士不寻常。
恼了商霸沙贵图，请出暗匪来帮腔。
余孽妄图东山起，商家劫掠想疯狂。
派出鲁布作掩护，赴汤蹈火干一场。

第十九章

保安团贴出布告悬赏破案
铁匠铺特委露面淬火成钢

杨啸风那天在城大墩的烽墩口子，协助乌兰和王碛妹拦截了驮烟土的马匹后，又匆匆钻进柳树林，从惊慌逃跑的脚户手中假手夺取了驮枪的马匹，然后迅速将马匹赶出柳树林，交给在沙湾接应的铁匠李大力。为了防止保安队的追赶，杨啸风在后面掩护，连夜将一驮武器送进了白于山。而王碛妹和乌兰呢，他们冲出包围圈钻进深深的柳林，将那四十包烟土迅速卸下来焚之一炬，毁掉了这些害人的毒品，心中十分畅快，随后神不知鬼不觉地离开了现场。

铁匠李大力回城后，不声不响照常开门打铁营业。儿子捅开了火，拉起了风箱。李铁匠将一块淡黄色的油布围在腰间，将两块淡黄色的油布绑在脚脖子上护住了脚面，油布上布满了火星烧开的洞洞眼眼，李铁匠拿起一块废铁插在火里，在儿子风箱的节奏驱动下，炉上火苗忽闪忽闪地跳动着火焰。

李铁匠身段是个大块头，厚墩墩的身体在长城街上首屈一指，两个肩头肌肉丰满，面孔和臂膀被炉火和锤子迸起的铁屑烘染得黝黑黝黑。他的脑门儿方方的，一簇乱蓬蓬的浓黑头发下面，生着一双笑起来眯成一条缝的眼睛显得和蔼可亲。他颌骨开阔，发出的笑声就像沙风呼啸，常年在铁砧旁边劳作，从抡锤的两个臂膀看起来简直不像年过半百的人。

李大力出身于一个铁匠的世家，他的族谱一直可以上溯到大西国王张献忠拉起农民起义军造反的最初年代，他的祖上曾是为农民造反队伍打造刀枪的头目。大西国大顺三年（1646）十一月，张献忠义军镇守北朝的天关主将刘进忠兵败降敌，不仅暴露了大西军的部署和军情，同时还自作向导引清军向义军进攻。正在山头指挥的张献忠大意失荆州中了埋伏，被乱箭射伤后，因流血过多当场死亡。张献忠阵亡后，大西军群龙无首陷入混乱，大多数起义兵溃败逃跑。他的祖上便脱离了起义军回到古盐州，开了一家铁匠铺。不知又过了多少年，传到他这一代，祖祖辈辈再也没有离开这块地方。

五年前，李大力妻子去世，他和儿子相依为命，打铁为生。在那残酷的年代里，他们像苦役般的拼命干活，跟当时那些捞盐工一样挣扎着，过着艰难的生活。那年，刘志丹在边塞这一带掀起闹红活动，他便秘密参加了党的地下组织，成为三边高原最早的地下眼线，像一根铁钉深深扎在这片土地上，在盐州城和白于山之间传递情报进行秘密活动。铁匠李大力爱说笑话，他说三边这块“小关中”土地，是他家的铧犁一寸一寸地开出来的。他的祖先为这块土地提供铧犁大约有二百年了，这是他家的骄傲。没有他们李氏家族祖先留下的铁匠铺，小关中长不出庄稼，夏天滩地没有金黄的小麦，秋天梁地没有粉色的荞麦，山头坬上一块一块变化多端的美丽图画渗透着他家的汗水，有他家的一份功劳，他像热爱自己的儿女一样，热爱着这片土地。

这日，三边特委从南山送来情报有要事商议。他让儿子李小岗将三个铧犁挂在铁铺门头，作为联系信号，便像往常一样聚精会神地在炉口旁铁砧子上敲打着活儿，烧红的铁块像着了魔似的在铁锤下跳跃着铿铿作响，迸发出点点火星，留下条条光尾，血红的火焰飞溅着，在儿子的锤声中铁匠李大力脑门上汗珠滚滚。一会儿火光暗淡下来，儿子李小岗放下大锤，又慢慢拉起了风箱，发出呼呼的风箱声。

快到傍晚的时候天气突变，长城街上狂风大作，冷雨倾盆，雨雾被狂风卷到了天空，在半空中呼啸飞舞着，化作一片白花花的水流，就像龙卷风扫来一样。李铁匠见状，呼喊着儿子将门面掩上。正在这时，一个披着油布遮雨的人冒雨闯进。“小师傅，等一等！照这个样儿，打两个马铁掌。”李小岗接过马铁掌递给父亲。铁匠李大力放下手中的活儿看了看："这么大的雨，进来商量。"杨啸风点点头闪进了铁匠铺。

儿子李小岗是个十七岁的小伙子，个儿高高的，结实魁梧。他的面部表情略显腼腆严肃，有一副吃苦耐劳的样子。他相貌端正，一双深邃的眼睛里充满着温情，外表有着一种天然的魅力。尽管每日在炉口烘烤，脸色黑一块，白一块的，但他收拾干净后，却是一个标准的塞外美男子。他小的时候就开始帮助父亲干活了，差不多从那时起，就在铁匠铺抡锤打铁，练就了一副好身手。所以，他既是一个强壮干活的人，又是一个诚实正直的汉子。在父亲的指导下，他打铁的手艺和淬火的功夫都熟练到位，就是父亲不在跟前，他也能独当一面。

当父亲和来人进屋后，他掩住了铁铺门，挡住了街头的狂风骤雨。铁匠铺内室是一间毗连门面的简陋房子，四壁空荡。后墙土炕的小方桌上点着一盏煤油灯，炕塄底下一条木凳上坐着一个人，他是三边特委白锋岗。两人进屋后，白迅速站起握住杨啸风的手。

"你来得正好！"

"有要紧的事？"

"有！"他从怀中掏出一张县保安队布告递给杨啸风，杨啸风接住在灯下观看：

兹悬赏捉拿在烽墩口子抢劫枪支和烧毁烟土的大盗。凡抓住他，或提供消息者，可获得三百元大洋的赏金。县保安队长柳彦斌一九三五年十月十二日

"三百块大洋的悬赏？"白锋岗说。

"哼，三百块，他们休想！"李大力说。

"看来，城大墩的事，牵动了保安队的神经？"

"是啊！二十多条枪，四十包大烟土哪！"

"从外线传来消息：宁夏马鸿逵给盐州送来一批军火，有商家秘密做军火生意，窥探着这批军火。"

"这可是一个新情况！一个商家双管齐下，又做生意，又买军火？其野心

可够大的！”

“他们盯上那批军火，想弄到手吗？”

“有些野心家，麾下搜罗了不少兵痞打手，其力量不可小觑！”

“他们想偷窃军火，有什么目的和企图呢？”

“无非是两种可能。一是拆了东墙补西墙，墙里损失墙外来补。二是土匪残渣余孽，乘机打劫武装自己！”

“不能让他们独吞！我们可否将这批军火夺过来呢？”

“利用县长白伯英迎娶小老婆之际！”大家你一言我一语纷纷献计。

这时白锋岗走进后门领出一个人来，介绍道：“这位就是人称‘赤臂战崂山，平叛用板砖’的中央特派员、三边特委的高部长，他现在的身份是聚义阳在蒙地的掌柜。”

一身商人服饰，戴着黑框眼镜的汉子笑盈盈地和大家握手。寒暄一番后坐在炉火旁，拿起铁铗点着炉台上炭火道：“当前日本帝国主义侵略势力和国民党顽固派亡我之心不死，一次又一次掀起反共高潮，不断制造事端，制造摩擦，武装进攻边区，疯狂进行封锁，形势险恶，敌情复杂。党中央和边区政府指示：组织群众进行抗战，加强抗日民族统一战线工作。我们要与反动派和顽固势力进行针锋相对斗争到底！盐州城被称为是西口道上旱码头，这里的五大基础产业肥得流油。在军阀和地主豪绅统治之下，特务密布，土匪横行，特别是安边城的张家父子叔侄这股地方武装势力根深蒂固。这次夺取军火任务是一次艰巨的‘淬火’行动，像孙悟空盗取芭蕉扇，钻进敌人心脏里进行周旋，如能成功，对盐州城反动势力也是一次打击！”

“今晚我们在铁匠铺会面，眼前是一个红彤彤的场面，好比铁匠师傅用长把钳子从炉中夹出一块红铁，叮当叮当地敲打起来，把铁当成泥来锻造，然后用钳子夹着火泥往水里一探，‘刺啦’一声，白雾升腾，是一种生命扩张与凝结的感觉。我在内蒙古鄂尔多斯活动的时候，蒙古族人对铁匠很崇拜，称铁匠是神的儿子，像骑士一样无比光荣。”

他停顿了一下继续道：“铁匠师傅所以神奇，是因为他们掌握古代人类最为敬畏的‘铁与火’的技术。铁匠铺如同产房，在火焰中催生奇迹。我们今天就用‘铁与火’的力量摧垮敌人！历史上，打铁是强力的象征。在非洲冶铁是宗教仪式的中心，安哥拉人在冶铁时，巫师把神树之皮和毒药以及人的脑浆放入灶穴，当拉风箱人开始工作时，伴有歌唱舞蹈和人的粗野音调。在中国，人们称铁匠是刀的父亲、犁的母亲；在人类的文明史上，铁匠比国王的作用更大。不说刀剑，就是一个小小的马镫也能带来版图的延伸。”

“是啊！我们就来个趁火打劫！”李大力激动地说。

“不！应该是趁火催生奇迹！”杨啸风接着说。

白锋岗接着道：“白伯英迎娶的小老婆，是柳树涧柳大头的女儿。”

“柳大头我认识此人，他是柳树涧的富户。有地数百亩，有羊数千只。”杨啸风说。

“‘凡事预则立，不预则废。’我们有天时地利人和的主动权，这是一个事件成功的不可缺少的因素。我们不妨以送亲宾客的身份进入县衙，夺取这批军火！”高部长斩钉截铁地说。

“如果碰上另有人下手，我们怎么办？”白锋岗提出一个尖锐的问题。

“这是一个棘手的问题！”他思索了一会儿，“有一句话说得好，‘出其不意，攻其不备！先下手为强，后下手遭殃’。这句话用在这儿挺合适。我们最好能在他们下手之前，先拿下这批军火。不过，兵无常势，水无定形，临阵决机，是常有的事。在这两军对垒的时刻，我们对其举动绝不能掉以轻心。我深知，在商贸战线上有一群反复无常，见利忘义的势利鬼。实际上他们不学无术，只知道巧取豪夺，争夺利益。在这片塞外土壤上，以为只要运用那一知半解的商业知识和一丁点儿行规礼数，就可以冒充行家里手取得成功，似乎比任何办法都值钱。不过他们错了，西口道上‘沙里狐伎俩’就是把这种强盗逻辑推向了极致！有一些商家既做生意又买武器，他们的用意可想而知。我觉得这些商界败类就是这类货色。”

“《三国演义》中说：谋事在人，成事在天。因为客观事物发展往往是不以人们主观意志为转移的，很多事情不是心想事成。谋事与成事，正好反映了客观与主观能动性作用，以奇用兵，奇正相生，以谋事达到成事。”

“是的！您分析得很对，他们不来便罢，若果真来了，我们可要掌握主动权，见机行事，滴血流汗在所不辞。”

“未雨绸缪。这样，杨啸风同志先回柳树涧，争取以送亲宾客提前进入盐州城！”白锋岗停顿了片刻，“娶亲的日子在后天？”

“柳树涧离盐州城一百里，山里人们娶亲一路上吹吹打打夸耀显威，进城估计到了晚上。”杨啸风心里像火一样燃烧着。

“我们就定在后天晚上！进城后我们分开行动，我在县衙争取午夜前动手。啸风同志在外接应，尽快打开南门，这是成功的保证！”白锋岗脸上流露出一种严峻的表情。

杨啸风：“我明白！”

铁匠炉内室，在红彤彤的炉火照耀下，四双有力的手紧紧摞在一起，暗示着这次行动有着魂飞魄动的激情。漆黑的夜晚，铁匠铺里升腾起一股“铁”味，是锻造和淬火的气息。铁匠将炉火中的红铁块夹在铁砧上，像泥一样锤打变形，把铁块弄成泥来锻造，在火焰中催生……静静的长城街铁铺炉火不断沸腾着。

正是：枪支送进白于山，铁匠回来心欢畅。

警长要破焚烟案，三百大洋作悬赏。

四人畅谈铁与火，大伙纷纷献计忙。

且看英雄怎出手，铁泥淬火炼成钢。

第二十章

古盐州县长新郎雪夜娶亲
庆婚礼酒席宴会响起枪声

进了盐州城东门，沿着长长沙街一直往西走，过了唯一标志性建筑——钟鼓楼，就能看到一座颇为富丽的两层式古典宅院，这幢住宅是县保安队柳彦斌办理公务的地方。这座豪华宅院最早是一家富商所建，富商以开油坊和牧场养畜为业，后人不太成器使得家道中落。柳彦斌上任后趁机索要过来，将宅院重新修复，成为当地一座两层式砖木结构的古典宅院。门口站着岗哨，人们从这儿经过时能窥探到一位神气十足显得十分忙碌的男子，他两鬓斑白，高高的额头，大大的鼻子，看年龄大约有四十多岁，相貌死板严正，一副官场警长的风度。在那白色恐怖弥漫的年月，沙街上的行人过客对他的仪容面貌，有一种望而生畏的厌恶情绪。

这时候的县保安队长柳彦斌，在盐州城不仅官居要职，而且是一个“翻手为云，覆手为雨”的头面人物。对他而言，搜捕革命分子和搜索烟土一样，既能升官，又能发财。他在搜查、逮捕、秘访方面有一套娴熟的本领。在这项工作上他非常精明，目光敏锐，敢作敢为，无论是哪宗事，他都能触手可及，或者立即嗅出蛛丝马迹。他做事心狠手辣，从不会感到良心的不安，更没有所谓的道德观念。

柳彦斌在县保安队长的职位上，已整整干了五年。在这个烫手的岗位上，他经常摆出一副气宇不凡的派头。有一种自我炫耀，自我卖弄的作风，神采风姿充满自豪感。一顶警员黑大盖帽子扣在头上，一双狡猾的眼睛闪耀着光芒。多年来仕途事业蒸蒸日上，他精于观察，成于判断，已经插手破获了几宗牵扯革命人士和共产党人的事件。前不久，从苏联学习归来路经盐州城去延安的五名进步青年，刚刚在盐州落脚碰头，柳彦斌听到风声后立即出动，带着警员迅速将他们逮捕押回县城，不几天就被处决了，显示出柳彦斌严厉的手段。

他认识日升昌银号经理王晋柳已有些年头了。他和银号在法律和商贸交易方面有些往来。王晋柳的独生女儿王碛妹思想进步，交往颇广，在那烽火漫漫的年代，仅仅是一个思想开放女性的表现，有些事情对别人来说毫无意义，但却会使他想到这位银号的女继承人与共产党有着某些嫌疑。他表面上伪装亲近和善，暗地里一直监视着王碛妹，探听她的私生活，经常造访日升昌银号，尽管王晋柳父女从不掩饰对他的反感。

在那次抓捕烽墩口烟土交易事件后，有情报透露王碛妹有参与那次事件的嫌疑，县长白伯英得知调查结果后，建议柳彦斌明智行事，因为日升昌银号与榆林井岳秀的裕惠银行有某些关系，没有铁的证据不可草率行事。柳彦斌虽然对王碛妹某些异常行为怀疑已久，但有些只是空穴来风，缺乏可靠的事实依据，只好收敛行动，再作计议。

白伯英在盐州城算是一个有文化的人，略有几分斯文。入官前读过私塾，后在省城学过三年。早先是井岳秀的顾问，留心学问，好谈掌故，对古典书画多有爱好，深受井岳秀的赏识。那年陕北军政要人和地方绅士为井岳秀祝寿时，白伯英倡议建立“井公祠”，井岳秀表面推辞，但内心乐意，捐得大洋四万元，由白伯英负责修建。乡绅书家白梦云撰写了“万流仰镜”“蜚英腾茂”，李棠撰写了“驼峰拥翠”等横额，石刻镶嵌于楼的门洞口，名为钟楼，实则是“井公祠”，井心中大悦。不久便委任白伯英为盐州城县太爷，一步登天，执掌着盐州城的一切大事。在日升昌银号通匪这个问题上，他对柳彦斌说过，在执法时若不懂得投鼠忌器的道理，一味意气用事，到头来不仅祸及自身，而且会影响大事。建议在处理日升昌银号事务上，分寸感要有所把握，不能草率行事，这话起到了“压倒众猴乱啼”的效果。何况白伯英自己就要迎娶新娘，也不愿在这个节骨眼上招惹是非。

陕北最典型的黄土高原白于山。它横跨吴起、镇靖、盐州三个区域。刚刚进入十月，一连下了几场大雪，漫长的冬季为这块地域带来了刺骨的寒冷，堆起来的冰雪几乎封锁了白于山所有的道路，大轱辘牛车和骆驼马帮，很难在这些弯弯曲曲的雪路褶皱中穿行，有“云横秦岭家何在，雪拥蓝关马不前”之感。这片莽莽苍苍的雪域原野，难以看见生机勃勃的平畴。

这年的严冬来得早，天气寒冷，冰雪封山。一队迎亲队伍浩浩荡荡冒着风雪离开白于山的柳树涧，一路走来向盐州城进发。这支婚礼的行程从早上六点钟就动身了，前面是喇叭吹手敲锣打鼓奏着“大摆队”的开道乐曲，中间夹着一顶花花绿绿的八抬大轿，轿门垂帘新娘子看不见，后边紧跟的是娘家亲朋和伴郎骑的四匹骡子，再后边是驮着嫁妆的马匹，踏雪追风演绎着一首婚礼的交响曲。

灰蒙蒙的婚礼行程中，穿着老羊皮袄赶着马匹的两个汉子——他们是白锋岗和杨啸风，他们以娘家亲朋身份，行进在茫茫雪原中。两旁多名警员像押送犯人一样，荷枪实弹跟随着。鹅毛大雪纷纷扬扬越下越大，原野一片银色世界。迎亲的队伍在雪雾中缓缓行进，然而，每到一庄一村，吹鼓手们总要细吹细打地表演一番，吹鼓手们不时卖弄技巧，用双管吹，用鼻眼吹，总要尽情抒发这种苦涩而喜悦的情趣。行走了整整十个小时，迎亲队伍终于在黄昏一抹黑时节进了县城。夜幕下的盐州街道鞭炮齐鸣，尽管是风雪之傍晚，看热闹的人还是挤了一条街。

这时白锋岗对杨啸风低声道：“县衙你就不进去了，我和张军良争取在十二点前动手！”

杨啸风：“好！我打开南门接应你们。”

白锋岗点点头。杨啸风转身离开婚礼队伍混入人群中。

掌灯时分，这支长途跋涉的迎亲队伍才陆续挤进县衙大门。县衙大院，张灯结彩，锣鼓喧天。天空虽然阴沉，但气氛十分热烈。新娘子在伴娘的簇拥下从花轿出来走上红地毯，在喜庆欢快的唢呐吹奏乐的气氛中，举行新式的结婚仪式，身着大红彩球的新郎白伯英，牵着一条红绸将新娘拉入洞房。

大院枪刺林立。夜幕已经降临，地面上的雪花白茫茫一片，一座帐篷下炭火熊熊燃烧，旁边围着一群敲锣打鼓的吹鼓手，从他们鬼祟的动作中，似乎可以看出他们都是一些可疑之人。婚宴正式开始，吹鼓手们开始正式地精吹细打。这时院内灯笼点亮，照得如同白昼一样。一座大照壁上大红“囍”字闪闪发亮，一排排帐篷下军界官员，商界人物纷纷亮相，可谓宾客盈门，高朋满座。那些衣着不凡的乡绅富豪，那些细皮嫩肉打扮时兴的姨太太，商界字号精明强干的东家掌柜，生意场上手脚麻利的商家大嫂，二东家的小少爷，三掌柜的大小姐……此刻更是没大没小，伴随着喜庆乐曲，呼喊着酸溜溜的酒曲儿。

“芦花花公鸡窗台上卧，
不为喝酒为红火。”

“两道道韭菜扎把把，
亲朋好友遇到了一达达。”

“人对事对坛场对，
白县长婚宴上喝不醉。”

“沙梁梁草儿风沙里埋，
水灵灵的农家女让人爱……”

盐州的酒曲儿，由来已久。淳朴的民风民情，反映出边塞人的粗犷性格。这块贫瘠的土地，艰苦的环境，恶劣的气候，没有磨灭他们对生活的热爱和对幸福的追求。酒曲在塞外民间这块土地上，那种原汁原味的嘶声呐喊，那种瓮声瓮气的“爬山调”歌儿，略带苦涩味儿的酒曲越唱越红火，使参加宴会的人们有些陶醉。那种浑厚质朴的酒曲儿，像一束束热恋的火苗蹿到人们心中，烧得人们如痴如醉。

此刻端盘子伙计穿梭着，将一道道菜传递上桌面。一个诡秘的伙计走到沙贵图跟前在他耳边嘀咕了几句，吆喝着离开了酒席。人声嘈杂的婚宴进行了一阵子，婚礼的大管家——县保安队长柳彦斌和红光满面的新郎官来到席前。

“大家静一静，请县长新郎官向诸位敬酒。”这时我们看到县长白伯英满面春风地来到席间。他五十多岁，肩胛厚实宽润，颧骨突出，前额低窄，鼻子像一个小蒜头，下颚胡子稀少，虽然戴着一顶黑色金边礼帽，两鬓白发依然可辨。白净的脸盘上略有几点麻点儿，一双灵活眼睛上架着一副金丝边眼镜，血色的嘴唇显得有些斯文，一身蓝色中山服胸前缠着红色十字彩带，中间别着一朵大红花，举着酒杯摇晃着脑袋笑眯眯地说：“诸位，承蒙光临，参加卑职婚礼，白某不胜荣幸！”他目视了一下周围：“大家破费地花了钱，送了那么多的贺礼，卑职在此深表谢意！”他高高地举起酒杯：“请大家干杯！”在一片碰杯声中，白伯英继续道：“在这个喜庆时节，我想讲几句话：据可靠消息，共产党的首脑毛泽东率领他的残兵败将，登雪山，过草地，已从白于山经过并在我县铁角城歇脚，同本土赤匪刘志丹会合。盐州城今后不会安定了！不过话又说回来，赤匪不来便罢，若真的想攻打盐州城，也是蚍蜉撼大树，自不量力。”他停顿了片刻接着道：“最近有些暗藏在城中的共党分子从中挑拨，一伙不明身份的人捣毁了眼光庙的同善寺，这不是犯上作乱亵渎神灵吗？希望大家警惕起来，按照井岳秀司令的训令，严防暗藏的不法分子破坏！”

席间的人们交头接耳窃窃私语。

这时兴致勃勃的白伯英在柳彦斌陪同下，来到碎金镇当铺东家沙贵图桌前：“诸位，我给大家介绍一位商界老板。”他指着沙贵图道：“这位是碎金镇百顺当铺的东家，他可是商界的一位赫赫有名的人物，今日他能出席卑人婚礼，白某十分感谢！”两人碰杯。

沙贵图不失风度地点点头：“祝贺白县长再得新欢，前程飞黄腾达！”一副假惺惺的拍马屁样子惹人讨厌。

坐在另外一侧席上的王碛妹目视着这一切，心中不觉生起的无名怒火，尽量压抑下去。

这时白伯英和柳彦斌走了过来：“王小姐，别来无恙！您父亲王晋柳经理怎么没有来呢？”

“家父身体不适，未能前来祝贺，还望县长大人见谅！”王碛妹举杯答道。

“请王小姐转告，向您父亲表示问候。”白伯英一副假仁假义的模样。

“谢谢白县长！”王碛妹举起酒杯晃了晃。

远处席上的沙贵图，蓦然把目光落在王碛妹身上。这个面目伪善，内心歹毒，所言至诚，所行狡诈的伪君子，心中顿时产生出一股莫名其妙的诡秘主意，他的心跳不由自主地加快了。

如果稍加留意，就会发现安边万盛客栈经理陈绍武也在席上，他以男性所具有的敏锐观察力目视着席间的一切。猜想百顺当铺的大东家沙贵图，能出现在县长白伯英的婚礼上，可见与白伯英的关系似乎有些微妙。这个身为碎金镇的富商，胆大妄为的实业家，出现在这里一定有什么动机支配着，难道买军火的事与他有关联吗？想到此，便举起酒杯向白伯英迎了过去。

“恭喜白县长大婚！”

“绍武先生！幸会，幸会！安边万盛客栈生意还好吗？”

“感谢白县长关心！还过得去。”

“赤匪刘志丹已攻占了镇靖城，安边城便成了前哨的桥头堡，老弟的万盛客栈可要百倍的警惕哪！”

“是的！安边堡的安全，我想有刘保堂的十一旅和张家父子的严加镇守，不会有问题。不过，还要仰仗白县长和柳队长给予多多关照！”

“大家共同防御，共同防御！哈哈！”碰杯声。

酒过三巡，菜过五味，宾朋亲友，猜拳行令。正当婚宴进行到高潮时，“哒哒哒！”清脆的枪响，划破了夜空，惊动了宴席，打断了席间的一片热烈气氛。

“哪里来的枪声？”白伯英惊愕地问。

柳彦斌哑口无言，迅速地跑了出去。场面顿时大乱，人们发出阵阵尖叫。你挤我，我推你，凳子被踢歪，桌子被推倒，人们呼喊着乱成了一团，像地震了一样，横冲直撞，帐篷里的酒席像炸开了锅。红火热闹的县衙婚礼宴席，顿时乱了套，像遇上一阵冷雨浇灌，劈头盖脸，使人喘不过气来。

一场热闹的婚礼像陷入无尽的深渊。

正是：长征北上抗日军，红旗插在铁角城。
　　　盐州县衙灯火旺，县长新郎正娶亲。
　　　商界名流同赴会，灯红酒绿皆乘兴。
　　　雪夜婚礼枪声起，争夺军火惊出魂。

第二十一章

县衙院夺取军火英雄负伤
下闇门匪徒拦击血溅梁头

这天的夜晚，风雪似乎慢慢地收敛了一些，从地平线到空中，都弥漫着灰色的雪雾。冬季来临的盐州城，在强劲寒风的吹动下，雪雾徐徐飘散着，这场风雪给边远的塞外带来了刺骨的寒冷。

县衙大院欢庆着县长白伯英的婚宴的时候，一场夺取军火的行动也在同时进行着。临近午夜的时候，雪雾正浓。一堆熊熊燃烧的炭火前，几个吹鼓手还在东摇西摆声嘶力竭地尽情地吹奏着，一曲又一曲喜庆的陕北乐曲苦涩悦耳，为婚礼宴席伴奏助兴。

几个化了装的红军游击队员悄悄向花轿摸去，从轿的底层取出枪支和手榴弹，钻进雪雾卷起的迷蒙夜色中。透过星星点点的炭火，我们看得出来其中有三边特委的白锋岗，他敏锐地向潜在墙角的战士耳语后，他们迅速分成两组，蹑手蹑脚地向抱着枪抵着午夜严寒打瞌睡的两个哨兵靠拢。突然一个黑影猛地跃起，手起刀落结果了一个哨兵的性命。另一个哨兵蓦然间发现动静刚想发出喊声，眼前一个人影扑来，脖子已被拧断，无声无息地倒在地上。

后门开了，几匹骡子被拉了进来，由于事先在骡蹄上包裹了棉套，所以没有发出一点儿声响。拉骡人低声对白锋岗道："一切顺利，按计划进行！"白锋岗点点头，一挥手几个黑影迅速将军火仓库门打开，时间就是无声的命令。

只见这几个人搬的搬，抬的抬，扛的扛，不一会儿工夫就将武器箱子捆绑在骡驮上。

“走！”白锋岗一声低低的命令，骡驮在拉骡人的牵引下匆匆离开，无声无息地牵出后门，这一切仅用了半个时辰。

然而，还是惊动了隐藏在墙头的不沾泥。他带领几个手下是什么原因使他们晚了一步？是遇到了无法逾越的障碍吗？他们从砖井堡出发一路走来，也就是四十里的路程，但由于城门戒备森严，最后他们不得不化装成卖炭人才混进了城。他们虽然进了盐州城，县衙周围还是枪刺林立，有几个随着沙贵图先行进去，但群龙无首，像水牛掉在井里——有力使不出来。不得不等到夜幕降临，不沾泥凭借轻功进了县衙。但孤掌难鸣，既担惊受怕，又有些焦虑。像一只耗子鬼鬼祟祟地窜来窜去寻机觅食，最后终于在县衙的西北角与鲁布碰头，找到可乘之机。

不沾泥这次是孤注一掷，可以说他把整个性命都寄托在这次行动上。如果劫持成功，也是他将来东山再起的一个契机。当他投靠沙贵图独自面对前途郁郁不乐时，却没有人可以吐露心声，只能顾影自怜，喟然长叹。因此他只能像幽灵一样，把自己那颗罪恶的心，埋藏在此次的秘密行动上，他的激情只有在抢窃行动上才能表现出来。

不久，幸运之神使他有机会做他最感兴趣的事。虽然，他现在还没有能力东山再起，但他想借助沙贵图的力量，终会有机可乘的。这次行动就像一只老而不衰的犀牛，使他付出了生命的代价。一直等到午夜时分，他和鲁布从炭驮中取出枪支，出于谨慎，他们还带来一挺能连发的“手提斯”快枪，以防万一。当他们爬上墙头，几次想越墙潜入进去猎取，鲁布告诫他时间还早，院内灯火通明，恐让哨兵发觉，便迟迟没有下手，耐着性儿蹲在墙角等待时机。

猛然间，一股寒风席卷着飞雪，院内的灯火顿时暗了下来，他们觉得天赐良机，便爬上墙头窥探，隐隐发觉县衙后院人影晃动，有些骚动迹象，细细观察后，才发觉有人先下了手，几匹骡子隐约出了后门。这一惊非同小可，此时他悔恨听了鲁布的话行动迟缓，被人抢先了。虽焦急万分，但为时已晚。但心想老子精疲力竭地守候了一夜，没有猎取成功，你们也别想得逞。他恼怒地举起“手提斯”快枪，扣动扳机，顿时“哒哒哒！”一梭子扫下去，拉骡子的战士一个踉跄险些栽倒。“张军良！”白锋岗迅速扶住。“我们被发现了，快走吧！”张军良捂着流血的伤口边走边说。一会儿几匹骡子匆匆隐在茫茫雪雾中。

墙头一侧鲁布按住了不沾泥的手。

“坏了！这枪声惊动了县衙，惊动了保安队，他们定会闻风而动穷追不舍，我们很难有机会了！”

“现在，怎么办？”

“只有一个办法，赶快乘乱混出城去在途中等待。”鲁布急促地说。

“好！听你的，我们尽快赶在他们前面！”两人趁乱迅速离去。

白锋岗牵着骡子在灰蒙蒙的街巷穿行着。天边一片漆黑，几颗闪亮的星星在苍穹中调皮地眨着眼睛，似乎有意在捉弄这些勇敢的偷劫者。

突然，一些黑色影子在后边移动，追踪的影子距离他们越来越近，不足一百米了。“注意，后面有敌人跟踪。”白锋岗低声道。这时一排枪弹射了过来，火舌划破了夜空。一群黑狗子举着火把追了上来。枪弹冒出的火舌在骡蹄下飞溅，火力一步一步向骡驮推进。白锋岗这时顾不得多想，只好边走边还击。借着火光可以看到全副武装的保安队不少警员，人数之多是难以抵抗的。尽管他们手起枪响弹无虚发，追在前头的警员一个又一个地倒下，但还是难以挡住他们的进攻。正在危难之际，一个黑影跳出，边射击边说：“你们赶快出城，南城门已开了。”在子弹的飞溅火光中，白锋岗看到他的同伴杨啸风向他挥手：“快快出城，我来掩护！”白锋岗和队员不由分说赶着骡驮向南城门疾驰。

杨啸风犹如一头敏捷的豹子，跳动着身躯向追上来的警员一枪一个，一霎时撂倒好几个。保安队严重受阻，他们趴在地上不敢抬头。保安队长柳彦斌气得发狂，大声喊叫着：“快追！快追！不要让他们逃跑了。”用枪抵着后退的警员。

杨啸风此刻精神抖擞，敏捷地变换着射击位置，堵住了他们前进的道路。

蓦然飞来一颗子弹击中他的肩部，杨啸风身子摇晃急忙捂住伤口，退到一个门口艰难地还击。正在这时大门开了，一只手猛地将他拽回门内，大门悄然关闭。冲上来的柳彦斌不见抵抗者的踪迹，东张西望感觉十分奇怪，难道他会飞上天？喝令举着火把的警员迅速向城门外追去。

零点左右，白锋岗和他的骡队冲出城区后，沿着一条沙漠小路缓缓前进。后面的保安队警员紧追不舍，可以想象被追撵的人是多么着急和焦虑。这些追撵者在柳彦斌的命令下，荷枪实弹拼命向前移动。沙峰下突然射出密集的火力，冲上来的警员一个个倒下。柳彦斌此刻已杀红了眼，他提着一支“卡宾”枪大声喊叫着：“快撵，快撵！抓住劫持军火的强盗分子，重重有赏！”趴在地上的一群警员冒着火力又向前冲去……

这个突然冒出来的抵抗者是谁呢？只见他端着一支“卡宾”快枪，跳跃着边射击边撤退，将柳彦斌的保安队引向大漠深处。一刻钟后，枪声渐渐消失了，风卷着雪粒凶猛地呼啸着。柳彦斌望着风雪的原野怒吼着：“见鬼！我们转脖子了！”突然前边火光一闪，传来了枪声。柳彦斌将手一扬：“在那边！”一群黑狗子警员顿时向雪路追去。追了一程又一程，最后发现雪原夜路一片死寂。柳彦斌这时已精疲力竭，望着黑乎乎的茫茫夜路，四顾茫然，大呼：“我们被引进了迷魂滩……撤！”被牵引得晕头转向的警员这才掉转了头。

冲出黎明前黑暗的白锋岗骡队，跋涉了十几里的路程。这时金鸡啼鸣，曙光微露，朔风呼呼，大地飞舞着灰蒙蒙的雪粒。一夜紧张的行程，此刻已经人困马乏。一道广阔的雪梁横在面前，他们很快来到一个黑咕隆咚的小村庄，在一处断壁残垣被遗弃的院落里，准备卸下骡驮小憩，不料梁头上传来了喊声：“下面赶骡驮的梁上君子，我们等候多时了！请将军火留下，不然就不客气了！”

白锋岗抬头一望，一排枪口压在梁头，一个匪徒靠着一挺“手提斯”快枪，狂妄耀武地卧在一侧。不看则罢，一看深知来者不善，挥手让拉骡同伴将骡驮隐蔽，命令做好战斗准备，趁势躲在土墙下问道：

“上面的是哪路好汉？竟敢在光天化日之下打劫商客？”

“问得好！不瞒你说，我乃绿林好汉沙里狐部下不沾泥是也！谢谢你们一举端了县衙的军火库。好手段，在下佩服！不过，都是绿林中人，你们不能一家独吞！”

“不沾泥！原来你们是祸害群众的西口大盗！拦路抢劫？”

“不，不！我们是‘劫富济贫’的绿林好汉。”

“说得好听，你们有本事，为什么自己不去端呢？”

“不错，我们是去了，可惜晚了一步。不过，我想问清楚，你们是哪条道上的好汉？”

“既然你们想知道，可以告诉你们：我乃刘志丹部下，白于山红军游击队是也！这批军火是为抗日而夺取，请你们不要干涉我们的行动！”

卧在梁头的鲁布向不沾泥摇摇头：“他们是白于山红军游击队，我们最好不要惹他们。”

白锋岗见上面没有什么动静，继续喊话进行心理攻势：“上面的好汉听着，沙里狐，这几年在西口商道上干了不少杀人越货的勾当，我劝你们不要助纣为虐，你们要明白，如今国难当头，你们不要再干那些伤天害理的事了。有一句话说得好‘放下屠刀，立地成佛’。这批军火是用来抗日的，一个中国人，应该掂量一下轻重！”

鲁布低低向不沾泥道：“他们是用于抗日，我们不可鲁莽行事！”

“我们守候了一夜，决不能就此半途而废，这批军火没有拿到手，回去也不好向东家交代！”此刻他像吃下秤砣铁了心一般，独断专行，不听鲁布劝告，随即压了压“手提斯”喊道：“我说过了，你们不能一家独吞！你们用于抗日，我们为打军阀，各为其事，各有用途！留下一半，放你们过去。否则，我这手里的家伙不是吃素的。”说着“哒哒哒——”一梭子子弹扫了过来，打的院内尘土飞扬。

鲁布压住他手中的快枪道：“这会惹麻烦的，你不能蛮干！”

这时不沾泥火了：“你怎么吃里爬外，长别人志气，灭自己威风！我看你就像个内奸，这批军火我们决不能放过！”他把手里的快枪推给鲁布，掏出手枪命令他：“开火！”鲁布为难地抓起快枪，迟迟不愿开火：“他们劫持军火是抗日的举动，我下不了手。”鲁布压着快枪摇摇头。

“快快开火！”此刻他凶相毕露，用手枪指着鲁布脑袋怒吼着。鲁布见状，恐遭不测，只好扣动扳机，将一梭子子弹扫了下去。院前尘土飞扬，骡驮乱跳。

白锋岗挥动手枪目光严厉对拉骡子的战士道：“不沾泥这些沙里狐的爪牙，是一伙亡命之徒。他们想以一种武力手段让我们折服，真是痴心妄想！大家隐蔽好奋力抵抗，决不能让强盗得逞。”他边射击边鼓舞战士：“节省子弹，瞄准再打！”张军良右臂裹着纱布，左手举枪，手起枪响，一个匪徒中弹滚在坡下。不沾泥见状，将手枪顶在鲁布头上命令道：“快快射击！不然我就送你上西天！”鲁布此时进退两难，于是再次扣动扳机，枪口喷吐火舌，子弹像雨点般射下，驮着军火的骡子惊得满院乱跑。

奋力抵抗的白锋岗在梁头猛烈的火力下，只好躲避在土墙脚下，难以抵抗，危在旦夕。这时不沾泥穷凶极恶地将鲁布手中快枪一把提起，狂妄地站起来喊道：“快快投降！”“哒哒哒——”一梭子子弹射了下来，满院尘土飞扬。

这时一声枪响，从另一边传来清脆的射击声，击中不沾泥的腹部，不沾泥一个趔趄摇晃了几下栽倒在梁头。鲁布一惊，仰起头向四周张望，不见有什么动静，感觉有些莫名其妙。于是爬到不沾泥跟前看了一眼，发现他已直挺挺地躺在那里，浑身是血。

此刻，山梁上静悄悄的没有一点儿声响。一股风儿卷起了雪粒，灰蒙蒙地罩在山头。鲁布便捡起“手提斯”对趴在梁上的同伙喊道：“不沾泥死了！红军游击队有援军，快撤！不然我们要当俘虏了！”剩下的两个匪徒顿时爬起来仓皇逃窜。

枪声不响了。

白锋岗探头望去，梁头上静悄悄的没有丝毫动静，已不见匪徒的踪迹，是谁接应帮我们解了围？于是他爬上梁头察看，什么情况也没有发现，空无一人，只有两具尸体横卧在那里。难道真是传说中的那位“神秘见义勇为者”吗？白锋岗心里极不平静，既惊奇又敬佩，似乎有一种被嘲弄和不可思议的感觉。又一想，他能在危难关头暗中接应支援我们，不愿露面也许有他的难处，但他到底是一个什么人呢？有如此的能耐，真是神了。

一忽儿间，天际喷薄出一道道耀眼的光芒。转眼之间，太阳露出来了，又圆又厚的金色云团纷纷涌现流动，每块云团四周镶嵌并闪射着金色细腻的色彩。像岛屿漂浮在宽广平静的河流中，云团在风的推动下慢慢连在一起。淡紫颜色，蔚然透亮，如画般的笔触，如诗般的朦胧，令这些英雄战士心驰神往……

他们赶起骡子，仰望着红日初绽，向云雾茫茫的白于山愉快地行进！

正是：战士出手夺武器，惊了墙头不沾泥。
枪声引出黑狗子，英雄负伤血流地。
闇门匪徒拦路虎，窑院血染枪弹飞。
危难之际匪被击，神秘之士解困危。

第二十二章

探密机商匪勾结死灰复燃
失军火官家迷惑相互猜疑

却说坐落在古盐州东街的县衙大院，虽是一座“天下衙门朝南开”的模仿式，在这边关塞外其建筑规模也算庄重宏伟。县衙是一座四合式三进院，整个宅院四合式房子都是“穿靴戴帽”清一色砖木结构。东西两侧是会议室和餐厅，一排南房是警卫哨兵住的地方。正房中间有一过厅，过厅两边是接待处和传达室。中院是一个独立院，正北房是县长白伯英办公室，左右两侧是卧室和秘书室。东西房是县衙行政人员的办公地，东侧有一小门通往后院，是县衙库房重地，另有一后门直通街道小巷。墙院高，门房牢，设岗放哨，戒备森严，犹如一座兵营。

结婚仪式设在县衙中院。在蓝色帐篷下酒席夜宴，高朋满座，猜拳行令，酒曲声声。尽管是风雪之夜，雪凝灯火，喇叭高歌，在喜庆音乐伴奏下气氛显得特别热烈……

枪声响了！这枪声划破了县衙大院喜庆的夜空，扰乱了夜晚静静的盐州城。一时之间，所有参加婚礼的人，都不明白县衙里发生了什么情况？人们惊慌失措地惊叫着，逃跑着，是可想而知的。

到底发生了什么事？谁也说不清楚。婚礼宴席一片狼藉，明晃晃彩灯照耀下的县衙大院，此刻静悄悄的像死寂一般。保安队长柳彦斌已不知去向，县长白伯英早已躲藏到他的洞房中不敢露面。这是发生在一九三五年十月二十日晚上的事。

一忽儿有警员报告，后院军火仓库失窃，看守的几名警员全部死于非命。县长白伯英震惊了，他的洞房花烛夜被搅黄了，大喜的日子迎来了丧门星，气得他一夜没有合眼。天明后匆匆赶往办公室，等待着保安队长柳彦斌的到来。两个时辰过去了，不见柳彦斌的影子，白伯英心中有些恼火，但没有办法只好耐心等待。

黎明的盐州城，北风呼呼作响，西北天际闪现出晨晖。盐州城的老百姓在一阵又一阵枪声中惊魂未定，雪地上留下的一片又一片血迹与天际星空默默相凝视。这时，白伯英想起昨天的事。婚礼前的一个小时，他还安排柳彦斌查看军火仓库，一切正常无损。为了慎重起见，夜里还加强了岗哨按时巡逻。不过就是刚刚招待客人吃席，也就是一顿饭的工夫，军火库就被盗劫一空，这盗贼的手段也太厉害了。看守的警员也被一个个刺死了，仓库里空空荡荡的什么也没有了，这是哪一路盗贼干的呢？他百思不得其解。正在心急火燎的时候，保安队的柳彦斌奔来了。

“你到底还是来了，军火失盗的事，你晓得不晓得呢？”白伯英没好气地向柳彦斌发泄着。

“我怎么能不晓得呢！”柳彦斌压住心中的不满，向白伯英报告了昨晚追捕盗贼的前前后后。这位盐州城的县太爷素来是镇定自若的人，此刻竟也掩饰不住惊愕的神情。

“这么说，昨晚的抢劫事件是共党分子干的？”

“还说不准。我们在抓捕中，发现不仅有共党分子参与，似乎还有另外的人插手！”

“是些什么人呢？”

“先前我们发现一伙不明身份的人，混入县衙，不料后来发现这批军火，又被另一帮盗贼劫持去了。这伙盗贼身手不凡，我们在追捕中打伤一个同伙，一转眼的工夫跑得无影无踪。搜查追捕了一夜，一无所获，最后仅仅在日升昌银号门前发现一些血迹。”

“在日升昌银号门前发现血迹？”

“是的！罪犯有可能躲进了日升昌银号。”

“查问过了没有？”

“查问过了，日升昌银号经理王晋柳矢口否认，我们只好退了出来。”

“哼！难道他会插翅飞走？”心神不安的白伯英似乎像泄了气的皮球瘫在椅子上。他稍停顿了片刻，紧接着追问：“你认为是哪帮人干的呢？”

“有两种可能，一种是预谋已久暗藏的共党分子，二是惯匪杨猴小的残党余孽和漏网分子。”

白伯英皱了皱眉头：“说共党分子有预谋完全可能，惯匪杨猴小早已树倒猢狲散，还有什么残党余孽呢？”

“不要小看了他们。或许是死灰复燃由明转暗，妄图东山再起也未可知。不过，我认为此次抢劫事件，十有八九有共党分子参与。从昨晚追捕的迹象来看，那个抵抗者枪法十分了得，我们好几个弟兄都倒在他的枪口下。”

这时，白伯英想让自己平静下来，以便能冷静地思考问题。柳彦斌的说法和估计也许有充分的事实依据。按理说，县衙后院的军火仓库是秘密的，更有警员守护，盗贼不可能越过重重警戒。盐州城四门有重兵把守，戒备森严，要打通这些关卡，实非易事。除去有内应外，还须有惊人的速度。没有完整的实施计划，是很难成功的。但是，盗劫军火的事件恰恰发生了，就发生在他的婚宴期间，越想越有些恼火！此次军火失窃，如果宁夏的马鸿逵怪罪下来，自己很难逃脱干系，想到这白伯英气得脸皮发抖，眼里射出愤怒的目光。他走到柳彦斌跟前：“一定是共党分子干的！你没有嗅到一点特别的气味吗？不要放过那些一丝丝的蛛丝马迹！”

“有一处迹象非常明显。三处城门紧闭，只有南门被弄开了，守城门的弟兄全被捆绑在城壕里了。估计军火是从南门出去的。”

“他们能到哪里去呢？”

“白于山是红军的老巢，特别是柳树涧，更是红军经常出没的地方。”说者无心，听者有意。白伯英此时脸上红一阵白一阵，觉得柳彦斌话中有话。毫无疑问，盗贼利用了自己的婚礼劫持了军火。反过来说，这批军火送来才七八天时间，很少有人知晓。根据这起盗劫事件，可以推测有人泄露了军火秘密，他脑子顿时闪过一个念头："军火仓库怎么会暴露呢？"白伯英问道。

"这很难说，这一向筹备婚礼，县衙大院人多眼杂，难免……"

"不要说了！你是不是说，这次事件与我白某婚礼有关系呢？"白伯英对柳彦斌的出言不逊，十分恼火。

"柳某不敢妄言。不过这事恰好出在婚礼宴席之际，事情巧就巧在这里，人们难免将之与婚礼联系起来。"柳彦斌绞尽脑汁，企图解释自己的失职行为。

白伯英有些惊愕了，他想县衙戒备森严，虽不是五步一岗，十步一哨，但炮楼枪眼都有人瞭望，怎么连一点响动也没有发现呢？那些哨兵也许是小和尚念经——有口无心。但是盗劫军火，不是小偷小摸，怎么连一点痕迹也没有留下？此刻他满腔怒火，胸部一起一伏，似乎对柳彦斌的话语，变得有些逆来顺受。事情过程也许就是如此。于是他对柳彦斌道："上面追查的事，我来负责。下面破获军火被盗的事不能放松！要不惜一切代价侦破此案，一定要将那批军火找回来，否则大家都脱不了干系。"

"我们可否搜查一下日升昌银号呢？"

"你有证据吗？"

"我怀疑那个负伤同伙，窝藏在银号。"

"没有十二分的把握，最好不要盲目行动。"

"这也许是我们唯一能找到的突破口。"

"那好吧！要谨慎行事，不要让人家抓住把柄。"

"是！"柳彦斌正欲离开。一个警员飞奔而来："队长，南山底的下闇门，发现了两具尸体。"

"检查过了没有，是些什么人？"

"有人认出，一个好像是土匪不沾泥！"

"不沾泥？我去看一下。"柳彦斌吃惊地向白伯英点了下头，便匆匆离去。

柳彦斌走后，县长白伯英静静思谋了一阵子。自从杨猴小和不沾泥两人，在那次围捕战斗中仓皇逃走，据悉在白于山中山涧遭到袭击，就有传言匪首杨猴小逃窜时中弹，在高墩沙下的龙眼峡死于非命。这伙不可一世的亡命之徒，开始土崩瓦解，在高双成和陈绍武的穷追猛打下，一败涂地，死的死，伤的伤，不久也就销声匿迹了。有人说不沾泥也死于那次战火，然而，在清扫战场时，始终没有发现他的尸体，搜寻工作也就不了了之。显然，这个狡猾狐狸，当时并没有死亡，而是趁机隐身藏匿，由明转暗，以求东山再起。那么，他到底躲藏在何处呢？

前不久有消息透露。碎金镇当铺东家沙贵图，以西口商贸行动之名，组织了一支私家护商队，暗地招兵买马，扩充人员，购买枪支。假如这是真的，这个商业冒险家的胆子也是够大的。一个不懂规矩的家伙，光屁股打灯笼——自己献丑。成事不足，败事有余。在这非常时期大张旗鼓，招惹是非，是否还隐藏着什么不可告人的秘密呢？不沾泥这个惯匪死灰复燃突然露面，又突然死在闇门下，这绝不是偶然现象，显然与军火有关。从这些迹象看，他是否与这个碎金镇东家勾结在一起，鬼迷心窍地盯上了那批军火，是为沙贵图充当马前卒，还是为自己东山再起做准备？如果是这样，军火的失窃肯定与他们分不开。是匪徒们内讧火拼？还是为军火分赃？另外，最近有消息得知，窝藏在盐州城的共党分子，也在暗地里兴风作浪，他们对这批军火绝不会袖手旁观，似乎也有劫持的动机。白伯英此刻越想越觉得毛骨悚然，事态的错综复杂使他有些迷茫。正在踌躇之际，秘书通报，碎金镇当铺东家沙贵图先生到。

白伯英站起来自语道：“这个不懂规矩的东西，在这火烧眉毛之时，他来做啥？”迟疑了片刻他嘴里吐出一句：“请！”

正是：军火失窃院狼藉，红火婚礼泼凉水。
枪战击伤抵抗者，银号门前留血迹。
警员欲搜日升昌，县长谨慎要证据。
闇门死了不沾泥，又给警官出难题。

第二十三章

商家女勇救战士银号惊魂
神秘人运筹帷幄解除困境

白伯英知道这位当铺东家贩卖烟土发了横财，作为保护伞，他从中也获得了不少好处。自从那年他上任以来，就和这个商家悄悄勾搭上了。在那惯匪杨猴小攻城拔寨，沙里狐在西口道上劫掠骚乱时期，趁乱赚钱成了商人们的天性。为利益所驱而巧取豪夺，也是商人们惯使的伎俩，赔本的生意是没有人去做的。白伯英告诉过他“君子爱财，取之有道”这个至理，独门生意可以做，但独食不能吃。也告诉过他，猪嘴可以扎住，人嘴是扎不住的。曾密授机宜：投机取巧也能一步登天，没有扎实根基也会崩塌！要他做事稳妥，这两年他似乎没有露出什么马脚。而这个当铺东家呢？也懂得白县长的意思，于是贩卖烟土的胆子越来越大，但也不忘向保护伞殷勤孝敬。

白伯英深知这些商人满脑子装的都是利益，盐州城这块地域是“三家歇靠，倒了锅灶”的地方。偷偷摸摸地做一些烟土生意，也面临着双层危险。一是官府的盘查，二是强盗的抢劫，这两家遇上一家，就会招来杀身之祸。但是这种黑色生意，还是能赚到大钱的，一些商家甘冒杀身的危险贩卖烟土，这个当铺东家便属于此类。

沙贵图以一个大派头商家的样子走进白伯英办公室。

白伯英客气道：“沙东家，稀客，稀客……请坐。”秘书端来八宝茶后退出。

沙贵图靠在一把椅子上，龇牙一笑："白县长新婚燕尔，过得还舒服吧！"

白伯英摆了一下手，没好气地："不要客套，有事就说吧。"

沙贵图狡黠地笑了笑："白县长问得好，无事不登三宝殿。"说着撩开大衣，从一个褡裢中取出五卷红纸包的大洋放在桌上："这是五百块，小意思，是前几次生意的财利。"

白伯英瞟了一眼："生意还做得顺利？"

沙贵图迎合地："有白县长撑腰，一切顺利！"

白伯英用一张纸盖住大洋："记住，不要学那些市侩商人，见了钱就像苍蝇见了血，口乱开，手乱伸，拍脑袋设谋，拍胸脯保证，为了钱财，不择手段，步入囹圄，败于丧命！"他言不由衷地敲打着。

"那是，那是，不过还有一事相求。"

"说吧，什么事？"

沙贵图呡了一口八宝茶，润了润干痒的嗓子："盐州城这两年商贸发达，牧业、盐业、油坊、马帮生意红火，外地商家蒙地边客来往频繁，我想在盐州城内开一处新店。"

"哦？什么新店？"

沙贵图放低声音："地下烟馆……这对外商边客很有吸引力。"

"这个——"

"有难处吗？"

"井司令有禁令，恐怕——"

"恐怕什么，井司令明里禁烟，暗地吸烟，每日三枪，谁不知道！再说驼城这行业有的是。"

白伯英窘迫地摇摇头，半推半就地说："驼城是驼城，盐州是盐州。这事还要小心慎重，不要羊肉没吃上，反惹一身臊！"

沙贵图觉得白县长话里有默许的味儿，又问："听说昨晚县衙失窃，是真的吗？"

“你的消息还蛮灵通的，你知道是哪路人干的？”

“街上人传言说是土匪不沾泥。”

“不沾泥早已死得成干，咋会又冒出来了？”

“人不可貌相啊！或许还没有死，想东山再起？这也是打着灯笼拾粪——找屎（死）啦！”沙贵图将这事推得一干二净。

“不要瞎猜了，还是把你的事情办好。”

沙贵图逢迎着：“那是，那是……”便起身匆匆离去。

盐州城位于三边高原和万里长城之间，因这儿盛产食盐，有大大小小的盐湖二十多个，像一串珍珠镶嵌在长城沿线的北部沙漠上——“岸积千堆雪，池生万斛珠”。著名的花马池是这里的聚宝盆，湖畔坝田毗连，池水清澈明净，风吹波动，细浪千层，艳阳照射，波光粼粼，一片北部沙漠秀丽宜人的景色。花马池不仅风光优美，而且蕴藏丰富的食盐，为历代人民所珍视，成为盐州“碱盐、皮毛、甜甘草”的三宝之一。据说它的采盐史可以追溯到汉代，汉武帝刘彻时期，这儿沃野千里，群羊塞道，牛马衔尾，水草丰美，盐池为利。这一带也是“千秋不老湖汉月，万马奔腾隐夕阳”的广阔牧野。

唐代盐池逐增，遂有“唐时盐池十八”之说。明朝天顺到正德年间，商人曾以盐换回矫健的西夏马，这个出产丰盛的天然盐湖始被改名为“花马池”。有一首《花马名池》诗曰：“池也何名马，池开贸易通……渔盐昭画一，岁献五花骢。”就是当时诗人们对它的描绘。

清代末期，盐湖荒芜，生产萧条，八十里盐田皆废。这儿生活的盐民祖祖辈辈靠捞盐为生，有一本比卤水还苦的家史，翻开家谱爷爷是刮盐的，儿子是刮盐的，孙子也是刮盐的。

沧海桑田，几经战火。历史的变迁并没有给盐工带来温饱，苦难的盐工一代又一代为这儿的盐田输出，压榨着自己的血汗和脊梁。所以，在人们的想象中这座边远古城——“盐州”也就成为它的符号了。

在那军阀混战时期，王晋柳这个晋商从山西永宁州西渡黄河来到古盐州，他发现这儿的境况并不是人们所传言的那样悲凉。沙漠草地，人稀地广，在晋西北人频繁走西口的路上，盐州也算是一个赖以生存的旱码头。生活虽然艰难困苦，但仍是穷人们能挣扎生存的一块地方。王晋柳来到这块塞外荒漠之地，可算是这儿商贸战线上的窗户。在西口潮的经济繁华时期，他在众多的晋商中是一个受益者。人们习惯称他为银行家，服务热情，左右逢源，可谓生意兴隆，财源茂盛。银号招牌，远近闻名。要不是上了贼船，被人威胁引诱卷入黑色交易的话，他本可以凭自己的努力，在盐州这块地盘上生活得更好。那年他四十多岁，灰白的头发使他显得有点苍老。但他那敏锐的思想，黑色的眼神，高挑的身材，有着确保他能承受一切磨难的强壮体魄，他那热情和蔼的脸庞，显现出一个典型老练的晋商形象。他妻子去世后，给他的生活留下无法弥补的空虚，他的银号和生活重心是他唯一的女儿。

正当二九年华的王碛妹，优雅的体态，黑油油的头发，闪闪发亮的眼睛，白净细腻的皮肤，欢欣而严肃的表情，这一切会使她有点像法国作家凡尔纳小说《起义的领袖》中的女主人公，与其说她漂亮动人，倒不如说她英姿飒爽。她的成熟志向与信仰，源于她对祖国的热爱，对进步的企盼。她是一位倾向革命的爱国者，对时势的发展和变化有着自己的观点和看法，这在西口一带的商界中是绝无仅有的。人们认为她是新时代的女性，在商界中思想最为进步的一位，谈吐和见识总是与众不同，独树一帜。

自从那次在城大墩与杨啸风合作认识后，王碛妹的思想发生了巨大变化，对红色革命有了进一步的认识，特别对杨啸风的机智与勇敢，诚实而不浮躁，勇敢而不鲁莽的果断作风，留下了深刻印象。她火热的心里有了另一种爱意，正悄悄融入她对革命对进步的追求中。这位商界的独特女性，在那次争夺烟土事件中，起到了极为关键的作用。她凭着胆识勇气和冒着被杀头的危险，支持并参与了那次行动，使她心中浮想联翩，特别是那次杨啸风和贩毒匪徒在烽墩口子搏斗中，眼看贩毒匪徒使出最险恶的一招，抽出匕首刺向杨啸风咽喉的时候，不知是出于感情的自然冲动，还是对匪徒占了上风的惊吓，总之，在那千钧一发之际，慌乱中她出奇冷静，猛地捡起跌在草地上的手枪，扣动扳机解救了杨啸风。事后她心惊肉跳地望着枪口冒出的丝丝青烟，几乎不相信自己的眼睛。从那以后，那种格外的进步倾向和追求革命的思想充满了她的灵魂。父亲王晋柳，从未意识到女儿是在梦想着那位年轻的革命者，而在她眼中他就是革命的象征。

王晋柳很快感觉出女儿的心事，他对女儿道："街上贴出了布告，保安队正在通缉那位年轻人！我担心他逃不出保安队的追捕。"王碛妹的脸色由红变白，极力控制住自己加速的心跳。那天晚上她将负伤的杨啸风拽回银号，并为他包扎了伤口，藏在了银号地下室，这事父亲并不知晓。现在保安队已贴出布告，将要进行全城搜捕，这该如何是好，她强压住心中的不安，对父亲道："他们休想抓到他！"

"但愿老天保佑！他会躲藏在哪里呢？"王晋柳神情不安地在室中来回踱步。

"他长着腿，谁能知晓他会藏在哪里呢？"

"保安队柳队长今早来过银号，说在银号门前发现血迹。他们怀疑那位被称为共党的年轻人，可能隐藏在咱们银号，被我一口拒绝了。不过，这事你还得向我讲清楚。那位年轻人是不是真的躲藏在咱们银号？"

王碛妹是一位敢作敢为的女性，她觉得这件事再也不能隐瞒了，于是便向父亲道："是我救了那位抵抗者！"

王晋柳一听气得面红耳赤："你把他藏在哪里？"

"在咱银号地下室！"

王晋柳此刻再也忍耐不住自己的火气："真有其事？"

"是的！他还有伤。"

"这事如何是好！布告写得清楚，窝藏共党者与其同罪！今晨被我一口拒绝，若再搜出，这不是自取欺辱吗？"王晋柳此刻如坐针毡，在激动的情绪下，突然觉得这件突如其来的打击，会对女儿造成痛苦的影响，赶紧补充道："我们还是想办法让他尽快离开！"

"这时候让他离开？外面尽是保安队的人，这不是把他往虎口里送吗？况且他身上还有伤。我们终不能见死不救！"王碛妹极力控制着自己的情绪说着。

王晋柳此刻的情绪低沉到极点！他那张脸，一天之前还是笑容满面，这个时候却惊愕得吓人。虽然如此，他却并没有完全失态，他努力控制着自己，嘴唇紧闭，目光恍惚，可以看得出，他的内心正经受着极大的痛苦和焦急。他的女儿王碛妹却完全相反，虽然为救杨啸风干了一件十分冒险的事，但是表现得很坦然，她努力静下心来，竭力安慰着父亲，希望这件事在他的惊愕中消失，除非保安团彻底在她家中搜查。

王碛妹便向父亲道："搜查？我想暂时不会，父亲不是已经拒绝了他们吗？"

"谁知道呢？"王晋柳担心地说："谁也不敢保证！磨道里不愁找个驴脚印！我只希望尽快有个妥善的办法。柳彦斌这人我清楚，他不把一件事情弄个水落石出，是决不会善罢甘休的！"

王晋柳的担心是不无道理的。毫无疑问，女儿王碛妹完全能够理解父亲的意思，便以平静安慰的口吻道："我们不要被惊吓蒙住了眼睛，车到山前必有路。柳彦斌不来便罢，若真的再次前来搜查……"话还没有说完，女用人送上一封信，王碛妹接过迅速打开念道：

"我栈客人在贵号发病，明早七时接出医治，谢谢协助！安边万盛客栈经理陈绍武拜上。"

"这封信怎么来的？"

"是从门缝中递进来的。"女用人答道。

王晋柳接过信又端详了一遍，用他那犀利的目光仿佛要看出信外的含义。怎么就这么快就被人知晓了呢？觉着有些不可思议，便向女儿道："陈绍武是安边万盛客栈的老板，与我们银号有经济往来，他怎么会知道那位年轻人在银号呢？"

王碛妹细细回想昨夜发生的一幕，顿时闪现在眼前，县衙枪声响起后，人们四处逃散。自己刚刚回到银号，街头发生枪战，蓦然间，发现一个年轻的抵抗者，在枪战中负伤，靠在银号门前，自己顺手将他拽回银号大门，那只是一瞬间工夫，任何人没有瞧见，陈绍武怎么对此了如指掌呢？难道他也参加了战斗？苦思冥想得不出结论！

顷刻间，她心领神会地眼睛一亮，心中的一块石头落地，充满了摆脱困境的成功喜悦神秘地对父亲道：“我们给予了一颗星星，却得到了一个太阳。”

正是：官商勾结做买卖，开设烟馆发横财。

劫持军火负了伤，商女勇救警员呆。

警长询问共党事，经理否认怕招灾。

送来纸条解迷津，明晨驾窝接客来。

第二十四章

柳彦斌包围银号搜捕共党
陈绍武驾窝藏英还要路条

一九三五年十月二十日以来，盐州城县衙大院军火失劫的事不胫而走，传遍了全城。县长白伯英下令对全城进行搜捕，一时间搅得满城风雨鸡犬不宁。此刻，白伯英坐在自己的县衙里沉思，突然想起那天和陈绍武等人玩纸牌的瞬间，那些有钱的纨绔子弟个个是玩牌高手，说不清楚为什么却一个个败在陈绍武手下。从表面上看这个万盛客栈经理既没有明显的风趣幽默，也没有哗众取宠的独特表现，总是随随便便吐出一句："对不住，又赢了！"那些纨绔子弟则尴尬得哈哈大笑。总而言之，他的行事做派像谜一样让你猜不透。有一点倒是明白，他生性做事严谨，尤其是言谈举止，从来也不散布别人丑事，也不讲他人坏话。

再说陈绍武时年三十六岁，健壮的身体，结实的脸庞，雄姿英发，风华正茂，待人接物能显出一种亲切感。卧蚕眉，丹凤眼，和雕刻出来的高鼻梁给人流露出那种英武与倔强，能看出只有在斗争中锻炼成长起来的那种勇气和力量。他目光如炬，思想敏锐，行动快捷，办事果断。在高双城部队中那阵子出谋划策，指挥作战，敢作敢为，深受战士们的信任。特别在征剿惯匪杨猴小战斗中，运筹帷幄，出奇制胜，赢得井岳秀和六姨太的好评。队伍中对陈参谋有"小诸葛"之称。

陈绍武转移战线担任安边万盛客栈首任经理后，以一副货栈老板的形象出现在商贸战线上。在官场上他能和井岳秀、马鸿逵、高桂滋接上茬，也能和下级军官、战士、马夫们拉上话。在商贸上他走包头、赴榆林、越宁夏出入匪盗隘口，有一股赶马帮，拉骆驼，骑上毛驴走天下的潇洒味儿。在交际方面，他出手大方，行动果断，上下融贯，左右逢源。在人们的想象中他似乎有一种翻手为云，覆手为雨的能耐和本领，被政界、军界、商界评说渲染得神乎其神。然而，陈绍武表面却为人低调，他身上似乎有一层迷雾笼罩，人们总对他看不清，摸不透！但在他心中时时铭刻着父辈的音容笑貌，牢记着父亲临终时对自己说的话：咱们陈家有祖训，那就是"丕振家声"四字。一个人一辈子要为社会做好事，不做坏事。假若做不成好事，起码也要做一个合格的对社会有益的人。一个男子汉不能婆婆妈妈，要想大事，干大事，少说话，多干事，干实事。自己觉得是对社会有益的事，就应该埋在心里默默地干下去。十余年来，陈绍武牢记父亲临终祖训，自己虽不能为家族光宗耀祖，但也要为中国的革命斗争事业做出自己的努力。

头一天傍晚，陈绍武坐着安边万盛客栈驾窝子，就住进了城内的元升西货栈。天刚麻麻亮，朔风呼呼的盐州城土街上，一辆一辆大轱辘牛车带着"叮咚，叮咚"声儿穿街而过，一头一头小毛驴驮着沙蒿柴和羊粪蛋口袋，穿着没面子的老羊皮袄，脸蛋被风抽刷红紫黑青的农家妹，身躯颤颤悠悠，吆喝着在铺台下叫卖，愣头愣脑的小毛驴在朔风中瑟瑟发抖。

一颗扭头弯腰的老槐树的树皮上，贴着一块红色的小方纸片，上面写着："天黄黄，地黄黄，我家有个夜哭郎，过路君子念一遍，一觉睡到大天亮。"一幅黄色的天空、黄色的铺面、黄色的尘埃的立体沙街画面。两匹青色骡子驮着一个搭着羊毛毡的驾窝子，在响鞭的催动下，马蹄嗒嗒，沙风呼呼，沿着一条沙街驶过来，"安边万盛客栈"六个大字在毛毡一侧闪闪发亮，驾窝子一直驶到日升昌银号附近，一条幽静巷子才停下来。陈绍武撩起遮帘从驾窝子上跳下来，缓缓来到日升昌银号门前，扫了一眼街面，沙风中几条野狗受惊般吠叫起来，眨眼间又从街头窜过去消失了。

银号门开了王碛妹走了出来。目视来人："原来是万盛客栈陈老板，请进！"

"不客气！王经理在吗？我来接病人。"

"家父在银号正等着先生呢！"两人欣然走进。

街头沙风呼呼一片死寂，只有几处字号的招牌在风沙中摇曳，农家女赶着驮粪毛驴走过。一会儿工夫，商人服饰的杨啸风披着一个大氅，被人搀扶着送进驾窝子，驾窝子的遮帘迅速放了下来。一个穿着黄色士兵服装举着鞭子的赶车伙计，将驾窝子牵到巷口一侧，坐在驾窝子遮帘前，等待着主人的到来，这一行动似乎在一瞬间完成。

柳彦斌在他的保安队岗位上，飞扬跋扈，声名狼藉，可以说已达到登峰造极的地位！他不愧是嗜血成性所遗传下的后裔，他以一种恐怖手段将盐州城蹂躏得千疮百孔。那天夜晚，他在日升昌银号门前发现血迹后，始终认为，那个负伤的抵抗者就隐藏在银号，他觉得再不能有丝毫的耽搁，否则就会前功尽弃，于是他决定围堵银号，企图捉拿那个抵抗者。

今晨，他带着一队警员，骑着一匹快马以迅雷不及掩耳之势，穿街疾驰冲向日升昌银号。这伙警员只是搜查银号，还是王晋柳和女儿王碛妹有被捕的危险？保安队长柳彦斌派来这么多的警员包围银号，其中缘由自然非同小可。

柳彦斌气势汹汹地跳下马背，挥了挥手，他身后的十多名警员紧跟着迅速堵住了银号的入口。王碛妹从银号走出，看到保安团的柳彦斌，像一股旋风扑向日升昌银号，她表面上显得十分平静，实际上内心十分惊愕。她清楚那位负伤的年轻抵抗者，虽然被送上了驾窝子，但还完全没有脱离险境。现在看来保安团的柳彦斌亲临一线包围银号，除了以为他们已经发现了那位负伤的抵抗者准备逮捕他外，他们还有什么阴谋和想法吗？要是那位抵抗者，真的落在柳彦斌手里，那可就危险了。

三天前，杨啸风以柳树涧娘家人身份混进古盐州，并在暗中出击掩护骡驮出了城，以自己的身手在街头抵抗了一阵子，虽然弹无虚发，但终因寡不敌众，中弹负伤，倒在银号门前，危难中被王碛妹抢救躲过一劫，他意识到会引起柳彦斌的警觉，今日终于找上门来了。起先王碛妹安顿杨啸风，让他听从指挥，不要惊慌失措。保安团警员不搜查便罢，若真的搜查，她会应付和周旋的。杨啸风此刻离开银号躲在驾窝子里，表现出了坚强的意志，他真正做到了面不改色，心不跳！他以不变应万变的心态，没有下意识的动作，只是将手枪子弹推上了膛以防万一。他和柳彦斌只是远远地照过一面，那次他在城大墩柳林中窥视过他，就是现在碰上也不认识他。几天来，柳彦斌一直追寻他的踪迹，他哪知在城大墩枪战中，打过照面的劫持者，现时正在驾窝子里，正是当局悬赏要捉拿的人。

正如杨啸风估计的一样，柳彦斌和手下一直都在怀疑他、跟踪他。县长白伯英虽然吩咐过柳彦斌，没有铁的证据，不可草率行事。但柳彦斌几乎肯定那个危险分子就在日升昌银号躲藏避难。他几次想冲进去突击搜查，终因没有证据下不了手，他也深知日升昌银号经理王晋柳，与榆林井岳秀的裕惠银行在经营上有联系，终是有些犹豫不敢鲁莽行事。当理智与感情发生争斗时，情感不一定能斗过理智，这是常有的事。柳彦斌这一次是铁了心，他清楚盐州城四门早已封锁，共党分子插翅难逃，相信那个负伤的抵抗者，一定在日升昌银号，再不能犹豫了，便以疾风暴雨式的行动堵住了街口，包围了银号。

王碛妹看见一伙警员要闯进银号，她走在柳彦斌面前："柳队长，你们这是？"

柳彦斌："王小姐，对不起！卑人奉白县长之命前来搜查。"一群武装警员，迅速站在她的面前。

"你们搜查什么？"

"搜查一个危险分子！"

"搜查危险分子？"

"是！保安队已悬赏捉拿这个人，他可能就躲藏在你们银号。"

"你是亲眼看到，还是道听途说？"

"王小姐，你不要干扰公事，我们是奉白县长的命令。那个抵抗者可能是一个共党分子。"

“柳队长你别忘了，日升昌银号不仅是塞外乃至西北也是一处声誉卓著的正规名号，怎么会窝藏共党分子呢？这不是笑话吗！”王碛妹一副满不在乎的样儿说着。就在这时，王晋柳和陈绍武从银号走了出来。

陈绍武：“柳队长，久违了！”

柳彦斌有些惊愕：“陈经理，你怎么也在这里？”

“安边万盛客栈与盐州日升昌银号，有些生意上的事情。柳队长兴师动众是为何事？”

“我们来抓捕一名抢劫军火的抵抗分子！”

“抵抗分子？”

“陈经理肯定知晓，就是前天夜晚，县衙后院军火被盗，劫持军火的一名抵抗分子负了伤，银号门前留有血迹，有可能躲在日升昌银号，本队长奉白县长之命前来搜捕。”

“我知道，盐州城周围的人都知道。但我想一个名声显赫信守商道规矩的银号，是不会与匪盗为伍招惹是非的。再说，日升昌银号也是井岳秀司令管辖下的一个金融企业，这种匪夷丑事若传到井司令耳里，你不是给井司令脸上抹黑吗？何况日升昌银号的信誉，在盐州乃至整个塞外也是有目共睹的。王晋柳先生为人正派，经营有道，绝不会与那些不三不四的人交往，怎么能和共产党扯在一起呢？”

柳彦斌此刻心里忐忑不安。他思谋了片刻：“绍武先生，我们是朋友，这件事关系重大，你别插手！”

这时陈绍武压低声说：“柳队长，正因为我们是朋友……我总觉得最好不要鲁莽行事。鸟从巢中出，水从源头流，事情总有个起因，你又未亲眼看见，不能只是在门口发现血迹，就认为那个抵抗者就藏在银号，这未免有些勉强。何况已过两日，一旦抓捕不出所谓的危险分子，你不觉得很难堪吗？”

“你的话也许有些道理。不过，‘开弓没有回头箭’……不进去搜查一下，就此撤回，心里很不踏实，也不好交差。”柳彦斌不死心道。

陈绍武道：“有句俗话说得好：‘令行禁止，疾缓随心。’举头三尺有神灵，跑了和尚跑不了庙。我想，这事还须慢慢查找方为上策。”

站在一侧的王碛妹：“还是让柳队长进银号搜查一下为好，免得柳队长放心不下！”她有些火气地说。

“既然来了，还是搜查一下好！也能给日升昌银号一个清白！”王晋柳急迫又平淡地说。

柳彦斌此刻有些进退两难——陈绍武的话不无道理，加之王晋柳父女不屑一顾的镇静自若的表现——说不定那个属于抵抗者的危险分子真的不在银号。倘若真的搜查不出来，不是自找麻烦招惹是非吗？这事若真的传到榆林井岳秀那里，就是浑身都是嘴，也说不清楚。何况县保安大队和日升昌银号，在塞北这块地盘上，虽然是两股道上跑的车，总是各尽其能，各干其事，在经济上虽有不少往来，但从未发生过任何瓜葛。自从担任县保安队长以来，自己和王晋柳不断交往，从没有翻过脸。今日之事又在老朋友陈绍武的面前发生，不看僧面，也得看佛面，还是谨慎为妙，万万不可鲁莽行事，放他们一马再说。一来给老朋友留点面子，二来为今后行事，也不会太尴尬。想到这一层，便做了个下台阶的收敛行为：“既然王经理父女这样肯定和大度，想必罪犯也不会窝藏在贵号！那么，好吧！我们就不搜查了。”

“王经理打搅了！”命令警员撤围。随着对陈绍武拱手告别：“陈经理请留步！我们后会有期！”翻身上马。

“不，我们一块走！对了，还有一事麻烦柳队长！”

“绍武老弟，还有什么事呢？”

“我要回安边堡，你得开一个出城的路条，今晨你们把城门堵住了，我回安边堡，驾窝子出不去了！”

柳彦斌笑了笑：“万盛客栈老板的驾窝子要出城，岂有不答应之理！”便对手下道：“送陈经理出城。”

警员头：“是！”

陈绍武拱手致谢：“柳队长，再会！”

“再会！”柳彦斌在马上拱手致意，带上警员一溜烟离开银号。

陈绍武拐进巷口，跳上驾窝子对王晋柳父女：“王经理王小姐请留步，来日方长，后会有期！”一声响鞭，马蹄嗒嗒，车声辚辚，驾窝子离开了盐州日升昌银号卷起一路沙尘。

王晋柳父女惊得出了一身冷汗，望着渐渐远去的驾窝子，悬在嗓子眼儿的一颗心，才慢慢落了下来。

正是：响鞭催马野狗咬，驾窝藏英离票号。
警长奉命搜共党，一群黑狗尾巴翘。
商女心急抵抗者，绍武解惑使妙招。
演了一出空城计，还向警官要路条。

第二十五章

沙贵图讹诈银号暴露嘴脸
王晋柳难下贼船东湖对决

砖井古堡上空的一轮明月，看上去像一个圆圆的银盘，太阳刚刚落山它就升起来了。几朵云儿从西边飘过来，把黄昏后的最后一点微光给抹灭了。黑暗渐渐从旷野涌上来，笼罩住了一切，白于山峦遮蔽在黑暗的阴影之中，砖井古堡很快就看不见了。连一棵树也没有的长城烽墩底下，几簇矮灌木丛和坚韧的骆驼刺在沙风中挣扎着。一辆豪华的驾窝子从古堡出来，隐隐约约地沿着长城烽墩下的小路行进着。两旁跟着几个骑马的人，他们是碎金镇东家沙贵图的心腹，申小龙、申小虎和伙计鲁布。这些神秘的人物，夜半三更就出动，要去哪儿呢？

隐藏在砖井古堡闫二胯子客店的沙贵图，已经在这儿有些日子了。任凭风浪大，稳坐钓鱼台。藏匿听风坐镇指挥，万万没有想到最近的几宗事不仅没有收获，更丧失了一些元气。正在进退两难之际，恰好先后和宁夏贺兰山客人、内蒙古乌审旗客人促成了两笔交易，对方要求必须通过日升昌银号才行。于是他便将黄河岸边红龙城守护心腹，申家俩兄弟抽调上来，帮他完成与日升昌的这桩秘密交易。

申小龙、申小虎两个是亲兄弟。申小龙二十五岁左右，一头黑发，两眼明亮，额头宽阔，两眉紧锁，因小时候害天花而面孔略带麻点。脑袋颇大，戴顶瓜壳圆帽，就像头上扣了个黑铁锅。他是一个出色的猎手，嗅觉极为灵敏。兄弟申小虎比他小两岁，长方脸盘，面颊消瘦，高鼻梁，下巴很尖，有点像老鼠的嘴脸。两只眼睛虽小但乌黑透亮，一顶小毡帽下露出两个大耳，能起到招风的作用，看上去他俩不像是一母所生，却有一手好的枪法，能百步穿杨。

他俩是无定河畔碎金镇古堡人，从小顽皮捣蛋，招惹是非，被人们骂为“一天一顿，好活不尽。三天不打，上房揭瓦”。一九二九年，十几岁的时候，无定河两岸遭受年馑，赤地千里颗粒无收。父母亡故，两人游手好闲成了古堡街头的刮野鬼。某日因饥饿难忍，偷火烧店的火烧被人追撵，两人回头拼命，在厮打中那人跌下悬崖而死，惹下人命官司，无路可走，便投奔沙贵图。经过几次江湖磨炼，手脚功夫，无师自通，出手坚决，行动麻利，在西口道上干了几件大事，深受赏识，成为沙贵图的左膀右臂。

沙贵图在生意上亏损了几次后，想重整旗鼓以谋再战。点灯子和不沾泥在前几次交易中先后失手丧命，给他的士气以沉重的打击！没想到在阴沟里翻了船，连连失手败阵。此刻，他坐在驾窝子里透过遮帘，试图在黑黢黢的迷茫中能看到一丝光线，但周围的景物仍是一片模糊不清，深沉微暗的月光照着天空，稀稀落落几块云朵飘动着，像跳动着的巫婆驱逐魔鬼的“三山刀”舞蹈。他不时听见长城烽墩上，传来丧气的猫头鹰痛苦的鸣叫呻吟。这种鸟“春鸣夏叫秋蝈蝈”，现时正值深秋，猫头鹰不断“咽咽咽 ——”鸣叫。他的全身肌肉立刻收缩起来，浑身战栗着出了一身冷汗。夜半三更 ——那是最可怕的幽灵和魔鬼出没的时分，也是黑白无常出动的瞬间。他的驾窝子犹如夜半幽灵诡秘地蠕动着，鸡叫一遍的时候，一阵阵铿锵之声频频进入他的耳膜，他想这是城里钟鼓楼上的钟声 ——盐州城就要到了。

沙贵图带着他的喽啰到盐州城要办的最重要的事 ——实际上只是两宗。第一宗事，就是要和日升昌银号再度合作，完成和宁夏客人、内蒙古旗王谈妥的黑色交易；第二宗事，就是他想和王晋柳拉近关系，结为秦晋之好，迎娶王碛妹小姐为妻，然后实现他控制日升昌银号的野心。这次他亲临盐州城，要和王晋柳商谈合作事宜，他想，如果第一个问题能顺利解决，那么，第二个问题也就可以触手可及。他似乎成竹在胸，感觉良好，因为过去和日升昌银号，不止一次地做过这种黑色秘密交易。他坐在驾窝子里抬头望着远方，空中一忽儿飘来一点细雨，一忽儿又露出晨阳温和的脸，仿佛要捉弄什么人，流动轻柔的白云，像有无数的眼睛窥视着，他不敢再瞧视它，蒙头躺下，不知睡了多久，睁开眼睛的时候，一只孤零零的老鸦，展着沉甸甸的翅膀哀鸣般飞着，飞过头顶，给苍宇留下一片寂静。

沙贵图的这些心思举动，乌兰早已心知肚明。早已捎话给王碛妹要她加以防范，再不能上当受骗卷入泥潭。沙贵图几次的失利，似乎对他已有猜忌，自己万万不可掉以轻心。沙贵图这次将申小龙、申小虎调到身边，说明对他有些不放心和怀疑，为了更深层探索沙贵图的最终目的，他只好百倍警惕，静观事态的变化和发展。这一天，八月十五中秋节到了，盐州城解除了戒备，沙贵图一伙住进了盐州最有名的元升西客栈。

深秋的塞外，沙风飕飕。浓淡不匀的沙尘笼罩着盐州城。沙风由远及近，一路冲刷着黄土街面，不时卷起一团团旋风，镶嵌在空中的太阳在沙尘中尽褪光华。上午九点时分，沙街来了两个骑马的人，穿过钟鼓楼直到日升昌银号门前，他们是碎金镇的沙贵图和随从申小龙。他俩跳下马背，沙贵图舒展了一下腰肢，便将马缰交给随从，缓缓走进银号。

一位四十多岁的女佣。她叫翠姑，将这位不速之客领了进来。

“你来了？”王晋柳不哼不哈发出轻微的声音。

“王经理，你好！我们有一段时间没有见面了！”他道貌岸然地往椅子上一靠，似乎觉得很随便。女佣送上茶来，王晋柳摆了一下手势让其退下，然后平和地问：“找我，有什么事吗？”

沙贵图诡秘地笑道：“这才是老朋友——干脆！我们确实有两件事需要商议。”

“两件事！哪两件事？”王晋柳沉闷地问。

“我们先谈哪一个呢？”他转动着眼珠子摸了摸后脑勺。

“说吧，你想先谈哪一个，就先谈哪一个。”王晋柳平静地说。

“好吧，第一个就是有关烟土的事。我有一批烟土将要和宁夏客人还有内蒙古乌审旗旗王做交易，你知道他们喜欢一手交货，一手交钱，付现金和票据都可以，因为日升昌银号信誉好，他们希望通过银号办理才行。”

“是大烟土？”

“是的，有困难吗？以前可都是经过贵号办理的呢！”

王晋柳迟疑了片刻：“以前是以前，现在恐怕不好办了！”

沙贵图猛然觉得话头不对：“为什么呢？”

“很简单！现在时势突变！国难当头，我们不能再干那些危害社会危害人民的事了！何况井司令崧生先生有严格的禁烟命令。”

“严格的禁烟命令？笑话，说得好听！那井崧生大人每日三枪，还不是照抽不误吗？”

“也许是吧。不过，你也清楚，日升昌银号是榆林井司令崧生先生裕惠银行兼管的一个分支，过去我们干的那些不光彩的事，到此也就为止了。我们总不能一而再，再而三地做那些肮脏生意。”王晋柳此刻似乎对自己过去所干的那些不光彩的事，有些厌恶与内疚。

沙贵图原想王晋柳不会放弃到口的膏腴，现在看来他变了。他猛然站起来，在房间里踱着步子寻思着对策，可眼睛一直窥视着王晋柳，他万万没有想到王晋柳会拒绝他的要求，于是迅速改变了策略，用一种狡黠的目光对王晋柳道：“我们是一根绳子拴的两个蚂蚱，跳不走我，也逃不走你。王经理不会不知道吧。何况，担心有什么用呢？这种事过去也做了，还是以平常之心对待非常事吧！再说，井岳秀现在已退出了古盐州这个舞台，宁夏的马鸿逵已经粉墨登场了。”

王晋柳沉默了。他心头觉得一阵恶心。深感这个无耻之徒，在茅石板上打滚——直往屎坑里跌。在犯罪道路上越走越远，越陷越深，今天找上门来，俨然像一个幽灵，喜怒无常，咄咄逼人，不给沙贵图一点火力，他是不会退缩的。自己过去曾被他威胁引诱，干了许多不可饶恕的过错，想起来十分痛心。

这次任凭他说的天花乱坠，九死一生，也不能再改其志了。想到这儿，便对沙贵图斩钉截铁地说："沙先生，不要再说了，日升昌银号决不会自食其言，再干那种危害社会、危害人民的事了！"

王晋柳的话，像针一样刺痛沙贵图的虚荣心。他经营烟土生意，是他与生俱来的嗜好，这一次却被王晋柳给堵死了。心想，既然王晋柳不买账敢于变脸，必须以针锋相对的手段击垮他，使其就范，使其彻底改变态度。于是沙贵图采取了一种冷嘲热讽的口气："你钱赚足了，就想洗手不干了？还有……"他没有说下去。

"还有什么呢？"王晋柳抬头疑惑地问。

"这……我不说你也清楚！只要我们能继续合作下去。"

"我们不合作呢？"

"我就将你八年前私吞朱税官的那一百箱大烟土的事全部抖搂出来……"

"私吞烟土？"王晋柳顿时脸色突变。这真是画龙画虎难画骨，知人知面不知心。他万万没有想到这个无赖会提起此事。此刻他觉得身心一阵虚弱，无力地定了定神，瘫软地坐在椅子上。

"你还想讹诈？"

"不，不！这是事实！你以为朱税官到省上突然神秘地死去，就无人知晓此事吗？你瞒得了别人，却瞒不了我，你还是好好地考虑考虑吧！"沙贵图这一拳似乎击中了王晋柳的要害。

此时的王晋柳突然如梦初醒。八年前的那宗事突然闪现在眼前。一个大雨倾盆的夜晚，正在熟睡的王晋柳突然听到"咚咚咚"的敲门声，伙计开了门，盐州盐务局的朱税官急促地走进："王经理，夜半三更打搅你……"

"什么事呢？"

朱税官脱下湿淋淋的雨衣："咳！上峰调我到省城开会，我有一百箱烟土，想暂时放在贵号，避一避风头。"

"一百箱烟土？……万一……"王晋柳为难地说。

"怕什么？有榆林井岳秀司令保驾，不会出问题！"朱税官厉声道。

王晋柳有些害怕，恳求地说：“朱税官，您还是再找一个妥善处存放吧！”

朱税官火了，他把桌子一拍威胁道：“造你娘的，老子相信你，你却不帮老子忙！若给老子保存不好，出了事，老子咬你是同谋！”

王晋柳胆战心惊地说：“那你在后半夜送来。”朱税官气呼呼地拂衣而去。

那晚三更已过，两辆大车停放在银号门前，黑灯瞎火中几个搬运工冒着雨水，来来回回地搬运着烟土，其中有一个搬运工就是沙贵图，满脸汗水扛来最后一箱烟土时，银号关门了。

“还有一箱呢！”沙贵图喊着。这时一个伙计隔着门缝道：“货物盘点够了，再有的，我们不要了。”狡猾的沙贵图心领神会地暗自窃喜，他知道这是银号给的好处，于是毫不客气地将那箱烟土扛走了。

王晋柳回想着八年前的历史一幕，一瞬间他又将尘封的镜头拉了回来：“你们不是也得到了好处了吗？怎么又想……”

沙贵图狡黠地笑了笑：“王经理，你知道朱税官到省城后，没几天就神秘地死亡了……你私吞了价值几百万的大烟土，这使你的银号如虎添翼。加之，我们合伙做了不少这方面的交易，你也赚了几百万！共产党眼看就要来了，你将这些钱是带进棺材，还是留给共产党？今天你生意兴隆，财源滚滚，靠的是什么？我们提上脑袋冒着巨大风险，你却不费吹灰之力，凭着银号坐享其成，你不能吃肉连骨头也不吐！”

王晋柳此刻觉得精神有些崩溃，有一种黄泥巴落在裤裆里——不是屎也是屎的感觉。没有丝毫的反击能力，深感到沙贵图这个恶棍不是好惹的。自从踏上他的贼船后，身不由己地被他拉下水，做了不少违背自己良心的事，虽然知错，为时已晚，就是放下屠刀，也难成佛了，便忐忑不安地问：“你的第二个问题呢？”

“第二个问题吗？我们交往多年，我想娶王碛妹小姐为妻！你又没有儿子，几百万的家资总得有个继承者吧？我们合伙多年，你这几百万家资里，可以说也有我的一份。我和王碛妹小姐结婚，将日升昌银号的事业进行下去，你不觉得这是合情合理的吗？”

王晋柳一怔，没想到这个无赖，竟然卑鄙地打他女儿的主意，越想越气愤，他绞尽脑汁想摆脱困境。然而，力不从心。从一阵呆钝的状态中突然苏醒过来，他对自己的前途和事业绝望了。在一阵令人难耐的静寂之后，他睁开了眼睛，觉得只有一条路——那就是破釜沉舟。为了女儿的身心健康不被这个恶棍所祸害，必须干掉这个无赖，否则，后患无穷！想到这儿，他猛觉得自己虚弱的体魄在渐渐跳动，不由得再次提醒自己，这事决不能让女儿知晓，于是便强压住心中的怒火，对沙贵图道："我想来想去，这件事情只能是我们两人先商议，明日上午八时，我们在东湖马莲滩作最后的定夺，你看怎么样？"

"好！明日上午八时，我们在东湖马莲滩，再会！"沙贵图抖动狐皮大氅气势昂扬地匆匆离去。

王晋柳扑通一声，无力地跌坐在椅子上。

正是：夜鹰哀鸣朔风吼，明月如水洒城头。
贩毒出岔臂膀落，墙里丢失墙外补。
抓住把柄露嘴脸，讹诈银号下赌注。
经理破釜沉贼船，东湖对决寻出路。

第二十六章

王晋柳往事回眸孤注一掷
沙贵图得寸进尺强盗下手

晚霞早已消失，最后的余晖在天际泛出淡淡橙红色的光。被炙烤过的高原空气在凉爽的夜色里，仍然有某种热乎乎的感觉。盐州城让人呼吸沉闷，渴望一股微微的凉风来临。

静静的夜晚，银号经理办公室的一盏灰暗灯光下，王晋柳神思恍惚不停地踱着步子，仿佛有许多心事涌上心头，当他踱在桌前看到一张全家福照片时，停住了视线。他将一支燃烧流泪的蜡烛举过来，烛光下照出他和妻子枣花抱着六岁小碛妹的照片，他看着照片视线渐渐模糊，小碛妹可爱的画面像电影镜头一般一幕幕在他眼前闪现出来。那是十年前，晋陕峡谷，春寒料峭，春水上涨的黄河翻滚咆哮，黄河纤夫哼着“嗨哟，嗨哟——”的船夫号子，跋涉在惊涛拍岸的“黄河入陕第一大渡口”蝗蜊峪石砭上，一头骡子的驮筐里，一个小女孩正在熟睡，红彤彤的脸庞上挂着几颗泪珠儿，跟着脚户的母亲探出手将小女孩脸上的泪水擦掉，显露出焦急疲惫的神色。丈夫王晋柳走西口经商，黄河两岸兵荒马乱，王晋柳未有音讯，晋西北一带又久旱不雨，连年荒旱，黄河沿岸饿殍遍野。眼看生活无望的枣花，便雇了脚户西渡黄河赴古盐州寻夫。初次离开血塌岸村的枣花心情十分凄凉，她设法使自己尽量坚强一些，不使自己灰心丧气。那年月的种种不幸似乎是老天爷对人类的惩罚，荒旱灾难无情地铺天盖地而来。背井离乡的枣花母女，经过十多天的艰难跋涉，骡驮才精疲力竭地踏进了盐州城。

红彤彤的阳光下，骡驮里的小碛妹露出大眼睛，看着父亲陌生的笑脸，红扑扑的脸庞泛成了一朵花。

盐州城外无垠的沙漠上，王晋柳肩头驾着小碛妹、拉着枣花奔跑着，女儿“咯咯咯！”地嬉笑着，荒凉草滩似乎传来一种快乐喜悦的气氛。

病榻上呼吸艰难的妻子枣花，手拉着女儿王碛妹的手，口唇微微嚅动着，望着丈夫王晋柳咽下了最后一口气。

此刻王晋柳的视线从模糊的“全家福”照片上离开，忧心忡忡地踱着沉重的步子思索着。人有失手，马有失蹄。他憎恨自己当年不该听信沙贵图的花言巧语，做了不少违背社会的肮脏生意，赚了不少违背良心的黑心钱。一想起此事，就觉得自己无地自容，现在这个不思悔改的强盗，又在威胁着自己，讹诈自己！更为卑鄙的是，竟然提出要将女儿嫁给他……如不然他会将那些肮脏的见不得人的事抖搂出来，到那时自己将会身败名裂一败涂地！有何面貌再立于世？想到这里王晋柳身心不禁地颤抖着。

当初自己上不欠皇粮，下不欠私债。原本是一个勤劳勇敢和有着商业梦想的商人，遵照父命离开家乡永宁州，千里迢迢来到三边高原，得益于机遇，经一位贵人推荐，成为井岳秀裕惠银行在三边的分支。按照祖训“业精于勤”的精神，日升昌银号不断在商界赢得人们的青睐，加之自己的不懈追求，银号勇于开拓，一跃成为西口路上的金融名号，在商贸战线上留下一片赞誉。不料，却遇上了这个可恶的碎金镇东家，给自己身上缠上一条沉重的锁链，在风云突变的世事跌宕中压得喘不过气来……古人曰：宁肯得罪君子，不可得罪小人。这个商业败类，今天的举动，明摆着是在威胁自己……

近日乌兰透露消息，沙贵图极有可能就是那个臭名昭著的大盗“沙里狐”。若果真是他，自己有办法能制服他吗？王晋柳企图寻找一条摆脱困境之策。然而，无计可施。两小时之前，他与沙贵图约定明晨八时在东湖马莲滩单独会面，这等于下了最后的通牒！没有回旋之路，只能面对深渊。此刻他迷迷糊糊地闭上了眼睛，细细回顾着他的人生，细细回顾着他所走过的道路……他对前途、对事业似乎绝望了！他觉得自己身心虚弱难以支撑，他躺在椅子上稍稍恢复了一下神智，蓦然又从呆钝的状态中清醒过来，口唇自言自语地嚅动着：明晨的对决，凶多吉少！我得给自己的女儿留下几句话。顿时他像疯了一般回到桌子前，提笔疾书，在一张纸上写下遗嘱。他将这封遗嘱折叠放进了抽斗内。从一个皮箱中取出一把六轮手枪，将子弹装了进去。便将手枪插在腰带间，然后又走到桌子前，拿起那张"全家福"照片细细地端详着，眼泪不觉地流了下来滴在照片上，他掏出手巾擦了擦，又将照片放回原地。他横思竖想，一夜无眠。不觉天已大亮，女佣翠姑送来了早餐，他不想吃，便向女佣道："早上有事，我要出去一下，你不要告诉小姐！"

"为什么，先生？"

"没有为什么，不要问了！"

"是！先生。"女佣翠姑退了出去。

王晋柳收拾停当，他到后院马厩拉出一匹马儿。此马头雄鬃长，目光炯炯，肩胛高耸，腿弯宽阔，鼻梁深深，是一匹典型的高原蒙古马，它足以与那些赛马场上的良种马相媲美。他纵身一跃跳上马背，拉动马缰出了后门，一溜烟向东城门驰去。一会儿，他掏出怀表看时间，还不到七点钟，于是便信马由缰地慢慢驰动。视线所及，一个农民裸着背哼着小曲正在田头耕耘，那种无忧无虑的快活情景，使他顿时想起小时候父亲所讲的一个故事：很久以前，一个国王觉得自己不快乐，便请教宫里的老师，老师告诉他真正的快乐是很难找到的。如果找到一个快乐的人，将他的衣衫披到自己身上就感到快乐了。于是国王到处寻找花大价钱弄来不少达官贵人的衣服，还是没有觉得快乐。某天他看到一边唱歌一边犁地的庄稼人，皇帝心想他应该是个快乐的人，便走上前打招呼："您真的快乐吗？"

庄稼人回答："我很快乐！"

"那么让你当一个皇帝你干不干？"

"不干。"

"太好了，请将你的衣衫卖给我吧！"

庄稼人说："衣衫？我从来就没有穿过衣衫啊！"回味这个小故事也许是

对自己的一种讽刺，自己何尝有什么快乐哪！

当他骑着马儿来到马莲滩湖边时，沙贵图骑着一匹高头大马已经站在湖边树下，他俩几乎同时下马，不约而同地走在湖畔，这儿湖水清澈，波光粼粼，风光极其秀美。

沙贵图首先开言道：“王经理，两个问题考虑得怎么样？”不屑一顾的嘴脸挂着一丝轻蔑。

王晋柳鼓足了底气：“考虑了，还是那句话。第一，银号已决定远离烟土；第二，女儿还年轻，不能嫁给你！”

“这么干脆？”

“是的！沙贵图先生，今天我们在广阔原野，可以敞开说亮话了。日升昌银号本来是以诚信为本，信誉卓著的字号，就因为那一百箱烟土我被你威胁引诱，将一个好端端的金融字号拉上危险之舟，从此它颠簸在凶波恶浪之中。在那个烽火连天的年月，银号也就默认了。然而，你却不思悔改，得寸进尺，百般恐吓！妄图将日升昌银号再次引向深渊，达到你不可告人的目的。九一八事变后，日寇横行，妄图侵占我东三省。有一点良心的中国人都清楚，‘国难当头，匹夫有责’。你作为碎金镇的一位大客商，应知一个道理‘君子爱财，取之有道’，不能为自己的一点私利，而不顾国家整体利益。过去我们合作，已做了不少危害社会危害人民的事，今天想起来我深感痛心！”

他停顿了片刻继续道：“就说这古盐州吧，来这里的人大都是被贫穷窘困远离家乡的迁徙者，他们凭自己手足来这儿混个温饱。就以我而言，老家原本是山西晋西北黄河畔人，由于连年荒旱遭灾，家乡饿殍遍野，出于求生，逃难来到陕北，所幸在古盐州落脚，在榆林裕惠银行和众多商家的扶持下，日升昌银号艰难地走到今天，过上了天高皇帝远的安逸生活，我想沙贵图先生想的应该和我一样吧。”王晋柳这一番话，是动之以情，晓之以理的。然而，沙贵图是铁了心的，听之觉得十分刺耳。

“够了！你不要给我讲那些大道理，诉什么苦！我不会吃你那一套。自古以来，成者王侯败者贼！让你那些所谓的忧国忧民思想见鬼去吧！你身上的那些污泥浊水，一下子是洗不掉的！何况这事恐怕由不了你，十年前你私吞大烟土的事，如果让井岳秀司令知道了，那可是杀头的罪！今天如果你不能答应那两个问题，明天后悔可就来不及了，我沙贵图说到做到！王晋柳先生，你看着办吧！”他解开纽扣，敞开大氅，目光紧逼着王晋柳，一副有恃无恐的样子。

王晋柳此刻觉得再和他交涉，等于是缘木求鱼。他有些气闷，便在一个树桩上坐了下来有些气喘吁吁的。在一阵令人难耐的寂静之后，他挣扎地站了起来，长长舒了一口气：“你真是一副铁石心肠吗？难道你真的是人们说的大盗沙里狐吗？”说着一个踉跄一口鲜血从口里吐了出来，栽倒在湖畔。

沙贵图猛地一怔，顿时涨红了脸，呼吸急促，嘴唇和鼻子翘着，十分奇怪地翕动着，似乎处在恼怒爆发的前兆。“你说什么？你这个不讨人喜欢的家伙，你敢血口喷人！”他一边骂着一边看了躺在地上的王晋柳狠狠地道：“你就是死了，也没有关系！日升昌银号的资财和王碛妹小姐总归属于我沙贵图！”一转身便匆匆离开。

就在这一瞬间，王晋柳翻身坐了起来，掏出手枪，颤颤晃晃，对着沙贵图正欲射击，隐藏在树林中的申小虎扣动了扳机，一声枪响！举着手枪的王晋柳趔趔趄趄地躺在了草地上。

沙贵图见状，回过身子发现王晋柳已死，随口骂道：“你这个在老虎身上搔痒痒的东西——寻得送死！”便对走过来的申小虎道：“你用他的枪，再放一枪，不就是一个自杀的场面吗！”正说着远处马蹄声声，两骑驰来，她们是王碛妹和女佣翠姑。

沙贵图和申小虎见有人来，顾不得再次行事，两人乘骑仓皇钻进树林中不见了。

正是：神思恍惚王晋柳，往事回眸蜡泪流。
　　　百箱烟土惹祸害，一朝做错总难补。
　　　远离毒品女不嫁，釜底抽薪下战书。
　　　东湖对峙未分晓，林中枪响一命呼。

第二十七章

王晋柳东湖遭难凶手难觅
银号内留下遗嘱真相大白

盐州清晨，整个苍宇非常透明，早霞从云霓之中静静浮现出来，散发着新鲜而又亮丽的光辉。

王碛妹一大早起来，梳洗之后，她来到饭厅准备和父亲一起用餐，按照日常习惯，父亲应该早已坐在饭厅了。今晨已八点三十分，还不见父亲的到来，有些诧异。于是对女佣翠姑道：“你去看一下经理，是不是还未起床？”

“王经理一早就出去了。”

“什么事，这样匆忙？”

“不清楚！”女佣摇摇头。

“你为什么不告诉我？”

“经理不让告诉小姐。”女佣吞吞吐吐地说。

“不让告诉我？”王碛妹觉得有些蹊跷。

这时男佣送来一个折叠便条，王碛妹迅速打开念道：

王经理和沙贵图今晨在东湖会面，恐有对决，速去制止。

乌兰

王碛妹回头对女佣翠姑：“王经理什么时间出去的？”

“六点左右。”

王碛妹看了一下时间便道：“快，我们到东湖去！”两人匆匆走向后院马厩，发现一匹马早已拉出去了，便又牵出两匹马儿，迅速备好鞍辔，两人翻身跃上马背，冲出后门飞快地向东湖而去。当她们越过一片马莲花盛开的草滩，耳边猛然传来一声沉闷的枪声，随着枪声隐约发现树林中有人影晃动，她俩不由分说，迅速向东湖边冲去，发现树桩上拴着一匹马，有人躺在草地上。两人下马跑过去，王碛妹一看大惊失色地抱起父亲：“父亲，你怎么啦！父亲……”王碛妹撕心裂肺地号啕着。

“王经理！王经理……”女佣翠姑跪在一侧喊着。王碛妹将父亲抱在怀中，发现他胸口冒血，她用手按住伤口大哭起来：“父亲，坚持住——父亲！你不能离开我……”

王晋柳在恍惚中仿佛听到女儿的哭喊声，他突然睁开了眼睛，大口大口地喘着气，望着女儿艰难地用手指着树林方向，嘴唇嚅动了几下：“你要……”话还没有说完，一头栽到女儿怀里阖上了眼睛。王碛妹惊愕地一怔：“父亲！你就这样地走了……”摇着王晋柳的身体，大哭起来。泪眼滂沱的翠姑：“小姐，王经理是被人暗害的……现在不是哭的时候，我们还是先把先生抬回去。”王碛妹抬起哭红的泪眼点点头，翠姑跳上马背飞驰而去。

静静的东湖秋日酷暑，地上的马莲花一簇簇，一丛丛地在微风中摇曳。王碛妹放平了父亲的遗体，让他静静地躺在草地中。这时她发现父亲身边留下一支手枪，细细看来父亲显然不是自杀，从乌兰大哥送来的字条看，父亲和碎金镇东家，可能有经济上瓜葛，只是不让自己知道罢了。今晨他们在东湖单独会面，一定有什么秘密和难言之隐。父亲虽然带着手枪，但子弹并未出膛，手枪并没有留下弹道穿射的痕迹。父亲在弥留之际所指的柳树林方向，说明另有他人在林中开枪，凶手肯定是那个杀人不眨眼的沙贵图。他们为什么要置父亲于死地呢？她傻呆呆地信步走向柳树林，一个子弹壳闪现在眼前，她捡起细细一瞧，是一个刚刚射击留下的弹壳。凶手显然是在这里开的枪。说明父亲是他杀！这一发现和父亲临终时候所指的方向是吻合的。凶手有可能是两个人，难道他们是有预谋的吗？

记得在她刚懂事的时候，父亲和这些人就有往来。从去年黄河陈家碛劫船事件后到枣林坪遇险，第一次和这个笑里藏刀的无赖正面交锋。他的一举一动使人十分疑惑。种种迹象表明，这个当铺东家既贪财又狡猾，简直就是卑鄙龌龊。此次贸然出现在盐州城，说不定与父亲在生意上有什么新的动向，避开自己和他们单独较量，父亲的举动显然是与这些恶魔摊牌，最终走向决裂！想到这里，王碛妹更加坚定了自己的看法。十点钟时，女佣翠姑雇来了一辆车子，将王晋柳的尸体运回银号。

第二天早上，日升昌银号经理王晋柳在东湖被枪击而死的消息便传遍了全城。开始没有人相信，王晋柳这样一位银号老板，商界名流，会发生这样不幸的事件！可是这个不幸的事件确实发生了，到底是什么人干的？发生了什么？谁也说不上来。

王碛妹悲伤的情绪低沉到了极点，那张脸两天前还是那样活泼可爱神采飞扬，这时候却显得悲伤过度。她坐在父亲的灵棚前，沉思着不时擦着伤心的眼泪。

“先生留下遗书！”翠姑疯跑出来。

“在哪里找到的？”

“在先生的抽屉里。”

王碛妹突然地站起来接过看着，眼泪扑簌簌地流了下来：

亲爱的女儿，父亲对不起你！沙贵图这个杀人不眨眼的刽子手，就是臭名昭著的大盗沙里狐！我不幸上了他的贼船，被他威胁利用做了许多见不得人的事。这次他又想讹诈我，并强迫父亲将你嫁给他。你一定要摆脱这个恶棍，走得远远的！保险柜里有几百万证券和现金以及八十根金条，这是父亲一笔不光彩的钱财，我想女儿会利用这笔财产为父亲赎罪的！

父亲

王碛妹流着伤心的眼泪喃喃地：“可怜的父亲！”翠姑接过遗言看了看，怒不可遏地：“这个刮了别人的油水，长自己膘的强盗，原来他想进一步祸害银号、祸害先生，难怪前几天先生闷闷不乐，心上有事，不想让小姐为此事担心，自己默默承受着这种精神上的痛苦，现在一切都明白了，这个表面是人，背后是鬼的东西，又在以一种卑鄙手段，威胁恐吓先生进入他编织的圈套，更为恶毒的是强迫先生将小姐嫁给他！肆无忌惮地向日升昌银号发出一次又一次的攻击和挑战！他的这种做法，分明是明火执仗地玩弄一种既抢钱又抢人的强盗伎俩，达到他妄图将小姐作为压寨夫人的罪恶目的！”女佣翠姑怒火满腔地痛骂着，几乎失去了理智，她继续道：“小姐，我们面对这样穷凶极恶，暴虐成性的败类，决不能手软！要针锋相对，以牙还牙！”

“我们是要回击的！可惜这个强盗过去和银号的种种交易，我们一无所知。不是家父留下遗言，我们还蒙在鼓里。现在明白了，事情是怎样的，我们就怎样地对待它！不过，他竟敢在众目睽睽之下进行威胁，进行讹诈！这其中一定有什么把柄握在他手里。我们不得而知。有一点可以肯定，他参与了前天早上的阴谋，并亲自串演了其中的角色，这事我们有理由怀疑他，但还没有确凿的证据。”

“小姐说的是。我想先生遇害之事，一定与这个碎金镇东家有直接的关系，为了弄个水落石出，我们不妨请警察局出面调查此事。我不信豁出一缸小米，就套不住一只麻雀。”

“这事非同小可，请警察局调查此事何尝不可，但我想并非万全之策，沙贵图既敢在光天化日之下目无王法进行罪恶活动，可见其对警察局的藐视，或者说他们早有勾结。我想他的这种企图和讹诈有第一次，他就会想方设法继续第二次。目前最需要办的事，是制定一个行之有效的办法，一来防止这个恶魔突然袭击，二来我们也要主动出击。有一句俗语：狼不出洞不好打，龟不出壳难砍头。套出他的真正罪恶和目的。所以，警察局一旦介入事情就会弄得沸沸扬扬，有时会更糟，适得其反。”

“现在我们该如何办呢？”翠姑焦急地问。

“我们先摆脱缚住自己身心的羁绊，一方面办理父亲安葬之事，另一方我们尽快主动出击，就说日升昌银号继承人王碛妹有事和其商议，探一探沙贵图对日升昌银号和本小姐的最终目的，以其人之道，还治其人之身，对这些卑鄙龌龊的商界败类，必要时采取快刀斩乱麻的手段，让他彻底死心！”

“好！现在我们就按小姐的计划行事，我去通知他。”翠姑蹙紧的眉头松了开来。

关于日升昌银号经理王晋柳被害之事，街头上出现了许许多多的流言蜚语。市民中说什么的都有，自杀的，他杀的，尽执其辞。说自杀者，显然站不住脚，因为王晋柳的日升昌银号生意红火，如日中天，何故要自杀呢？说他杀者，也并非空穴来风，到底是得罪了什么人？什么原因？被什么人所杀？谁也说不清楚，人们只是在捕风捉影。

这天，县长白伯英在他的办公室和柳彦斌谈论着这事，白伯英望着挂在墙上的蒋介石画像，心不在焉地说：“听说日升昌银号经理王晋柳，在东湖被人枪击而亡？”

“是的！满街市民都在议论。”

“是自杀，还是他杀呢？”

“这很难说，说自杀者和他杀者都有，吵得沸沸扬扬。”

“你认为呢？”

“有人说王晋柳临终时手里还举着手枪，从这个迹象看，像是自杀。又有人说，在柳树林中发现了弹壳，似乎有他杀的嫌疑。”

“说自杀有些勉强，说他杀嘛，我觉得十有八九。因为日升昌银号近几年财源茂盛，誉满塞外，或许得罪了什么虎头人物呢？”

柳彦斌穷于答复，困惑踌躇了片刻：“这事还真的有些蹊跷，有消息说，碎金镇的东家沙贵图与日升昌银号经理王晋柳，秘密合伙做过不少烟土生意，赚了不少的钱，或许在经济上结下什么疙瘩，产生内讧，也未可知。”

“真是那样，我们也被他们的假象蒙混住了。”白伯英接着道。

“沙贵图虽说是一个商人，却深居简出，藏形匿影。生意上厚颜无耻，专横跋扈。口大气粗，目空一切。对于他的了解我们是高空放风筝，只看见一点点。”柳彦斌深深吸了一口气。

“这些商人都是一些爱财不要命的人，这个事件的发生，将会产生难以预料的后果。如果说，碎金镇的这个商家犯罪证据确凿无疑，那么，他和日升昌银号到底结下什么梁子？你们警察局在必要时可以采取一些措施摸清真相。一旦榆林井岳秀司令过问，我们也不至于被动。”他略停顿了一下：“此人最近有踪迹吗？”白伯英此刻像刚出笼的馍馍，带着热气儿地问。

“至少在前几天，他还在盐州城露面。”

白伯英假惺惺地：“尽快调查，是谋财害命，还是分赃内讧？是不是真的与他有干系呢？不要打草惊蛇。”从县长白伯英言不由衷的话语看来，沙贵图这个神秘人物的谜底不难解开，或许说一清二楚。但此刻他面额发烧，面部肌肉隐隐约约不停地抽搐，他懂得“小不忍则乱大谋”的道理。他知道这个不择手段敛财逐利的家伙，一旦露出马脚，把那些见不得人的事情抖搂出来，也会影响到自己的仕途。他想暂且不要解开这个谜底是不是至关重要，这是毋庸置疑的。因为它关系着盐州政界和商界的安定，也关系着自己的安全——这是白伯英苦思冥想后作出的决定。

柳彦斌走出县衙看看天边，晚霞早已消失了。它那最后的余晖在西边天际泛出淡淡橙黄色。秋后一伏的盐州城，被炙烤的空气在渐渐泛凉夜色里，仍然有热乎乎的感觉。此刻连一星半点儿风也没有，整个夜幕看上去是那么浑然一体。黑暗中许多星星闪烁着，周围环境一片寂静而朦胧。街道上隐隐约约亮起了灯光，深巷间烟馆和妓院灯火一片通明，传来一阵阵杂乱模糊的喧闹声。在这乏困街道上给每个人似乎带来了绝望的压抑感。蓦然耳边传来低沉的祭祀哀乐，柳彦斌在马上侧耳细听，一缕缕悲凉的音乐不时传入耳际……

回到警察局后，柳彦斌觉得有些疲倦，躺在床上望着天花板沉思着。他和县长白伯英谈话内容仍然浮在脑际，这个碎金镇商家到底是一个什么人？从传来的悲凉音乐声中，似乎看到日升昌银号女掌门人那悲怆的面容。

正是：马莲滩上阴风走，东湖争锋下毒手。
自杀他杀难分晓，说风说雨都模糊。
留下遗嘱真相白，拂去眼泪抬起头。
县长踌躇显困惑，怕露马脚坏仕途。

第二十八章

大东家劫色劫财再使伎俩
商家女解围解困暂避锋芒

站在古盐州断壁残垣的城墙上俯视，一片接一片的灰色房舍，星罗棋布地摆在一个偌大的泥土盘上，像一个个火柴盒。视线拉近，一个四四方方的四合式院内，一个简易灵堂搭在院子中间。正中悬挂着银号经理王晋柳黑色丝带包扎的遗像。房檐两头垂吊着各界人士送来的一条条白色挽幛，上面贴着“泪洒冰天”“驾鹤仙游”的字样。坐着一排和尚在那里念经超度，吹笙击磬。

王碛妹泪流满腮，一身丧服，表情悲怆而深沉。他在父亲灵堂前上香，供桌上蜡烛闪闪，小院内香烟缭绕。身着丧服的女管家翠姑走近：“小姐，沙贵图到了。”

王碛妹从灵棚走出。她目光显得疲倦，但神形并不沮丧。虽然悲伤过度，却没有失态，对翠姑道：“让他进来。”

沙贵图一身时髦商家服饰，头戴一顶黑色丝绒礼帽，身披一件浅灰色斗篷，一副潇洒趾高气扬的模样，匆匆走进会客室，他斜着一双鼠眼，看着一身丧服面容憔悴的王碛妹，情不自禁地抖动了一下身子，惊奇地发现此刻的王碛妹，身着白色丧服，头戴白色丧帽，虽然满脸泪痕，仪态素洁秀美。那种“若要俏，女戴孝”的女性风姿，让他目眩神迷。特别是王碛妹那种率真娴雅的庄重神态，显现在面前，瞬间勾住了他的神魂，便献媚地装出一副悲伤模样：

“王经理不幸遇难，沙某深表悲痛！”

王碛妹鄙夷地看了一眼，心中忍不住在滴血，怒火燃烧，她蓦地站起直截了当地说：“沙贵图先生，你对我父亲所要求的那两个问题，我现在就答复你：第一，我不爱你，所以，我不会嫁给你；第二，关于烟土交易的事，银号不能给你提供任何手续和票据，因为这是一桩非法且肮脏的交易。”

“非法肮脏的交易？这交易你父亲已经干了多年了。何况，这种交易对日升昌银号来说，还是有利可图的！”他用一种冷若冰霜满不在乎的口气说。

“这些非法盈利的事，日升昌银号不会再干了！”王碛妹冷峻地说。

“不会再干了？我劝王小姐，不要把话说死了！不要让你父亲的阴魂所缠绕！”他停顿了一下，转换出一种讥讽的口气：“你知道，你父亲的银号是怎样发家的吗？”沙贵图以一种盛气凌人的姿态在地上踱了几步：“当年他私吞了朱税官一百箱大烟土，我给他保守了秘密，这可是杀头的罪！如果今天你不能履行配合完成这桩交易的话，我就捅出去！”

王碛妹此刻毫不退缩，针锋相对地说：“你捅出去吧！沙贵图先生，现在我什么都清楚了，你要我做你的妻子，只不过是想霸占我父亲的财产罢了！我告诉你，我已经以合法身份继承了这笔财产，你别做梦了！现在你给我滚出去！”王碛妹怒气冲冲地下了逐客令。

此刻，不可一世的沙贵图，脸上红一阵白一阵，频频乱跳的高傲之心，受到了挑战，显得十分尴尬。本来就打上心狠手辣烙印的面孔，此刻凶相毕露，怒气冲天。盛怒之下心里一片混乱，各种复杂的情绪不停地翻腾着。多么丢脸，自感身心受到严重挑战。他想拼命挣扎进行反抗，思谋着要按自己的意志改变一切。一阵难熬的沉静之后，沙贵图陷入沉思，面部扭曲，闪现出一副奸诈邪恶的样子。显然，王碛妹不会因他恐吓而就范，他虽然有些骑虎难下的样子，心里却抱着一种志在必夺的决心。

“可怜的小姐！”站在一侧的女管家翠姑看到小姐憔悴的样子，心如刀绞。这个魔鬼用那些莫名其妙的恐吓步步紧逼，卑鄙地向小姐发难，难道不能用什么手段惩罚他吗？看到这个面目狰狞，眼神阴沉歹毒的沙贵图，翠姑顿时以一种威慑神情将两个拳头插在腰间："先生，小姐下逐客令了，请！"

沙贵图一刹时恼羞成怒，露出凶残的目光："我不是做梦！你父亲王晋柳这些财产，可以说有一半是我提着脑袋赚来的，我必须得到它！"

王碛妹大怒："你休想！我就是把它烧掉，也不会让你得到它！"

沙贵图此刻有一种釜底抽薪的感觉。他唰地从腰间抽出手枪举向王碛妹眉间："你是配合，还是吃枪子？我现在就可以送你进地狱和你父亲做伴去！"

王碛妹杏眼圆睁："你想动武？"说时迟，那时快，女管家翠姑从腰间掏出手枪，对准了沙贵图的眉心，怒目圆睁，两枪各指着目标，一个不下马，一个不摘鞍。遂有一触即发之势。

就在这时，门外闯进一个人，他是安边万盛客栈经理陈绍武，望着眼前景象，哈哈大笑："都是商界朋友，怎么就动起武了呢？"陈绍武无拘无束，一副打诨逗趣的样儿，迅速举起双手挡开了两支手枪。两家对视着，都收回了举枪的手，恨恨地站在两侧。

"这位就是碎金镇的沙大东家吧？那天在卑号住宿，接待不周，请多原谅！"陈绍武客气地说。

"哪里，哪里……"沙贵图尴尬地扭动着一副凶相，拱手致谢。顺手将斗篷往紧一拉，对王碛妹道："我们以后再谈！"回头对陈绍武："再会！"便匆匆离去。

王碛妹望着沙贵图的背影松开了眉头："陈经理，请这边坐。"示意翠姑将门掩上。陈绍武望着走出的沙贵图："碎金镇的大东家怎么也来了？"

"是我请来的。"

"是你请来的？"

"是！说来话长，人们说家丑不可外扬。今天也不怕陈经理见笑，先生想听，我便告诉你。"

"小姐，能说的话，说来听听！"

王碛妹不禁喟然长叹！便将沙贵图与她父亲过去在生意上交往，秘密进行烟土交易，并妄图强迫日升昌银号继续与他合作，继而威胁她父亲要将自己嫁给他。当这个无理要求，被她父亲拒绝后，发生东湖对决，父亲惨死在马莲滩的事，一五一十地和盘托出。

“今天，我请他来，就是想快刀斩乱麻，堵死他无端的纠缠，让他彻底死了那条心。”

陈绍武听后忐忑不安地说：“从种种迹象看，王经理显然被引诱做了许多危害社会的事，他猛然醒悟，不想再干了。然而，树欲静而风不止，沙贵图得寸进尺，野心越来越大，步步紧逼，迫使你父亲再次走上歧途，继而威胁要将你嫁给他，面对这一恶魔的淫威，王经理有难言之隐，但又不想让小姐知晓这些丑事，便自行处理……我想王经理遇害，显然与沙贵图分不开。从今天的举动，此人不但不回避，竟敢目无王法地继续向小姐施压，可见其不是一个善类，不达到他的目的，绝不会善罢甘休的！”

“先生说的是。家父遇害，罪魁祸首不是别人正是沙贵图，他做的那些伤天害理之事还自鸣得意，其目的是险恶的。”王碛妹不觉潸然泪下：“现在不知如何是好，请先生教我？”

陈绍武思虑片刻道：“这种人，你给他点颜色，他就开起染坊来了。当今，日本鬼子亡我之心不死。不断对我中华大地进行蚕食，已出兵华北并侵占绥远包头一带，还有东渡黄河的野心。据了解此人在西口路上暴戾成性，他不仅是商道上的一个败类，也和日本不法商人交往甚密。魔鬼总是忘不了给人们留下陷阱，我劝小姐暂避锋芒，以静制动，再做道理。”

王碛妹听后茅塞顿开：“先生言之有理。请问，杨啸风先生有消息吗？”

“他现在是延安边区贸易公司西部负责人，带着一个马帮驮队活跃在西口边塞一线，以自己商贸身份秘密侦察日寇的新动向。”陈绍武道。

“我想关闭银号，到蒙地去。”

“到蒙地什么地方？”

“记得家父生前曾说过，在内蒙古鄂尔多斯有一位沙王是他的好朋友，此君为人正直，颇有正义感，我想投奔他。”

“好！我赞成小姐关闭银号的决定。近可避开沙贵图的纠缠，远可观察事态的发展。离开盐州城，不管从哪个方面，都是大有裨益的。纸是包不住火的，关于王经理遇害和沙贵图种种匪夷之事，总会查清楚的。若要人不知，除非己莫为，恶人迟早会露出马脚受到惩罚的。”

落日即将西下，陈绍武离开了日升昌银号。

第二天一大早，长龙似的送葬人举着引魂幡，人们抬着王晋柳的棺木出了东城门，在唢呐声声的哀乐伴奏下，沿着长城街向东而去，埋葬于东湖马莲花盛开的花丛之中。

说也奇怪，那天四个抬棺木的壮汉，刚刚走出东门外，棺木突然变得沉重，压得抬棺木的汉子直不起腰来。一名提着竹篮撒路钱的长者慌忙喊着银行家的名字：“你的银号有女儿继承，定会兴旺发达的！”众人回应：“会兴旺发达的！”“害你的人，一定会偿命的！”众人回应：“一定会偿命的！”

棺木仍然沉重，压得汉子们挪不开脚，迈不开步。撒路钱的翠姑跑到棺木前，磕了三个头：“王经理，你别担心，我会一辈子照顾妹妹的。”这时棺木更加沉重，抬棺木汉子的腿都软了。长者拍着棺木：“你还有啥牵挂呢？”

举着引魂幡的王碛妹恸哭地趴在地上：“父亲，你放心吧，我一定用那笔钱完成给你赎罪的心愿！”

蓦然棺木轻了，送葬的人们松了口气。俗话说：“灵魂托棺。”真有其事。从此，王碛妹时时刻刻牢记着要为父亲“赎罪”的心愿。

那天，沙贵图从日升昌银号归来，心中若有所思。王碛妹那种斩钉截铁的语言，似乎刺痛了他傲慢的虚荣之心。在焦急燃烧的心房里等于添了一捆没有水分的干柴，烧得他身颤心跳。他那种“吃着碗里的，看着锅里的”巧取豪夺的企图成为泡影。他懂得舍不得孩子，套不着狼的道理，绝不会甘心自己的失败。于是命令手下申小龙和申小虎，死死盯住日升昌银号女继承人王碛妹的踪迹。

这天下午，乌兰骑了一匹快马，偷偷到东湖马莲滩在王晋柳墓前大哭了一场，烧化祭悼了一番，决定为其报仇。然后又悄悄进入日升昌银号，告诉了王碛妹他所探到的新情况：沙贵图这个败类，里通外国，为日本商人提供情报，而日本商人支持他秘密组织地下护商队，并为他提供枪支弹药等。这个野心家，扯起老虎尾巴抖威风，要王小姐提高警惕。当他听到王碛妹将要关闭银号到蒙地投奔沙王时，觉得这一步棋是对的。

便问：“到蒙地有何打算呢？”

王碛妹道：“沙贵图这个无赖步步紧逼，惹不起，还躲不起吗？我想利用父亲留下的这笔钱，办一件事！”她低声对他说：“买二百匹骏马，交给杨啸风先生，让他组织一支骑兵队，参加蒙汉游击组织，打击侵略者！”

“杨啸风是？”

“他的真实身份是一名红军战士。现在是延安边区贸易公司在西部的代表，活跃在陕蒙边界。”

“太好了！小姐选择是明智的。这就是鼓打千锤，挡不住雷吼一声！这下，王经理在九泉之下也就瞑目了。”乌兰既激动又惊喜地说。

“你还继续在那里待下去吗？”王碛妹看着他。

“我想再蹲一段时间，彻底摸清沙贵图的狼子野心！”

“好吧！你要自己当心。我和翠姑于明天夜里离开这里。”

“我们是否要贴出一个关闭银号的告示？”翠姑问道。

“应该是这样。”乌兰回头对翠姑道：“小姐的一切就交给你了，有什么情况随时联系，城川离这儿二百多里的路程……联系地点照旧。”

“知道了！乌兰大哥，你也要多多留神哪！”

窗外雷声隆隆，电光闪闪。王碛妹望了一眼天气，对乌兰道：“快回去吧！要变天啦……我们再会。”三人拥抱在一块。

轰鸣的雷声中，一道猛烈的电光划破了夜空，乌兰神秘地隐退在滂沱大雨中。

正是：口蜜腹剑大商家，飞扬跋扈装模样。

劫财劫色口出粗，为控银号使伎俩。

灵魂托棺显正气，替父赎罪记心房。

商女解困关银号，开辟一处新战场。

第二十九章

谢彩英身陷囹圄寺庙有眼
米可图敲诈盘剥裸身无头

盐州城商家的日子一天不如一天。旱码头往来的马帮、骆驼日夜繁忙，街面上的生意人照样络绎不绝，商铺、客栈家家算盘不绝于耳，经营的利润却每况愈下。不是生意不好，而是盐州城税重得怕人。原来古盐州来了一位新税官，此人名叫米可图，他是一个饕餮之徒，看貌相有五十好几，一脸横肉，头发斑白，高颧骨，八字胡，目光炯炯逼人，嘴角常常叼着烟斗，一副绅士模样，既爱财，又贪色，成为古盐州的一霸。

米可图原来是榆林有名的厨师，一九一三年井岳秀初次到榆林驻防，在米家饭馆应酬吃喝，积欠酒席费数百块。那时的井岳秀经济困难，米可图慨然全部承担，井岳秀十分感激。一九一六年井岳秀二次来榆，任陕北镇守使时与米可图的关系更为密切，让米可图承包榆林烟酒专卖局，这个肥差每年可获利三四万大洋让米可图发了大财。井岳秀处理外事，凡各县绅士来榆谒井者，必先求米可图说项，代收馈敬，这让米可图中饱私囊。就这样，米可图住所昼夜宾客盈门，显赫一时，震动全城。

古盐州在历史上就是西口路上的旱码头。以皮毛、碱盐、甜甘草“三宝”而著称。也是清代诗人张炜“汉月千秋古，秦城万里长”勾勒出的北部风光。这儿光开设油坊的商铺就有六十多家，那些以油坊为业的德义诚、世新诚以及武盛昌等油坊大户，据称是县西温地坑一带的大乡绅、大地主。在当时的盐州城开设的温泰昌、温盛昌、温泰源等商铺声名显赫，和东滩杨寨子杨烈以牧马为业的大牧户和宁条梁牛家的马群滚滚入市，被称为三边高原上油坊、商铺、牧业的三大富翁。

这样一块风水宝地，惹得官家红了眼。军阀混战，土匪横戈，政府派兵需要军饷，便将一些见钱眼开、唯利是图的人推上这个肥缺。米可图就是在榆林井岳秀的推荐下，获得这个炙手可热的肥差。他仗着有靠山撑腰，不久，便和臭味相投的碎金镇东家合伙开了妓院、澡堂子和大烟馆，并利用手中的权力，敲诈盘剥，没几年便成了“贪色不要脸，爱财不要命”，无恶不作的恶棍。

就在这个时候，盐州城出了一名叫“小红宝”的名妓，人称“盖三边”。何处来这一“小红宝”名妓呢？一九三〇年，正是五黄六月的天气，万聚永伙计刘栓柱奉东家之命去夏州讨账。这年夏州正遇灾荒，赤地千里，遍地灾民。刚刚走进城里的刘栓柱发现，街头行人像被霜打过的茄子一样一脸紫色，铺面房檐下站着几个衣服破烂的妇女，无精打采。讨账字号早已倒闭，讨账的事打了水漂，刘栓柱有些灰心丧气。便在街头饭铺买了几个饼子揣在褡裢里，离开了荒旱的夏州城。走了近两个时辰，肚子里饥肠辘辘，他掏出饼子边走边啃，突然间一阵冷风夹裹着冷雨袭来，发现山头有个小庙，便紧跑慢跑踏进庙门，发现一个女子跪在一个直挺挺的死人身边啼哭。刘栓柱吃了一惊，正在茫然之际，那女子见有人进来，扑通一下，跪在他面前祈求地：“大哥，救救俺吧……”说着便给他磕头。

刘栓柱瞧着这个泪流满腮的女子，不知所措地问了女子情况。原来这女子姓谢名彩英，父亲过世早，她和母亲相依为命，这年遇上天旱颗粒无收，便和母亲逃荒要饭在外，不幸母亲染病身亡死在庙里。

“我是讨账过路之人，这……”

“大哥，行行好，帮忙把我母亲埋了，我就是你的人，给你烧火做饭……”

刘栓柱心想，人常说，救人一命，胜造七级浮屠。在这上不着村下不着店的荒野古庙里，女子一片孝心实在可怜，便发了善心。想自己身上带二十两银子，埋葬她母亲连同俩人的盘缠也就够了。这女子长得也俊，给东家做个丫环或拜个闺女，这钱也能寻回来。便向女子道：“你不要哭了，我给你将这事办了。”女子磕头叩谢，他便找了些柴火，点火烤饼子两人充饥。第二天，刘栓柱就近买了一副棺木将女子母亲埋葬，便将这女子领回了盐州城。

回到盐州城后，万聚永东家犯了难。自己有儿有女，孙子也有了，不便收留，想来想去，忽然有了主意，便问刘栓柱：“你家里有媳妇没有？”

“没有呢！”刘栓柱心想俺家穷得叮当响，哪有钱娶媳妇呢。

“这样吧，我看这女子给你做个媳妇也合适，婚事我给你一起办了，不能说体面，但也不至于寒酸，败了咱万聚永的兴。”东家就把钟楼南面一处旧宅作为新房，作为刘栓柱新婚燕尔的安乐窝。他万万没有想到自己因事得福，一夜之间美梦成真。姑娘谢彩英没想到自己没掉进火坑，嫁给了恩人，成了一对亲亲密密的米面夫妻，这桩奇情姻缘却轰动了盐州城。

那一年的一个傍晚，街上传来一阵枪声，一个像做买卖的人拖着负伤的腿趔趔趄趄跌进她家院子。谢彩英看到他腿上有伤，又像有人追撵，赶忙将他藏在一间柴房躲起来，偷偷请人治伤调理。原来这个商人是从新疆回来路过盐州去延安的一个重要人物。他给谢彩英说，让他男人偷偷联系他们的人。就在这时，保安团警员来她院子搜查，柴房自然引起保安团的注意，谢彩英告诉他们，这是一间柴房，保安团警员不信硬要搜查，正在紧要关头，突然从街外传来一声枪声，将保安团的注意力引开了。谢彩英长吁一口气，这个伤员也化险为夷，在她家住了三天，便有人接走了。

古盐州的七月七，眼光寺举行开光典礼。这天，眼光寺热闹异常，由风水先生选好迎神方位，主持开光仪式，唢呐班子，旗令值事，斋祭供献一应齐全。长号开路，唢呐齐鸣，炮声震天……一支浩浩荡荡迎神的善男信女，摆上牌位，祭祀叩拜，大声念叨开光典礼文书。这时，画师身披红布跪叩神像，手举点睛神笔，口中念念有词：“哈哈阳阳，日出东方，一支神笔高举起，七个新针撵太阳。画龙龙飞，画虎虎行，先开三百六十骨节，后开四万八千毛孔。开头光，头顶清风；开眼光，眼观四路；开耳光，耳听八方；开口光，口说乾坤；开鼻光，鼻闻信香；开手光，手执百方；开心光，怀揣世界；开脚光，脚蹬云天……”

神咒念毕，用一小瓷碗滴上鸡血，用墨锭将血磨合在一起，再用朱砂猩红配制。这时画师用镜子将庙外太阳光反射在神像脸部，揭开神像脸部盖的黄表，开始点光，点在哪里光线随着照在哪里，再给每个神像洗脸梳头，最后用鸡毛扇，扇遍各个部位，点眼开光仪式到此结束。

城里的眼光寺开光典礼十分热闹，要唱三天三夜的大戏。场地小，人又多，那些卖瓜果卖桃梨的小商小贩，都挤在戏台周围。台跟前坐的站的不仅是些老汉老婆们，还挤着一些年轻后生和婆姨们。那些年轻人在这种场合，借着看戏机会想多瞅几眼那些漂亮的女子。这天万聚永东家特地放了刘栓柱一天假，让他带着新娘子逛逛眼光寺。谢彩英虽过门一年，还没有正儿八经上街逛过。只听说七月七日眼光寺热闹非凡，什么吃的、穿的、好看的、好玩的，在这里应有尽有，没哪个看不到，买不到的。

刘栓柱这天引着彩英逛庙会，谢彩英眼看的比听说的还红火热闹呢！她眼珠子一动不动地盯在台上。眼光寺庙会年年有老字号、老商家做东，今年东家是德义诚的高家，他是盐州油坊大户，请的是名噪西北的晋剧班子，压台名角是“果子红”，一听说“果子红”来了，眼光寺看戏的人挤了个天翻地覆。“果子红”扮的是晋剧《打金枝》里的金枝玉叶小姐，由于拜寿失礼，被女婿打了一巴掌，这下郭瑗惹下了祸，被他父亲郭子仪捆绑上朝请罪的事。扮演金枝小姐的“果子红”一霎时娇媚无限，一眨眼哭成粉面泪人，演得精彩，赢得全场人的喝彩！

正戏演完了，加演一些小节目还愿戏。大都由商家生意人和马帮脚夫们夸耀自己家乡的点缀节目。

一个盐州商家登台双手抱拳唱道：

西岳华山峰连峰，文王武王两圣人；

白于山里风光好，出了好汉张献忠。

台下一片哄笑。

一个风度翩翩的晋商，迅速跳上台唱道：

九曲黄河声声雷，大尧大舜在山西；

解州关公奇男子，则天皇后生文水。

台下一片喝彩，山西商人夸耀自己的家乡。

刘栓柱神情兴奋地从彩英身边离开，也跳上台凑热闹唱道：

娘娘庙里炼金丹，生儿育女往下传；

高烧香火常敬奉，赐个当朝一品官。

台下哄笑中夹杂着窃窃私语，这小子还想要个一品官儿子，真是癞蛤蟆想吃天鹅肉，自不量力！

这时一个老者戴着一副老花镜姗姗走上台，慢悠悠地唱道：

眼光寺里眼光明，万丈光芒千里镜；

老弱病残祭神灵，保佑人人没眼病！

台下又是一片哄笑，这还差不多，眼光寺保眼病正对上茬儿。

突然从后台窜出一个无赖，哼出本地民间调情小曲：

“天上老鹰展翅飞，地上公鸡踏母鸡；

绕来绕去摇三摆呀，就是撂不下个你！”

彩英听了酸曲掩口笑着。

那无赖一双眼睛斜盯着谢彩英接着又唱道：

“骑上骆驼狗咬腿，拉上毛驴把磨推；

转来转去摇三摆呀，就想和你亲个嘴……”

唱曲的那个叫安二秃子，是盐州城一个无赖。身后椅子上坐的是他的上司，盐州城维持会主任兼盐税局长的米可图，他摇着扇子一眼盯着台下的谢彩英，一脸奸笑。

那年，米可图从榆林回来后，听说万聚永伙计刘栓柱从夏州带回来一个天姿绝色的女子和他成了亲，这天眼光寺庙会目睹了那女子的风姿，回来后像丢了魂似的，怏怏不乐。安二秃子这个无赖再明白不过，知道上司的魂被那个谢彩英勾去了，便上前问道："是不是还惦记着眼光寺那个美人呢？那个美人是万聚永伙计刘栓柱买回来的，说实话，咱盐州城不少漂亮女人，可像刘栓柱媳妇这样模样，咱还是第一回开眼啦！只要您喜欢，不出两月，保证您称心如意。"安二秃子便附在米可图身边把他的计谋耳语了一番。米可图顿时露出笑容："事成后重重有赏！"安二秃子便一溜烟走了。

那年月，有一句俗话："卖洋烟的掺膏子，吃洋烟的没脑子。"不久，万聚永伙计刘栓柱，被安二秃子引诱地进了几次烟馆，吸了不少高纯度洋烟上瘾了。每日醉酒加洋烟，把一个年轻力壮的小伙，弄得飘飘欲仙，憔悴不堪。当谢彩英得知丈夫吸上洋烟时，刘栓柱已被万聚永商号解雇了。谢彩英欲哭无泪，一下子好像跌进三九天的冰窟窿，彩英跪下劝他戒了洋烟，重找营生过日子。可刘栓柱终日穷极潦倒发烟瘾，一脸木然呆滞的灰相，嘴角流着涎水成了失魂落魄的流浪烟鬼。

某日，刘栓柱失踪了，人们在马莲滩东湖找到他的一只鞋。

刘栓柱跳湖了！人们纷纷议论着。

"买来的，没好货，红颜祸水！"

"害了刘栓柱，也害了自己！"

"一个年轻寡妇，今后生活咋办呀……"

街上人们埋怨愤怒的、同情可怜的……什么人都有。

刘栓柱死了，谢彩英的生活财路断了。生活没有着落，每日以泪洗面，多亏隔壁李大妈见她成天泪眼婆娑十分可怜，常常过来安慰她、接济她……"栓柱死得可怜，咳！再说人死又不能复生，这也是你的命！想开点，或许能再碰上一个好人过日子。"

从此谢彩英便在家中做些针线维持度日。身无三分银，家无隔夜粮。心慌意乱，地转天旋。某日晌午，苦命的彩英刚刚歪在炕上，眼皮子老打架，睡不着。“嗒嗒”，有人叩门。

“谁呀？”彩英隔门颤抖地问。

“是俺，万聚永伙计，给你送一点生活费。”谢彩英从炕上跳下来刚刚拉开门，米可图满脸淫笑地一闪蹿了进来，顺手就扣上了门闩，便步步紧逼过来。谢彩英顿时明白上当了。她想喊，又不敢喊，说不出的恐惧和后悔。谢彩英苦苦哀求：“你别……你别过来！”那米可图淫火上升，色胆包天。顷刻便将谢彩英抱住放在炕上，像饿狼扑羊似的压了上去。

那夜之后，谢彩英只想寻死，被隔壁的李大妈劝住了：“好死不如赖活着！盐州城地面啥人都养着，可怜你命不好，男人刚遭了难，女人就受了罪，患难中结成的苦鸳鸯，一霎时便遭受了百般苦难。唉！有句不好听的话，婊子也是人当的！何况你被那个无赖糟蹋了，谁还敢要你，‘美人一笑值千金！’这盐州城里吃这碗饭的也有，与其被人暗害糟蹋，倒不如摆正‘这行当’，说不定哪天碰上个知心如意的男子，再跟人也不迟。”

“赖活着！”这句话给谢彩英拉开一扇窗子，面对无望的生活，凄惶的红尘，顿觉眼前明亮了，她得寻找个新“活”法。李大妈的话，不无道理，天下的路多着哩，这也许是我谢彩英的唯一一条求生之路。于是便偷偷挂起了“红灯笼”，取艺名“小红宝”。一出道便成了“回眸一笑百媚生，六宫粉黛无颜色”的领军人物。结识了一大批西口路上有钱有势的阔佬阔少，人们称她具有唐朝杨贵妃天生丽质的遗风。一年后，她被老鸨捧为掌上明珠，开价提高红极西部。

谢彩英虽然是出身贫困人家的小家碧玉，却也知情达理，她不仅学会弹奏扬琴。而且还自编小曲弹琴吟唱出感伤的歌曲：

“家住夏州芦河地，遭下年馑把命催；

天灾人祸父亲亡，丢下母女遭了罪。

逃荒要饭成乞丐，母亲病死古庙里；
碰上好人刘栓柱，埋葬母亲娶小女。

跟上恩人到盐州，米面夫妻配成对；
恩恩爱爱刚一年，栓柱变成洋烟鬼。

盐州恶霸坏良心，糟蹋小女烂心肺；
可怜栓柱寻短见，一命呜呼归了西……”

一年后，某日从内蒙古包头来了个商客，这个商客是个“苦行僧”式的男人，他对女人好像没有什么兴趣，经商二十年还是一副“清白”的身躯。到了盐州城，经人介绍接触名妓“小红宝”后，便和谢彩英紧紧拴在一起了。这个边商是半个文人，对谢彩英激情如火，柔情似水。他说，人的身份不同，男欢女爱的情致也不一样。

“如何不一样？”谢彩英噘起嘴问。

“第一种上等人，是游龙戏凤式；第二种中等人，是怜香惜玉式；第三种下等人，是寻花问柳式；第四种下下等人，是偷鸡摸狗式……”

“你是第几种人呢？”

“我是一个商人，略懂人间情爱，对你还是有些怜香惜玉……”谢彩英眼里含着泪水，冷冷一笑：“你这不是在寻花问柳吗？”

边商摇摇头：“我和你接触前，从未有过这种感情。和你同床共枕让我激情澎湃，如醉如痴，精神顿觉畅快。”

谢彩英厌恶地说：“你们有钱男人，尽在女人身上寻找乐趣，这算什么情致？”

“可惜我是个边商，不能朝朝暮暮陪伴着你……不过，有机会我想把你赎出来。”说着将谢彩英拥抱在怀里。

某日，小红宝接待他偎依缠绵，云雨过后，小红宝香汗淋淋：“你们内蒙的汉子有力气，我都抵不住了。”那人便在小红宝脸上亲吻了一阵说道：“我有个朋友骑马射箭，飞檐走壁，来无踪去无影，人称‘月光斩’，那才是一等有功夫呢！”

“这么高的能人，这么好的功夫，我能不能见识见识呢？”小红宝献媚地说。

“你想见识一下？我下次领来。”商客满意地答道。

谢彩英这天身靠锦被，懒洋洋低头沉思，两手在弯回的膝盖上耷拉着，眼睛茫然地望着窗外闪烁不定，羞怯的身子在粉红色衬衣紧紧领口柔和皱褶中包围着。黑油油的头发被篦子梳得像一层层楼，整齐的刘海盖住了她洁白的额头，纤细的眉毛和长长的睫毛有些跳动，从那淳和温厚的脸庞和柔美风姿中略带悲伤。一束阳光从窗户射入，照得她两腮显得绯红粉润，眉目间顿然容光焕发。她深深叹了一口气，把头慢慢仰起来，不难看出眼里噙着渴望的泪珠，晶莹闪亮地从眼底滚落下来。

一个月后，一个月光如银的夜晚，在米可图家中，那个作恶多端的米税官的人头被人提走了。

“米税官无头！”一时间成了盐州大地家喻户晓的特大新闻。

正是：栓柱讨账走夏州，古庙救了逃荒女。
嫁了恩人刚一年，碰上淫贼米可图。
引诱栓柱吸上毒，憔悴不堪被解雇。
可怜彩英落烟巷，恶棍被人斩了头。

第三十章

北操场骑兵操练负隅顽抗
中鼓楼地下尖兵深谋远虑

盐州城一时间出了两件大事：一件是红红火火的日升昌银号突然关闭，另一件是税官米可图的头被人提走了。特别是后一件成了三百里塞外高原的第一要案。

当第一缕晨曦照射到盐州城内钟鼓楼顶的时候，早醒的林茂长、万聚永、德兴义、大德通、元升西等商号货栈，正在“黎明即起，洒扫庭除……”之际，日升昌银号门前贴出一张布告，人们争相观看议论纷纷。

“不知出了什么事，日升昌银号关闭了！”

“听说银号老板被人暗害！女儿也失踪了。”

“银号老板死了，留下几百万的财产！”

“不知道为什么米税官的人头也被人提走了。”

“米税官无头？哈！这真是报应。”

“是哪个胆大包天的人干的呢？”

“世界大着哩，有的是能人！”人们七嘴八舌纷纷议论。

盐州城虽然是一座土城，但颇有些塞外奇特的风貌。土城墙、土街道、土门楼、土房屋。城内不仅有许多地方特产和地道的街头小吃，什么糖酥馍呀、油麻花呀、荞麦碗托呀、回民烧鸡呀……应有尽有。

古城也有许多奇特之处。靠北城墙脚下有一个开阔的地方，人们习惯称它为北大操场。操场中间有一戏台，实际上是盐州城举行各类盛事的活动中心。每年的庆祝会、游艺会、骡马赛畜会、军事训练场，以及处决犯人的杀人场，都在这里进行。

这天，空旷草坪上有近百名骑兵，骑着战马聚集在这里，马蹄飞驰，行军操练，烟尘中一派杀气腾腾。这是宁夏军阀马鸿逵新近调来支援盐州的一个骑兵营。中午操场骄阳似火，沙风燥热。身着黄色戎装，脸皮被晒得黝黑的士兵挂着步枪，挥着大刀，一会儿纵马奔驰，一会儿举枪练射，个个挥汗如雨，进行着军事操练。一个骑在马上的军官，手握一把长刀指挥着，看来有五十好几，身体强壮，头发斑白，目光炯炯，盛气凌人，一副在军队中资深军官的做派。这时一个士兵跑来报告："县长白伯英举行防务会议，请丁营长下午出席参加。"军官点点头应声："知道了。"一会儿操练结束，他指挥军骑浩浩荡荡离开操场，马蹄嗒嗒扬起滚滚沙尘。

下午两点左右县政府会议大厅，在国民党党旗与国旗中间夹着蒋介石一幅画像，大厅里坐着军政界重要人士以及黄煞煞黑压压一片骑兵和保安队巡警。当这位军官走进会议厅时，全场报以热烈的掌声。县长白伯英用一种热烈的声调说："啊，太荣幸了！能在这里接待宁夏马司令派来的骑兵指挥官，欢迎，欢迎！"白伯英激动地摇晃着丁营长的双手，不晓得有多大的力气。军官使劲从"老虎钳"一样的手中抽回双手，拱手致谢。厅内人声嘈杂，不乏交头接耳，窃窃私语者。

白伯英双手向下压了压："这位是宁夏马鸿逵司令新派到盐州防务的指挥官，丁勇，丁营长。"丁勇点头示意，赢得一片掌声。白伯英继续道："自从毛泽东率残部从我白于山一隅流窜到延安以来，陕北高原这块地方就不安定了。共军东征失利后，又欲准备所谓的西征，无非是妄图扩大地盘，高唱什么'不到长城非好汉'的论调，向陇东和我长城一带扩张。前不久，镇靖城已被刘志丹匪部侵占。安边堡和我盐州城已成为前线的桥头堡垒，危在旦夕。所幸安边堡有刘保堂的十一旅和张家父子叔侄镇守保卫，料也无妨。为了盐州城不遭共匪袭击，马司令派来丁营长和他的一个骑兵营，支援我县加强防务，是我县民众之幸也！现在请丁营长讲话。”

丁勇站起身以一种老资格军人的风度讲道：“马司令训示，共军西犯蓄谋已久，意在扩大和赤化我陇东和三边地区，旱码头盐州这块宝地，他们早已垂涎三尺。马司令决心严加防范，决不能让共军有可乘之机。本营长率骑部将全力以赴，保护盐州城的安全。”众人鼓掌。

白伯英眉开眼笑地接着道：“今后，我盐州城外有丁营长率领的骑兵部队，内有柳队长指挥的保安团警员联合防务，共匪西窜也是以卵击石，自取灭亡。”他略舒展了一下身姿继续道：“去年冬季，我县发生了抢劫军火的严重事件，至今还未破案。据可靠消息，是共党游击队所为。马司令十分生气，要我们不惜一切代价查破窝藏在盐州城内的共党分子，但至今还无结果……最近米可图税官在家中被歹人暗害割去了头颅，这是何等的挑战行为啊！我们决不能掉以轻心。昨日又传出我县日升昌银号突然关闭，据说与大盗沙里狐有牵连，这事不知从何而起……”回头对丁勇和柳彦斌道：“不知二位有何高见？”

丁勇瞥了一眼柳彦斌道：“从最近在盐州城发生的事件来看，我们在防务上出了漏洞，不仅表现出我们麻痹大意，同时也反映出我们在盐州这块地盘无所作为。一个小小的盐州城，我们出了灯油钱，却坐在黑地头。丢三落四连几件武器也保护不了，成何体统？苍蝇不叮无缝的蛋，让共党钻了我们的空子，说明我们内部有人玩扮猫为虎的把戏。还有人趁火打劫，吃里爬外、贩卖军火，从中谋利，行为十分猖獗！我们决不能等闲视之。”

柳彦斌听了这些刺耳之词，十分恼火，猛地站起挑衅道：“我们也是吃五谷杂粮的，又不是神仙，岂有未来先知之能？丁营长估计已有高见，新官上任三把火，请使出来烧一烧吧！”

丁勇有些气极地：“你！”

白伯英见机和解道：“二位不必拌嘴皮子。古人曰：‘吃一堑，长一智。’在内外防务上，还要精诚团结，不要相互猜疑，以党国利益为重。草中饿不死蛇，我们终会有办法制止的。对外严防共匪入侵，是当前重中之重；对内要彻底清查共党分子的渗透。米税官无头事件要迅速破案，不然我们对井岳秀司令不好交代！至于二位，做得梁的做梁，做得柱的做柱，再不要相互猜疑了。”一场盐州军事防务会不欢而散。

残阳如血，街景如黛，盐州城的夜幕即将降临。杨啸风一身商旅装扮，拉着马匹带着一队骆驼踏着晚暮的余晖，走进西街的元升西货栈。在店主闫老板的热情接待下，骆驼队被众伙计吆喝卧倒，抬下沉甸甸的驼驮。

盐州城的晚幕，灰蒙蒙的街景伴随着商家半明半暗的招牌，在夜风中不停摇晃着。一群野狗在街头乱窜，相互撕咬着。不时传来“烧鸡，烧鸡……”单调的叫卖吆喝声。

钟鼓楼上此刻站着两个人，他们是白锋岗和杨啸风。空中星云浩瀚，夜风习习的盐州古城，顿生“今夕不知是何年”之慨。这时一个六十多岁敲钟人走向一口大钟，敲了九下，钟声悠长洪亮悦耳。白锋岗望着这口大钟：“人们说这口钟十分奇妙，不同时辰敲，发出的声音不一样。更为奇特的是，这口钟一响，远在八十里以外的东滩关帝庙上的钟，也会同时发出嗡嗡的响声。”

“有这奇妙的事？”杨啸风转脸问道。

“县志上记载：明朝弘治年间，盐州城里住着一个姓苗的奸商。他常说：‘串乡行商为得吃粮。’这人见钱开眼，见利忘义，坑蒙拐骗，样样俱全，又因其满脸煞黄，嘴尖毛长，两腮无肉，牙黄口臭，人送绰号‘苗小眼’。这个‘苗小眼’有个女儿叫银花，出落得如花似玉，貌美人俊。他想给女儿找个有钱的主，谁知女儿爱上一个穷伙计。这个穷伙计父母双亡，寒门秀才，苦心劳神，攻读经书。为了生存便在隔壁的一家铸铁铺当伙计。银花见他为人老实，又孤身一人，常过来帮助洗洗涮涮，两人偷偷相爱私订终身。‘苗小眼’发现女儿爱上穷伙计，气得关住门把女儿狠狠打了一顿。更以五十两银子将女儿卖给一个富户做小老婆。银花不愿意，哭得死去活来，他便将女儿锁在房里等待出嫁。

“一天银花趁机撬开窗户逃出找到穷伙计，两人商量无路可走，决定一起殉情。那日铸铁铺正在铸钟，铁水翻滚，烈焰升腾，两人拥抱跳进了炼铁炉。

当人们发觉，已熔成铁水。

“人们用这炉铁水铸成两口大钟，名曰‘鸳鸯钟’。一口挂在盐州城的鼓楼上，一口挂在东滩关帝庙。鼓楼钟声一敲，东滩关帝庙的钟也嗡嗡响。后来，人们借用‘鸳鸯钟’传递战争消息。一年东滩战马奔驰，这口钟便嗡嗡作响。起初人们不信，后来证实安边东滩义和拳和天主教发生对抗，这便是这两口‘鸳鸯钟’的奇妙之处。从明万历年到民国的几百年里，这口鸳鸯钟依然让人们荡气回肠，钟声里有鏖战的战马嘶鸣和士兵们的呐喊……”

“真是一个多情悲凉的故事”。杨啸风感叹地说。

白锋岗接着说：“那个‘苗小眼’可惨了！不久客死他乡，无人收殓，臭气熏天。”他停顿了一会儿，望着南城门说：“上次行动，在危难之际多亏你提早打开了南城门，那批军火得以顺利出城。”

“你说是南城门吗？我到南城门时，城门已开了。”杨啸风摇摇头。

“守城的哨兵呢？”

“没有哨兵，城门大开！”

“这也奇了！难道和下闇门一样，同是一位不愿暴露身份的人干的？”

“此人谋略过人，勇敢果断，总能在危难关头接应我们。上次在柳树涧率先开了第一枪，粉碎了张家叔侄的偷袭阴谋。他的敏锐快捷和足智多谋远胜我们，可惜总是见不上这位英雄。”

“我们一定要找到这位帮助我们的勇士。”

“是啊！我们已欠下人家不少的人情。”

少顷，白锋岗望着鼓楼南面的一个门楼，垂吊着一盏红色灯笼的塞香苑，对杨啸风说：“那个作恶多端的米税官之头，被一个神秘之士提走了，留下一具无头之尸。传说塞香苑名妓谢彩英入道烟花，是被米可图逼迫所采取的无奈之举。”

“是啊！一对好端端的米面夫妻，丈夫被人害死，妻子被人糟蹋。真是可怜！偌大一个盐州城就没有一个伸张正义的地方？”

“不是不报，时候未到。官家不管民间管！不是有位义士将米可图的头提走了吗？”

“前几天王晋柳被谋杀，日升昌银号突然关闭。今晨又传来银号已被安边万盛客栈买下，新的银号经理成了陈绍武。至于王碛妹和女佣的神秘失踪，据悉与沙贵图有密切的关系。此人在这儿大发横财、做大笔生意，左手进，右手出，挥金如土。私下里人们都知道这些钱跟烟土有关，他明开赌场，暗营烟馆。但是这里面到底有什么秘密？有多少蹊跷？我们了解甚少。中央决定红军西征，不仅要打击白匪顽固势力，建立陕甘宁边区。同时，也要查清西口商贸的悍匪大盗，保护民族工商业。”白锋岗感叹地望着夜色笼罩的盐州城。

这时，几个巡逻兵骑着快马在沙风中，缓缓穿过钟鼓楼门洞。

白锋岗突然对杨啸风道：“最近宁夏军阀马鸿逵新派来一个骑兵营镇守盐州城，营长名叫丁勇，他和柳彦斌是一致反共的，但他们之间经常发生磨牙碰爪的事，柳彦斌对他早有戒心。丁勇原是马鸿逵手下的一个副官，靠着背后有马鸿逵的支持不把柳彦斌放在眼里，我们可以利用敌人之间的矛盾，进行打击瓦解，把他们之间的鸿沟再挖深一些。特委通知，彭德怀将军率领的西北野战军一部，已开始向陇东一带推进，这可是一个振奋人心的好消息！我们要尽快摸清盐州城周围的防务，迎接西征的到来。另外，日升昌银号的突然关闭，绝不是一件孤立事件！我们必须摸清它的底细，必要时免不了进行激烈的对峙和较量，讨还殉难者的血债！”

“是的……那么，王碛妹小姐她到哪里去了呢？”杨啸风无意识地流露出一种担心和思念。白锋岗打趣道：“你这多愁善感的样儿，是不是爱上那位漂亮的姑娘了呢？”

“你说到哪里去了！”杨啸风有些面红耳赤。

“话又说回来，我们共产党人也不是被反动派描绘的都是青面獠牙不食人间烟火的魔鬼，而是有血有肉有情有爱的爱国者。不过，在这严酷的斗争面前，不能流露出那种庸俗的儿女情长，不能怀有什么痛苦情爱……提起人的烦恼与痛苦，这倒是值得探讨的问题，什么是最大的烦恼和痛苦呢？有人说是饥饿，有人说是情爱，实际上真正的烦恼与痛苦是一种欲望。譬如人们对钱财、情爱、权力和地位达不到满足时，就会生起烦恼与痛苦。反过来说，欲望也不全是恶俗的。例如，发愤图强的求知欲，为国为民而英勇献身的斗争欲……这种欲望，我们共产党人还是要坚持恪守的。提起这位姑娘，倒是值得怀念。她虽在商界，却心怀大局，是一位朝气蓬勃的新时代女性。倾向进步，倾向革命。在前几次的对敌斗争中，敢于冒着杀头的危险，闯在斗争第一线，可敬可佩！眼下，王碛妹小姐的去向还是一个谜……"

杨啸风点点头："这个谜，我们迟早会解开的。"

夜色渐渐深浓，星河灿烂。钟鼓楼附近的一切街巷房舍静悄悄的都好像进入了梦乡。从南边望过去，隐隐约约出现一道长长的暗影卧在天际，那是人们向往的白于山山脉。它巍然壮丽，庞大的身躯笼罩着这片神秘的广袤土地。

静静的盐州城街头，不时传来"烧鸡，烧鸡……"的叫卖声。

正是：马匪派来骑兵营，舞刀弄枪操练兵。
　　　军官警长拌嘴皮，军事会议成笑柄。
　　　钟鼓楼上鸳鸯钟，地下尖兵话军情。
　　　银号商女人难觅，白色恐怖盐州城。

第三十一章

塞香苑彩英弹琴调侃东家
保安团警长私访名妓下狱

就在盐州城税官米可图人头被神秘人物提走后的第三天，榆林军阀井岳秀的命令就来了，要求迅速破案，捉拿杀害米税官的凶手，严惩不贷！这道命令下来，柳彦斌慌了。身为盐州城保安团头领，柳彦斌对自己的几次失利，大为光火。那天在盐州防务会议上，丁勇咄咄逼人的口气，连讥带讽的话语，分明暗示着自己的失职和无能，这个坟地里的夜猫子，绝不是个好鸟，还得提防为妙。自从那天受了丁勇的讽刺和威胁后，这个训练有素的警官老手，也不示弱，决心全力一搏，希望能全面弥补他近几个月的失利。

烽墩口子秘密交易的烟土被焚毁，县衙大院军火库的神秘被劫，下闇门的不沾泥离奇之死，搜查日升昌银号的尴尬落空，米可图税官在睡梦中被人齐刷刷地将头提走……一桩桩，一件件的离奇古怪事件，叫人摸不着头脑，搅得盐州城像一锅羊杂碎汤水乱冒。

此刻的柳彦斌像丢了棒儿被狗欺了一样，灰塌塌地无法收拾。觉得盐州城的混乱，显然像在火药库上玩火，一触即发。潜伏的共党分子频繁进行秘密活动，窝藏的土匪大盗伺机暗中遭扰，盐州城的安全岌岌可危。

名妓谢彩英，这个小妖精看上去像一个危险的美女蛇妖。出道时间不长却红遍塞外。有人怀疑她是共产党，也有人说她与西口飞贼大盗有暧昧，米可图之死怀疑与她有直接的关系，想来想去觉得或许在名妓谢彩英身上打开缺口，此案就不难破了。想到这里，他觉得有路可循，哪怕一条小小的缝隙，说不定也可以窥探到事件的一些迹象改变其进展。

主意已定，柳彦斌便乔装打扮，蓄起胡子，刻意改变了自己衣着和身份，深入“塞香苑”打探事件的蛛丝马迹。他带着随从以一名外地钱庄老板身份，走进了鼓楼南巷吊着红灯笼的“塞香苑”。这时正在黄昏时候，“塞香苑”门前人来人往，几个妖艳妓女，一身旗袍，露着大腿，含眸吟笑。

一个老妈子迎上：“先生，何方客人，是第一次来吧？”

“我家老爷是内蒙古一家钱庄老板，听说你这儿有位名冠西口的小姐，特来拜访。”随从介绍说。

“钱庄老板？稀客，欢迎，欢迎！”

老妈子说着便叫来两个艳装女子陪同柳彦斌走进院门。耳边顿时传来弹奏优美的扬琴声。“我家小姐正为客人弹琴呢！”

“这是‘梅花三弄’，是一曲十分动听的古典音乐。”柳彦斌停步静听。

“先生真有雅兴！请这厢坐。”便将柳彦斌领进一间烛光明亮的房屋内，女佣端上老茶：“先生，请用！”老妈子便退了出去。

一墙之隔的房间，琴声不绝于耳。老奸巨猾的柳彦斌慢步轻移，悄悄来到窗下，烛光闪闪的室内人影晃动，一边听着清脆的扬琴声，一边窥探着室内的一举一动。明亮的烛光下，名妓谢彩英肩披红纱，在两个女红的陪同下，全神贯注地敲打着扬琴，她两眼微眯，神情惬意，似乎沉浸在一种“弦中参妙理，曲里寄幽情”的境界之中。一侧椅子上坐着碎金镇的东家沙贵图，他踌躇满怀地一边品着老茶，一边舒心地欣赏着琴声，眯着眼睛静听琴音，突然琴声戛然而止，沙贵图睁开一双小得可怜的鼠眼：“怎么了？”谢彩英蓦然扭过身姿，颇有些愠怒的神色：“有人说，日升昌银号王晋柳经理是你逼迫害死的？”

沙贵图先是一怔，迅速调整情绪，以一种不以为然的神态说：“哪里，哪里！你别听人瞎说！我和王晋柳在经济上早有往来，一直是好朋友。”

“好朋友？听人说你引诱他做了不少的黑色交易？”

“是的，这一点不假！但他也赚了不少的钱！日升昌银号的成功，也有我的一份功劳！”

“我看你是打倒金刚赖到佛，做了坏事赖好人。你得寸进尺，贪得无厌，竟然还要逼迫王碛妹小姐做你的老婆？你也太损德了吧！”

“损德？我提着脑袋赚钱，他却平平安安坐享其成，这合理吗？量小非君子，无毒不丈夫！现在盐州局势吃紧，共产党眼看就来了，我不讨回银号的那几百万，恐怕要留给共产党了。”

谢彩英瞟了外面一眼，低声道：“共产党有啥不好，我听南面上来的人说，红军买卖公平，从不尔虞我诈！我看你还是把吃饭的口袋提紧点，不要脱汤漏水的。你逼迫王碛妹小姐，你是看上她的人哩？还是看上她家的钱哩？”

“不瞒你说，我既想要钱，也想要人！”沙贵图露出丝丝得意的狡黠。

“你别做梦了！王碛妹小姐可不是你想象的那种人。”谢彩英冷笑道。

柳彦斌正听得出神。

沙贵图此刻掩饰不住内心的快感，纵声狂笑：“现在这个世上有钱有势的便是‘王’！第一次世界大战后，德国人被压了下去，可是日本人翻起来了。如今北平、绥远、包头已是日本人的天下——我相信日本人是这场战争的胜利者……”露出一副崇洋媚外的嘴脸。

这时，一个一脸威严头戴丝绒礼帽，身着蓝色外套，一条腰带间塞着一只烟袋的边塞商人从侧室走出来。“原来你就是碎金镇当铺大名鼎鼎的沙老板？”

沙贵图一怔：“你是？”

“噢，我乃宁夏贺兰山新城堡皮货商也！沙老板刚才说的话，我都听到了！我真不敢相信你这番‘亲日派’的慷慨陈言。如果让盐州保安团的秘密警察听到，他们会把你以汉奸论处的！你不要信口开河，我告诉你，东边不亮西边亮，黑了南方有北方。日本人再强大，也是刀尖上翻跟头——玩命的鬼。中国是不会毁灭的！”宁夏商人激昂地教训着。

“哈哈！别看蛇无角，成龙也未知？不要低估了日本人。”沙贵图强辩着。

“我想日本人那种嚣张气焰是暂时的，也许是一种青蛙嚎叫！难道你说不是吗？”宁夏商人扭动身子嘲笑地说。

沙贵图此刻被反斥嘲弄的十分恼火，脸上火辣辣得像被打了一巴掌似的难受，正想发作，伙计申小虎踏门而进。

“东家，又出事了！”

“何事惊慌？”沙贵图急迫地问。

“刚刚关闭的日升昌银号，又贴出了布告，日升昌银号女继承人王碛妹，已将银号转让给安边万盛客栈，陈绍武经理已接管了银号。”

沙贵图听后，犹如火上浇油，急得抓耳挠腮，不停地踱着步子，不停地喃喃自语：“安边万盛客栈是榆林井岳秀半公半私的一处客栈，在这烽火年月，陈绍武接管银号，是稳定盐州商贸的无奈之举？还是另有企图呢？”停顿片刻后，“银号女继承人王碛妹呢？”他急迫地问道。

“听说昨天已离开银号不知去向！”

沙贵图此刻脸上红白相间，不断抽搐着，口干舌燥，嗓子像冒烟一样，一股无名之火烧得他心烦意乱，心里有些说不清楚的莫名其妙。日升昌银号的不断变故，他的思谋情绪几经崩溃！显然有些失魂落魄的样子。

“听见了吧！王碛妹小姐，可是一个有主见的人物。”谢彩英用略带讥讽的口吻说。

“等着瞧，难道她会飞上天去？”沙贵图甩动披在肩上的大氅，便匆匆走出了妓院。

宁夏商人摇摇头：“还没见分晓呢，他自己先毁灭了！告辞，小姐我们后会有期。”便踏着沉重的步子走了出去。

一会儿，老妈子将乔装打扮的柳彦斌领进了谢彩英居室：“此位是内蒙古钱庄的韩掌柜！”

“韩掌柜，请坐！”谢彩英接待着说。这时，女佣端上来一盘酒菜，斟起两杯酒退出。

“韩某仰慕小姐，久负盛名，特来拜访。适才听琴声里寓意‘劝君更尽一杯酒，西出阳关无故人’。不知是迎送碎金镇客人，还是迎送宁夏客人呢？静夜抚琴，余音绕梁，韩某真乃三生有幸也！”这位乔装扮演的内蒙古商家柳彦斌言不由衷地说。

“刚才的一幕，想必先生听到了。奴家乃一风尘女子，多蒙先生垂爱，若不嫌弃，再操一曲，以悦先生爱慕之情。”谢彩英平静地说。

“刚才已窥听了妙音，使韩某如痴如癫。”柳彦斌举着酒杯嗅着酒的香味：“听说小姐，丈夫不幸去世后，吃了不少苦头……红颜薄命哪！一个农家女子沦落成‘红极一时’的名牌，真是不容易啊！”

“有什么不容易的？狼撞开门，狗也进来了。俺谢彩英不爱金、不爱银，就爱当个烂婊子，让那些王八蛋们舒心好了。”谢彩英一副愤怒的表情，举起酒杯猛饮了一口。

柳彦斌觉得谢彩英话里有讥讽的难言之隐，乘势把话题引开：“唉！抽刀断水水更流，举杯销愁愁更愁。人的命，天注定。姑娘既然走了这条路，就认命吧！何必生那些闲气呢？”一副假装出来的怜悯腔调让人讨厌！

“我谢彩英虽然走上这条风尘之路，但有‘三不’：本地官府的人不接，本地商贸的人不接，本地的地痞流氓不接。”谢彩英的双眸闪闪发光，显露出一副不屈的神态。

不见不知道，一见吓一跳！这个桀骜不驯的女人，近两年有恃无恐，红极一时，有钱有势的阔佬阔少捧着她，钱多了撑了门面，看她这副样子，虽然是身陷风尘的女子，但她能在这个行当自生自立，说不定还是一个涉水极深的货儿。一瞬间令柳彦斌产生了可摸可触的错觉，便开口道：

“小姐，我想打问一个人？”

“打问什么人呢？”

“本县的一位官商。”

“有名的便知，无名的不晓！”

“米税官，米可图，不知小姐可否认识？”

“剥了皮我也认识，他是一个无赖！”

“一个无赖？此话怎讲？”

“不说也罢，总之，多行不义必自毙！作恶多端，终有倒霉的一天。先生可能还不知，半夜三更间米税官的脑袋瓜被人提走了……”谢彩英义愤填膺地说。

“他得罪了什么人？能将头提去，定是一个高人哪！”

“也许是吧。反正人们都说他是肉中的刺，酱中的蛆，死有余辜！”话说到这儿，谢彩英顿觉有些失言，感觉这个内蒙古的钱庄老板有些奇怪，一副商人做派，却有些装出来的斯文。因为凡来这里的人，什么下作的都有。什么风流难听说什么；什么下流恶心要什么。今天这个钱老板，一反众客常态，他到底是什么人呢？于是便谨慎起来。

然而迟了。这个惯以见风使舵心狠手辣处事的柳彦斌，从和谢彩英的交谈中，已闻到了一些异样。他觉得这个女人，身在江湖，涉水极深，四面玲珑，八方逢迎，胆大泼辣，粗中有细，一定肩负什么不可告人的秘密。这几年盐州出的事还少吗，是否与她有关系呢？说不定她就是一个地地道道的共党间谍。为了给上司井岳秀一个交代，不妨先向这个女人开刀，秘密将她逮捕下狱，再观事态的发展。

某一天，谢彩英被逮捕了。

罪名是通匪，说她是共党在盐州城的间谍。消息传出，全城一片哗然。

正是：军阀下令查命案，慌了警长柳彦斌。
　　　乔装打扮充边客，深入妓院探秘情。
　　　彩英调侃东家事，商霸露出汉奸形。
　　　商家怒斥亲日派，警官捕押谢彩英。

第三十二章

拜把子蒙汉姐妹对天盟誓
那达慕龙吟虎啸引出幽灵

雨停了，夜晴了。

那轮看上去像一把银色镰刀的蛾眉月儿，在夜空中又升了起来。几朵云彩从西边飘过，笼罩着夜空的灰色雾霾渐渐退去，明晃晃亮晶晶的月儿，为方圆几十里的盐州大地洒下一片银色，月光如银，大地寂静。

那夜，日升昌银号年轻的女继承人王碛妹，在滂沱大雨中送走乌兰大哥后，无暇旁骛。便和翠姑收拾了整整一夜，天明的时候才躺在床上。第二天一大早，翠姑进来通报："安边万盛客栈经理、陈绍武先生要面见小姐。"

王碛妹十分兴奋："请！"两人会面后，在密室商议了两个时辰，最后达成协议：将日升昌银号转让给安边万盛客栈，又出了一张转让银号的布告，公布于众。当晚，年轻的王碛妹和翠姑，神不知鬼不觉地离开了古盐州，来到了距盐州古城二百多里的陕蒙交界——鄂尔多斯的城川落了脚。

城川，一个沙漠腹部的草地在盐州人眼里这里是蒙地，沙丘起伏，荒漠连绵，以致大多数地图上都未标明其地理位置。城川实际上就是一条大街，一片草地点缀着房舍和蒙古包，位于沙漠边缘，虽然进出十分费力，但仍然是陕蒙边境之间的交通往来和畜牧交易的重要通道。

毛乌素沙漠在这儿成了一处天然的屏障。中间夹着一块"天苍苍，野茫茫，风吹草低见牛羊”的广袤牧场，是蒙汉两家牧户放牧的地方。马群驰骋在草场间，羊群如云飘散在绿毡上。牧歌声声，骏马飞腾。辽阔的草原，红火的霞光仿佛在西天燃烧，把蒙汉两族带入了古老的神话。这里的人们，似乎从苍天赋予的财富中得到好处。低矮的土坯房屋，约有五六十处，在一条土街上七零八乱地排列开来。莽莽苍苍的蓬头柳像古代的武士，在苍穹下的风沙中抗争。城川看上去虽然没有喧嚣与浮华，却能给人一种生机勃勃和明媚动人感。

这儿住着一位沙王老爷，他个头高大，有五十多岁，体魄健壮，目光有神，黑刷刷的圈脸胡须像一个摔跤运动员，头戴一顶蒙古式的宽大帽子，腰间系着装饰搭扣的皮带，长长的马裤掖在高筒皮靴里，与其说是一个沙王，还不如说是一个村长。他掌管着城川一带的事务。事实上，这儿所有的交易，买与卖，都必须交税于沙王管辖的政府。这个有利可图的职位，使得沙王和他的政府在经济上十分富裕。他有好几个牧场，放牧他的牛羊和马匹。他为人好客，从不吝啬。他喜欢聚财，但在该花钱的地方从不吝惜。

他有一座偌大的蒙古包式的柳编房子。屋子前面由花园环绕着，窗台下花园里一株株大红花和西番莲盛开，点缀着房舍周围的环境。屋子里环境整齐，有客厅、卧室、餐饮的地方，摆着刷了漆的家私。白色的墙壁上挂着一幅蒙古人心目中领袖的画像——受蒙古人爱戴的蒙古族英雄成吉思汗。

沙王和妻子有个女儿叫珠玛，活泼可爱，美丽动人，骑马射箭样样精通。今年已二十五岁，其魅力不仅辐射伊金霍洛旗，甚至更远。她秘密参加了由乌审旗尼喇嘛领导的“独贵龙”组织，采用出其不意的斗争形式，使鄂尔多斯右翼前旗的王公一筹莫展。那些右翼王公官吏们，一不小心就被成百上千的牧民围在人圈内，使他们威风扫地，丑态百出。这种斗争形式对王公们有很大的震慑力，使他们不得不修改赋税章程，减轻牧民负担，向“独贵龙”让步。

一九三一年，中央特派员、三边特委高部长开始在伊盟乌审旗河南区一线活动。他以陕北特委郡王旗“聚义阳”商号雇员身份，配合乌审旗牧户群众，粉碎了榆林井岳秀妄图帮助镇压“独贵龙”的阴谋活动，组建了蒙汉游击队的雏形组织，革命的烈火风起云涌，掀起了抗日民族统一战线运动的新高潮。

这时候，蒙古族姑娘珠玛不仅是一个大姑娘，而且已成为他父亲沙王的一个得力助手。她思想进步，善于阅读。她能披露于世的古神话和传闻，她能说出女娲补天，伏羲演卦，黄帝与蚩尤之战，尧舜禅让，大禹治水，牛郎织女，愚公移山等神话故事。她也能懂得蒙恬、卫青、成吉思汗在鄂尔多斯这块土地上的贡献。

这年珠玛姑娘，第一次在伊金霍洛草原那达慕会上，结识了扎力格——一个无与伦比的蒙古汉子。他骑马、射箭、摔跤等本领样样精通，成了伊克昭盟的一位英雄，也成了珠玛姑娘的梦中情人，活泼的心房燃烧起爱的炙热火焰。

扎力格父亲扎伊盟是蒙地出名的商贸经济人，在和名声显赫的城川沙王交往中，他的儿子扎力格和珠玛姑娘相爱了。他们在一起编织明天五彩缤纷的美梦。这一年，扎力格的父亲在西口被土匪杀害。扎力格万分悲伤，决心为父亲报仇。也就在这一年，他秘密参加了蒙汉游击支队地下组织。

他和珠玛的爱河没有流动多久，美梦也没有编织成功。日本人凶神恶煞般地侵占了华北，侵占了内蒙古包头，战火燃烧到黄河岸边。八月的一个晚暮，夕晖燃烧着宁静柔美的红色光芒，草原散发着新鲜亮丽的温馨气息，短暂的橙红色为一对幸福恋人洒下一片光辉。两匹马在草丛中交颈，两个恋人在草地上幸福幽会，扎力格和珠玛紧紧拥抱着，既是相爱，也是惜别。

扎力格："明天我就要前往陕北，为了行动方便改名乌兰。为蒙汉团结，为扫清西口道上的顽匪大盗而战！"

珠玛："什么时候能回来呢？"

扎力格："要不了多久，我就会回到你身边。到那时我们再也不分开了，永远在一起。"那时的惜别与陶醉已成为过去，荡漾在珠玛姑娘的心潮中。四年过去了，她仍在醉心地等着他。

回眸昔日，日升昌银号王晋柳曾和沙王结下亲密无间的友谊。王碛妹投奔沙王后，受到了沙王的热烈接待。珠玛姑娘更是一见如故，她们朝夕相处，交往甚密。特别是两人对当前的革命形势和"独贵龙"打击右翼势力的主张，有

“英雄所见略同”之感。于是两人商议，举行蒙古式的“拜把子”仪式，结为异姓姐妹，这一举动赢得了沙王夫妇的赞同。

这日，辽阔草场，薄雾轻笼，紫霞升腾，预示着草原的吉祥如意。一排蓬头柳下，绿茵茵草地上摆设着香案，在沙王夫妇的主持下，王碛妹与珠玛姑娘举行“拜把子”结盟仪式，又称“扶香”。两人将三炷香点着斜插在草地香案上。沙王夫妇斟酒后抖动衣襟：“请！”

王碛妹容光焕发地端起一个盛满清水的铜盆，来到珠玛姑娘面前，珠玛从怀中掏出一个银圆轻轻投入盆中，然后在盆中洗手，接着王碛妹洗手完毕，将银圆捞上来揣入怀中，以示同心，顺势将水泼在香案前的草地上。此时，沙王将点燃斜插在草地香案上的三炷香扶正，以示结拜。王碛妹和珠玛姑娘跪地双手合十对天盟誓。

沙王：“结为姐妹，同甘共苦。”

两人：“结为姐妹，同甘共苦。”

沙王：“真情相互，生死相依。”

两人：“真情相互，生死相依。”

沙王：“身心清净，永结同盟。”

两人：“身心清净，永结同盟。”

两位姑娘举起酒杯一饮而尽。沙王夫妇同两位姑娘举杯同饮后，兴致勃勃地唱起蒙古族的祝酒歌来，激情澎湃地歌舞起来。姑娘们守望着草原生活的革命性裂变，内心火焰在燃烧……为了让生活安宁，牛肥马壮，蒙汉两姐妹携手淬火，将用两双火眼金睛阅尽人间冷暖。

蒙地草原那达慕盛会开幕了。马踏幽花去，人逐清香来。草原那达慕是鄂尔多斯伊金霍洛地区一年一度物资交流盛会，也是内蒙城川和古盐州一带人们期盼的节日。

九一八事变后，日寇铁蹄已踏进内蒙古草原。西边的绥远、包头一带已被日寇占领。东边的井岳秀反共战火频频燃烧，夹在烽火空隙中的伊金霍洛儿女，还是在一片烽烟笼罩之下迎接自己的节日。一些骑马的、坐车的、赶牲灵的……不乏有一些打着“东亚共荣，亲如一家”的不法日伪商人，在那达慕盛会上竖起高大广告牌，会场上充斥着什么“白马威士忌”“三星斧头白兰地”“三五牌香烟”“哈德门香烟”“阿华田麦乳精”……五彩缤纷，挤眉弄眼，一派崇洋媚外的嘴脸。

赛马场、摔跤场，人头攒动，围得水泄不通，吸引着一群群一簇簇谈笑风生激情奔放的盛装男女。一会儿，那达慕盛会赛马开始了，骑手健儿一个个生龙活虎地驰骋在草场上，你追我赶，纵马扬鞭将盛会推向了高潮。

这时，沙王夫妇和珠玛、王碛妹、翠姑等骑着骏马正陶醉在草原诗情画意之中。蒙地草原上的花真多呀！白菊花、黄菊花、喇叭花、马莲花、野甜菜花、打碗碗花，数不清、看不透！蒙古包式小商店、小饭铺、小客店，错落有致地排列在草滩上，蒙汉群众熙熙攘攘，一派欢腾兴旺的景象。牲口交易会上，一群蒙古族健儿你追我赶奔腾驰骋着。龙驹神骏，骏马奔腾。王碛妹等人望着这群情激奋的场面，心情异常激动。这里聚集着各种身份、各种年龄、各种样子的人。有穿蓝色外套的马贩子，他们东瞧西看，一会儿看马牙，一会儿扳马腿，一会儿又撩起马尾巴，嘴里咕哝着替贩马者做中介人。有骑着高头大马炫耀的卖马者，他们要“整套儿”出卖，连马鞍、笼头等一块卖，谦和地讨价还价。也有已经成交的人们，依照各自的经济能力，走进临时搭起的小酒馆。

在一个白色的帐篷门口挂着一个牌子，上面画着一匹马，旁边写着一段文字：此处有各种马匹，这些马匹是从杭锦旗草原运过来的。此种良马体态优美，驯育完全，性情温良，敬请各位惠顾。

旁边有几匹枣红马格外出众，眼睛和马蹄乌黑，体态瘦健，行动敏捷，摇晃着马头，骄傲地长啸，一位驯马师跨上去，骏马长嘶一声，两蹄腾空，威武奔放。驯马师抖动缰绳跑了两圈，跃身跳下，喜不自禁地拍了拍它的脖颈，沙王看后兴奋地对王碛妹道：“此马奔跑起来步调不乱，臀部不抖，运腿自如，尾巴高翘，行走稳健，真是一匹神驹！”

沙王戏言地说：“王小姐喜欢骏马，我给你挑选两匹！”

王碛妹郑重地说："不是两匹，挑选二百匹！"

沙王吃惊地："二百匹？"

王碛妹："是的！二百匹。"

沙王："不是戏话吧？"

王碛妹："并非戏话！我想组织一支骑兵游击队，为抗战出一点力。"

珠玛激动地说："好，妹妹有气魄！姐姐我全力支持。"

沙王："不过，王小姐，这要很多钱！"

王碛妹："大叔勿虑，我们一手交钱，一手交货，您看怎么样？"

此刻，在沙王的眼中王碛妹小姐，不再是一位银号的女东家，而是一位威武的将军了！他顿时精神抖擞地说道："草原上有句话，进入草原先探路，出海之前先探风。王小姐这次来城川原来是要办这么一件大事，大叔我佩服！既然有这打算，好！我们全力协助你完成此项夙愿！"说着大家提缰跃马飞驰在马群之中。

遥望广阔草原天际，一簇簇的云团正在慢慢游弋连接。太阳光不时射下来条条光柱，给草原嵌上一块块亮丽色彩。湿漉漉的草场如诗般朦胧，令人心驰神往，整个天空变成了淡紫色的暖色调。没有一个角落显示出阴暗沉闷，没有什么地方会隐藏狂风暴雨，这里到处散发着新鲜亮丽的光辉。

就在这时，一个神秘的幽灵出现了。他是沙贵图的爪牙申小龙，骑着一匹快马挤在人群中，露出冷漠窥探的目光。

正是：银号小姐离盐州，投奔沙王作庇护。
蒙汉姐妹拜把子，沙王夫妇把香扶。
日寇侵占西口地，商女参观那达慕。
购买战马举红旗，牵出幽灵引出虎。

第三十三章

匿名信掀起风波丁勇变脸
魔鬼窟救命稻草商家玩火

塞上的边城，天气仍旧酷热逼人。

长城烽火台下，烈日炎炎，热风吹拂。十里沙畔，沙峰涌动，断壁残垣的长城烽墩连绵到天际。一片片黄皮伪军在骑兵营长丁勇的指挥下，铁镐飞舞，挥汗如雨地挖堑壕，修工事。烽火台墩下的沙地，是一片被烈日烧烤的玉米林，在熏熏热风吹送下，干枯卷蔫的叶子发出呼啦啦响声。一群乌鸦被炎热所困逼在焦黄泥土上有气无力地鸣叫，忽而落地觅食，忽而拍打着翅膀又飞翔起来。

一个女娃她叫春花，戴着一顶沙柳编织的草帽，担着一担香瓜呼扇呼扇地走过来，伪兵一见香瓜，蜂拥混抢，春花把担子一扔，顺着沙柳丛悄悄溜走了。一个伪兵吃完最后一个香瓜时，在筐底发现一封信："长官，这儿有一封信。"

丁勇接过信念道：

"柳队长，上次我们利用白县长娶小老婆之机，夺取军火。你送的情报很适时，十分感谢！望今后多加配合，抵制丁勇，完成我们的共同目标。"

沙里狐　拜上

丁勇不看则已，一看气得面红耳赤，咬牙切齿："这个茅坑里的石头，又臭又硬的家伙，原来是一个吃里爬外的老狐狸！”他怔了一下，突然问伪兵：“这封信是从哪里来的？”“香瓜筐底下捡的！”伪兵筛糠般颤抖地说。

丁勇喃喃自语：“香瓜筐底下捡的？沙里狐，不就是在西口路上人们传说中那个劫富济贫的江湖好汉吗？他和柳彦斌关系如此微妙？按理说，盐州城保安团的柳彦斌，这几年在盐州这片土地上，摸爬滚打为党国做过一些事，怎么也和沙里狐勾结到一起，是否他们两人有共同的切身利益？也未可知。在这非常时期，难道是共党分子不断加码进行破坏挑衅，演出的一个反间之计吗？从最近种种迹象来看，彭德怀率部西进，庆阳的马步芳一筹莫展，丢掉了几个城市，古盐州成了他们唾手可得的一块肥肉。窝藏在城内的红色间谍，在伺机进行挑拨离间行动？”丁勇百思不得其解。从最近收到宁夏马司令的密电看，要严惩丢失军火的当事人，柳彦斌这头闷头驴推磨不行，偷吃麸子倒吃得凶。这次碰到了枪口上，恐怕难逃其责，不如先将此事呈报马司令，然后再做定夺。

这是丁勇为击败柳彦斌思谋出的一步棋。

离盐州城八十多里，有一个沙漠小村叫白泥井古堡。过去曾是盐州到榆林马帮脚夫歇脚打尖的一个驿站，也是蒙汉通商必经之路。白泥井有个沙畔，人们称为狼窝沙口。这块地域沙峰涌动，每逢旱季，风沙漫天，遮天蔽日，行路的商旅，不是被沙埋，就是被风沙刮得迷了路。不知从哪年起这条路便无人问津了，成了路断人稀的魍魉鬼道。这儿每临春日，狂风怒号，铺天盖地，一刮就是十天半月，家家掩门闭户，昏暗的白天还要点灯。平地堆起沙坳，院墙柴门被沙掩埋。严冬十月，侵骨透髓的朔风寒流，能把赶牲灵的人冻僵，大难不死的脚户幸运儿，有时会落入沙魔的魔爪，身坠深渊，尸骨难寻。人们又给它送了个绰号，“魔鬼窟沙窝”。魔鬼窟沙窝的隘口，到处可以看到早年暴政起义烽烟战火留下的残壕废垒，虽然硝烟早已散尽，然而，弹痕残迹的古战场依然触目惊心，有“晴天霹雳”的逸闻传说。

有一年夏天，有人亲眼在魔鬼窟沙窝看见了沙妖。一个拉驼人牵着一队骆驼从盐州三马路送货到榆关驼城，因为是夏季骆驼乘凉走夜路。不料，刚刚进入魔鬼窟沙窝，就被沙妖迷住了。沙妖牵着他走，牵着他在沙坳里拐来拐去，走了大半夜，拉驼的人感觉老在沙坳里转圈圈。“奇怪！我这是走在什么地方了？”顿时心慌意乱，迷惑不解地把脚步收住。回头一望昏暗的夜色四野茫茫，心中吃惊暗自思忖：是踩上迷魂草？还是被沙妖迷住了？于是硬着头皮往前走。天亮了，他发现自己还在原地上。

又有一次，一个赶骡脚户，赶着两匹驮盐的骡子走口外，眼看西边太阳落山，还没有赶到驿站，便趁着黄昏微光继续向前走。一会儿进入了魔鬼窟沙窝，看见一个很是高大黑乎乎的人，遮掩着身子在前面走，似乎是给他引路。那脚户便跟着往前走，拐了一个沙湾，眼前出现了一个灰蒙蒙的沙海。湿漉漉的水草随风摆动，霎时间那个高大黑乎乎的人不见了。沙海中传来“呜呜——”凄凉悲哀的叫唤声。这时夜幕越来越低，夜色越来越浓。黑暗随着夜气从四面八方袭来，赶骡子的脚户鬼使神差地竟走进了沙海，被淹死在深深的死水微澜中。后来，人们传说他撞上了“无常鬼”。

进了魔鬼窟沙窝隘口深处，却是一片“小沙湾，大沙湾，弯弯的柳树绿展展滩”的地方。这里深藏着一处神秘灰色的大宅院，古树掩隐，密不透风。何人的邸宅？无人知晓。总之，这儿一年四季有人看管。人烟稀少，古朴粗犷，荒凉感与闭塞感并存。不论是雷鸣电闪，还是沙蛟肆虐，总有两个放牧人出现在草滩上。一个三十五岁左右，身材高大，头颅高傲，黑黑的头发挽着白羊肚包巾，穿着一件羊羔皮制的上衣，背着一块灰色雨毡，一副潇洒样，双腿像鹿腿一样修长，快捷果敢地走路，牧放着一大群羊。另一个大约三十岁年纪，身材不高，大肚皮矮矮胖胖，一头稀疏凌乱的头发，络腮胡子下嘴里常常叼着一个羊腿骨烟斗，脚底蹬着一双羊皮马靴，骑着一匹黄膘快马，带着一条猎狗，甩动着长长的鞭儿，奔驰在草原上。为谁放牧？两人总是摇摇头，矢口否认。这儿的老百姓信奉天主教，据传有两名荷兰传教士在这儿布道，与地方官员乡绅密切勾结，狼狈为奸。一股豪强恶霸势力笼罩着这块地域。

沙贵图那天从“塞香苑”妓院回到元升西客栈后，生了一肚子闷气，万万没有想到，一天的工夫，日升昌银号这块金字招牌，被安边万盛客栈的陈绍武如探囊取物一样唾手而得，犹如一声闷雷从空而来，打碎了他妄图控制银号的如意美梦，震得他晕头转向。陈绍武到底是一个什么人？为什么这样做？目的何在？迟不收，早不收，偏偏在这个节骨眼上，接收了日升昌银号，这个谜使他一直解不开。

有迹象表明，彭德怀指挥的共党西北野战军进行西征，传言彭德怀的部队已挺进甘肃陇东一带，庆阳、环县、曲子等地已被占领，进攻古盐州是迟早的事。这时候，半路上杀出一个程咬金，居然收购了日升昌银号，这不是玩火吗？他的居心何在？

有人说，他是潜入三边的红军间谍，也有人怀疑他是CC派特务。近几个月发生的一些离奇之事，或多或少与他有牵连。一些风言风语传说，城大墩那次的烟土交易，县衙内的军火偷劫，日升昌银号的匪徒调包，土匪不沾泥的神秘死亡等都与他有直接关系，但始终没有人能抓住把柄！这些事件成为古盐州爆炸性新闻！人无利益不早起，养个鸡，图个蛋；烧点柴，图木炭。他到底是图什么呢？至今难以猜透。我的几次行动，不知为什么总是被搅得团团转？不能不使人怀疑。

更为奇怪的是，他以万盛客栈的名义，以一种迅雷不及掩耳之势，接收日升昌银号，放走了女继承人王碛妹，真是一屁股坐在脑袋上，明摆的是欺负人。按理说，此人曾是高双成手下的参谋，又是井岳秀司令的红人，派来三边坐镇万盛客栈，靠的后台是十一旅，也是遏制和监视三边区域的一个重要人物，他的这一举动，真是张天师被鬼降住了，无法可使。

这时鲁布报告：“名妓谢彩英被县保安队柳彦斌秘密逮捕了。”

“因为什么？”

“据透露，谢彩英是潜入盐州城的共产党间谍。”

“共产党间谍？这真是黑狗偷了油，打了白狗头。一个妓女会是共产党间谍？未免太离谱了吧！”

“这年头真假难辨，说风就是雨，谁知道呢？”鲁布平静地说。

沙贵图虽感这事有些蹊跷，但又一想，无风不起浪，或许这是真的也未可知。他觉得自己在盐州城再不能待下去了，何况共产党说来就来，一旦盐州城失守，自己经营那块秘密之地——魔鬼窟沙漠，也许还能立足。这样井岳秀管辖的安边堡、宁条梁、白泥井古堡，就成了三足鼎立之势，井岳秀绝不会放弃。何况，安边堡有刘保堂十一旅重兵管辖和张兰亭父子叔侄的严加镇守，固若金汤。宁条梁有史钫城部队配合防范，堆子梁乃紫明堂控制的地方，至于白泥井古堡是天主教的范围，有洋人神甫的控制，其势力不可小觑。觉得三十六计走为上，离开盐州这个鬼地方。

白泥井沙漠腹部这块神秘之地，牧草丰茂，天然盆地，纵使天下的牛羊都来赴宴，也包管它一个个膘肥体壮。何况魔鬼窟沙窝，现在是险恶地势，闻者丧胆，是自己隐居藏秘的一块好地方。“留得青山在，不怕没柴烧”，保住这块地盘，既可以经营牧业，又可以做边贸生意，画一个圈子，也够他们走三天。进可取，退可守，岂不是一举两得。想到这，便命令申小龙、申小虎和鲁布收拾行囊：“此处不留爷，自有留爷处。”

“离开盐州城？到哪里去呢？”申小龙问。

“魔鬼窟古堡，一个秘密据点，那里才是我们真正立足之地。就是当年清除那个蒙古边客扎伊盟的地方。”

申小龙接着得意地说：“当年扎伊盟那个顽固分子，他想抵抗，后来被我宰了！太好了，那地方神秘隐蔽，连只苍蝇也飞不进去。”

一旁的鲁布听到他俩对话，顿时血灌瞳孔，贼不抓，三年自招。原来杀害父亲的凶手就在眼前，恨不得上前将他碎尸万段。但此时不是出手的时候，只好忍气吞声默默记下这笔血债。这时碎金镇当铺的掌柜熊武，他戴着一顶灰色的帽子，脖子上裹着一条土布围巾，像一条失魂落魄的野狗窜了进来：

“东家，不好了！碎金镇被南面上来的红军占领了。”

“这么快！井岳秀在万佛洞的驻军没有抵抗吗？”

“抵抗了。万佛洞的驻军一个连也没有挡住。碎金镇古堡被红匪围住打了三天三夜，四个城楼碉堡，摧毁了三个！”

“真乃一群熊包！红军进镇杀了多少人？”

“没有看见杀人。不过，第二天就来了所谓的什么革命宣传队，唱的革命歌，还在古堡万善桥戏台人，演出斗争富人的戏……”

“还有哪些呢？”“那些赤匪可厉害啦！日里游街搞宣传，夜里熬油补裤裆。标语刷下一墙，小戏演上一阵。今天召开这个会，明日组织那个团，连小娃娃都被组织起来站岗放哨，还鼓动起一伙穷鬼贫农团，斗老财，分田地，把个碎金镇古堡搅得翻了个底朝天，咱们的当铺也被穷鬼们捣毁了。”

沙贵图此刻嘴唇无声地翕动着，红龙城山庄和碎金镇古堡均已落入共军之手，深感自己的商贸王国渐渐开始崩溃，处境岌岌可危。他像掉进大海里将要溺死的人，魔鬼窟沙漠也许是自己最后的立足之地！顿时抖擞精神，望着一伙喽啰大声道：“不要长他人志气，灭自己威风！不要哭丧着脸，不要垂头丧气！走，我们一起走！到我们那个固若金汤的魔鬼窟地方去，开辟我们新的战场，营造我们新的商贸王国！”

熊武这条摇头摆尾的哈巴狗，脸上露出一副惊叹的神色！

正是：长城烈日滚沙蛟，马匪垂死修战壕。
　　　瓜筐捡来匿名信，挑起军警暗火烧。
　　　跑来熊武丧门星，碎金当铺穷鬼捣。
　　　商霸转移新阵地，魔窟成了救命岛。

第三十四章

万盛栈招商酒会绍武摆阔
鸡毛信传递消息啸风赴任

从一九三二年到一九三五年，这三年中，从白于山到三边高原，人们似乎觉得有一股神秘的力量隐约涌动着，暗中活动，频频得手。按保安团柳彦斌的说法，很多事件经他一搅和，就变得极为玄虚、极为复杂。这个神秘人物凭着胆识，勇敢顽强，冒着杀头的危险秘密行动，这一切让盐州城敏感的人们浮想联翩。整个三边高原的人们，都在私下谈论这位神秘的英雄人物，将之渲染得神乎其神。正如人们议论的那样，每次事件的关键时刻，他总能出人意料地显现露面，风风火火下盐州，该出手时就出手。他动作敏捷，行动迅速，然后又消失得无影无踪，让以反间谍著称的老手——县保安团的柳彦斌束手无策。企图找到他的藏身之处，更是望尘莫及。

这位神秘莫测的人物，到底是哪一股力量，哪个山头上的人物？无人能说得清楚。总之，十里路上无真言，人们不认识他，也没见过他，却把他渲染传播得沸沸扬扬极为神秘。

陈绍武是安边万盛客栈大名鼎鼎的经理，自从将日升昌银号拿到手后，街头巷尾议论纷纷，舆论非常激烈。有人说他，资财雄厚，十分富有，出手大方，慷慨解囊；也有人说，他是一位文韬武略城府极深的危险人物，他在商贸战线上言谈举止，处事接物，有口皆碑。人们对他“忠以为国，智以保身，商以创业”的精神十分尊敬。有人形容他的生活精神是“其他都迟钝，商贸不让人”！在商业竞争方面，技高一筹，无人可及。他在这个烽火乱世，敢于挺而走险，拿下日升昌银号，可见他成竹在胸。特别在塞外商道，物资运输方面总能运筹帷幄，旗开得胜。如果说他精于四面玲珑，八方逢迎有娴熟经营手段的话，倒不如说，他是商界精英，军界悍将更为确切。

他对社会上的种种议论，不屑一顾。某一天心血来潮，觉得要举办一次招商酒会，借助酒会打消人们对他的一些疑虑。为了将此次酒会举办得有声有色，他不惜下血本从宁夏马鸿逵那儿请来秦腔名角戏班助兴。隆重的招商酒会将在永兴饭店举办，秦剧名角“黑头田德年”等将在盐州最古老的大礼堂演出。远至宁夏和榆林城的商家，近至安边堡和宁条梁的政界、商界的头面人物，乡绅名流大都收到邀请。榆林的井岳秀原准备出席，后因军务繁忙且难熬风吹日晒之苦，遗憾作罢。为了不失体面，决定派出他的六姨太，出席陈绍武在盐州城的招商酒会。

六姨太到底是一位什么样的女性，如何有此魅力呢？关于她的传闻逸事很多。榆林塞北地带，她的一举一动常常出现在一些逸闻野史中。比如说她体态丰满，光彩照人，率真高雅，性情活跃，具有巾帼威武的女性仪态，一手枪法十分了得。在井岳秀九个姨太太中她以智慧机敏而著称，经常活跃于某种隆重场合，并且涉及井岳秀的某些经济交往。在谈到银钱方面，大家公认她是榆林最有气魄和最有钱的女人。

军阀井岳秀十分钟爱她，每次出巡总是有她相伴，她的飒爽英姿为井岳秀仕途增添了一道光芒。六姨太这次光临盐州不仅为陈绍武的酒会加大了知名度，也为保安团的柳彦斌提供了殷勤献媚的机会。当他悉知六姨太将来盐州城的消息后，精神为之振奋。因为，在他的仕途上没有六姨太的帮助，也就没有他柳彦斌的今天！可以说井岳秀和六姨太是他的再生父母。他那种狡猾乖巧，阳奉阴违，贩大烟，开赌场的勾当，在六姨太的纵容包庇下，像芝麻开花节节升高。他的那些肮脏行为被冠以生活艺术的同时，也为晋升之阶套上了光环。

酒会精彩绝伦，一时间成为美谈。

陈绍武举办这次招商酒会，目的有三：一是证明安边万盛客栈乃是井岳秀和十一旅的官办字号，日升昌银号从此就属万盛客栈管辖；二是让社会各界人士清楚，日升昌银号的经理，现在是大名鼎鼎的陈绍武；三是银号将一如既往诚信于民，欢迎四方商客不吝光顾。他这一招，确实起到敲山震虎的作用，稳定了社会舆论，搅得政界、商界不知所措，人们一时摸不着头脑。招商酒会后，六姨太视察了盐州军务，也参观了安边城堡和街道。驻扎在安边的刘保堂十一旅和张廷芝、张廷祥的地方势力，也是受宠若惊，至于陈绍武的万盛客栈更是显得光彩夺目。

杨啸风带着马帮和晋西北的陈家骆驼队，沿着三马路辗转来到盐州城，已经歇了两天了。薄暮时分，杨啸风骑着一匹枣红马不疾不缓地出了东门，来到长城街的铁匠铺门前看了看挂的三个铧犁："师傅，给我的马钉一个马掌。"

"好哩，先生请里边坐！"杨啸风将马缰交给小铁匠走了进去。正在炉口挥锤打铁的白锋岗放下活儿，擦了一把汗水，便和杨啸风进了内室。"我们用沙里狐的这个诨名送给丁勇的那封信，犹如一枚重磅炸弹，把丁、柳之间的裂缝，炸成不可逾越的鸿沟！"

"兵不厌诈嘛！让柳彦斌与丁勇狗咬狗的斗争吧！"杨啸风爽快地说。

白锋岗从怀里掏出一封鸡毛信，递给杨啸风："你先看看这封信！"杨啸风接过念道：

"杨啸风先生，我在蒙地购下两百匹蒙古马，先生是否愿意组织一支骑兵队伍，协助抗日和追剿土匪？马匹已在城川集中，您若能来不胜感谢！"

王碛妹　一九三五年十二月二十一日

"日升昌银号女继承人王碛妹总算有消息了。"他长长舒了一口气，如释重负地将鸡毛信交给白锋岗。白锋岗接着道："她这种'涓滴归公'的爱国思想，往小里说，是铭记历史，具有经济和政治双重意义；往大里说，是认识到维护世界和平是全人类共同的愿望。"

杨啸风看过信后，蓦然想起了两年前在延安受训时，看到过的一幅延河饮马图。那日抗大休假，学员们来到宝塔山下，水波粼粼的延河边，新四军的一批战马刚刚从前线下来在延安休整，一批骑兵健儿在延河里为战马清洗污渍。清一色的赤色战马，或在水中跳跃戏水，舒展腰肢；或在岸边仰天昂首，嘶鸣长啸；或回眸远望，力塑雄风……那种生龙活虎的龙性风姿，让他十分喜爱！设想将来有一天自己也能成为一名骑兵健儿，飞腾在战场的第一线英勇杀敌，这一梦想终于要实现了。

白锋岗："是啊！一个新的梦想，一个新的任务！她的这一志向，这一举动，不仅仅是一片救赎之心，同时也是支援中国抗战打击侵略者的一种爱国之志，我们不能辜负她的这片心意！"

"原来关闭银号，是要办这么一件大事！"

"一件具有历史意义的大事！最近有消息告知，彭德怀将军率领的我军主力红军将向三边挺进！这是一个十分振奋人心的消息！特委同意你去接收，如若顺利，可以组成一支蒙汉骑兵队，在蒙汉支队的领导下，打击妄图南下的日寇。有可靠消息，绥远、包头的日寇，蠢蠢欲动，有渡河的企图。蒙汉骑兵队组成后，可以配合地方部队，灵活机动地打击敌人和西口商道的顽匪。沙里狐这个扰乱商贸的西口大盗，近来好像有些收敛，不知是慑于形势，还是另有企图。不过平静的背后，往往隐藏着极为险恶的行动。"白锋岗沉重地说。

杨啸风："沙里狐好像转移了阵地，具体窝藏在什么地方，还不太清楚。不过，有一点可以肯定，那个碎金镇的东家，有可能就是人们传说的沙里狐。他乔装打扮，藏匿行踪，多年来总能蒙混下去。这家伙手段卑鄙，先是逼迫王晋柳，继续伙同他做烟土生意，被王晋柳拒绝后，露出其狰狞面目，进一步威胁讹诈，因其手里抓有王晋柳的把柄，竟然强迫王晋柳将女儿王碛妹嫁给他，王晋柳显然认清了沙贵图的真实面目，于是和他决裂了。发生在东湖决斗那惊心动魄的一幕，导致了王晋柳的死亡。王碛妹从她父亲的遗言中了解真相后，迅速关闭银号，避开锋芒潜入内蒙古另寻出路。用她父亲王晋柳这笔不光彩的钱，购买战马想组建骑兵队，为父亲赎罪……这是我们到目前为止所掌握的一些情况。"

"王碛妹小姐最后将银号转让，等于给了沙贵图当头一棒。阴谋失算，他会善罢甘休吗？”白锋岗关切地说。

杨啸风：“这个满口仁义道德，心怀强盗逻辑的伪君子，穷凶极恶，口蜜腹剑，任意觊觎别人的东西，绝不会自动退出历史舞台！有关他的来龙去脉，到现在还是云遮雾罩，我们还需进一步深入了解其行动。另外，边区所需的那批物资，均已筹备就绪，你让陈家骆驼队的陈师傅去聚义阳提货。陈家骆驼队可以说是边区贸易的一条神经，他们有自己的路线和通道。据说这支骆驼队是晋西北最有声誉、最讲诚信的一支骆驼队。几十年活跃于西口商道，从包头榆林，到碛口太原，都曾留下他们的足迹。这位带队的陈师傅祖上早年也曾是‘耕读传家’的人家，在碛口小镇赫赫有名。其父是一位前清秀才，是个教书先生，写了一笔好字。碛口周围的牌匾，大都出于他的手笔。在那烽火年代，这位教书先生觉得光靠教书难以维持生活，于是在镇上开了一处名曰‘三兴’的骆驼店。后来四个儿子三个拉起了骆驼，生意颇也为兴盛。不久，山西军阀阎锡山把战火燃烧到黄河岸，这时候陈家三兄弟和叔侄的骆驼队一千多峰，奔波在西口商贸的第一线。他们倾向革命，和咱边区贸易公司长期合作，也就有了革命的情谊。之前，我和聚义阳周掌柜秘密进了一次安边堡，了解了堡内一些情况。一个好端端的商贸集散地，被这伙兵痞无赖蹂躏得千疮百孔，口头上高唱什么繁荣安边古堡经济，实际上是‘老虎脖子上挂佛珠——变着法儿来吃人’。曾流传着：‘杨猴小土匪张廷芝的兵，井岳秀的爪牙暗杀人……’”

“是的！近两年来，三边的商贸流通欠佳，被张廷芝、张廷祥兄弟查得很严。他们派兵四处拦截，不断发生抢劫货物和抓人的事，破坏了商道的运输，堵塞了货物流通的渠道。中央要我们想办法打通渠道，开发货源，你们贸易公司做得很好，这对支援边区、支援革命起到积极作用。”

他略停顿了片刻：“最近你见到过安边万盛客栈经理陈绍武吗？县城内外关于他的流言蜚语很多。他似乎热衷于一种独特手段，是一个有思想情趣的实业人士，有着大事不糊涂，小事不疏忽的作风。其行动言谈，行为举止常常会引起人们的猜测。他的那些商贸品德和勤奋的实业态度，善于应酬和笼络人心的做法——无论是谈政治、谈战事，还是谈贸易、谈生意，他都确实称得上是一个能文能武之士。他的善目微笑和处事行动，以及他所有的生活姿态都好像是一个谜！人们认为他身上潜藏着一种非常勇敢的力量，他也是被保安团柳彦斌深深怀疑的对象，不得不引起注意。”

“他身上那些特有的善良而温暖的灵魂，好像充满一种情感，他的做事方式我们也许永远学不会！”杨啸风感慨地说。

“是的，这是引起保安团柳彦斌怀疑的问题！你什么时间动身？”

“时间紧迫，我想尽快前去！”

“把张军良带上，他是一个好同志，又机灵，会办事，对你会有帮助的。这里的事，就放心吧！祝你顺利完成任务！”白锋岗嘱咐说。

“我一定完成这光荣的任务！”两人走出铁铺，李小岗牵过马来：“马掌钉好了。”杨啸风飞身跃上马背，挥手致谢。

正是：安边货栈扎红彩，盐州饭庄设宴开。
经理广交八方客，军阀派来六姨太。
张家势力大灾星，蹂躏商贸搞破坏。
铁铺传来鸡毛信，啸风赴任西口外。

第三十五章

刘栓柱死里逃生洗心革面
谢彩英刑场就义活人入殓

一九三六年春，中央红军挥师西进，迎接二、四方面军北上。在抗击日寇的同时，扩大了陕甘宁边区，收复了环县曲子。消灭了马鸿宾部人称“野骡子”的大部分人马，马家军受到沉重打击，龟缩到甘肃的清水河一带，苟且偷安不敢轻举妄动了。

徐海东和政委程子华所率领的左路军，从延川出发，经夏州沿长城一线挺进三边高原，将安边城团团围住。安边地处长城边塞要冲，敌人重兵把守，加之沙漠地带，地势开阔，易守难攻。城内的地主反动武装张廷芝、张廷祥部和国民党杂牌军负隅顽抗，城东堆子梁的敌骑兵不时对我军进行骚扰，我军围城部队早有提防。敌数百骑兵手持大刀，杀气腾腾地偷袭我军阵地，在我军密集炮火的猛烈打击下，给敌人以歼灭性的打击，压制了敌人的嚣张气焰。一时间血肉横飞，鬼哭狼嚎，当场击毙敌二百多人，获得战马二百多匹。敌人退回堆子梁，从此销声匿迹，再不敢向我围城部队挑衅了。

消息传到盐州城，敌人一片惊慌。老奸巨猾的县长白伯英觉得共军来势凶猛，盐州城守军恐怕难以对抗，于是借口去宁夏向马鸿逵求救支援，携带小老婆坐了一辆军车逃往宁夏去了。

此时保安团的柳彦斌像热锅上的蚂蚁，上蹿下跳想借助丁勇的骑兵营进行最后的挣扎，岂知丁勇早已对他心存猜忌，他还被蒙在鼓里。不久，宁夏的马鸿逵下达秘密指令，鉴于目前形势，防止内变，对那些危险分子审查后，立即处决，以防不测。有了这个尚方宝剑，柳彦斌这个死心塌地的走狗增添了无穷动力，尽管战火烽烟迫在眉睫，他还妄想从谢彩英身上获取更多的秘密，查出更多的同党，这是他在谢彩英身上下的最后一个赌注，狗急跳墙，垂死挣扎！

一日，一个女看守走到女监门口，“哐啷”一声把锁打开，顿时一股恶臭气味冲出来。她吆喝一声：“谢彩英，过堂去！”一个面容消瘦，身体疲倦，穿着囚衣的女子走出女监门。长期幽禁的女犯人脸上显出那种苍白的颜色，脸盘虽有浮肿，却很有生气，眼睛略带一点斜乜眼神，但眸子发光透亮。她被带到审判官面前，身子站得笔直，挺起丰满胸脯。

审判官心不在焉地问：“你还有哪些同党？”

谢彩英斩钉截铁地说：“我没有什么同党！”

“你救过一个共党分子，是不是？”

“没有什么可保密的。我只不过是救了一个腿上有伤的陌生人而已。至于说他是共产党，还是国民党我不清楚！”谢彩英大义凛然地说。

“一个陌生人，非亲非故，你为什么救他呢？”

“他腿伤严重，倒在我家院里，快要死了。我同情他、怜悯他，就这些！”面对审判官她面不改色心不跳，神色泰然，愤怒的声音仿佛能穿过监狱的高墙。

此时的审判官一副窘相，使出滥用法律的狠招。便以谢彩英包庇窝藏共党分子的事实，判处死刑草草了事，三日内执行枪决。

刘栓柱并没有死。

一年前严冬，天气异常寒冷，大风雪整整肆虐了两天两夜。温度下降到零下三十多摄氏度，盐州大地千里冰封，寒冷无比，许多人被活活冻饿而死。穷困潦倒，烟瘾缠身的刘栓柱，觉得自己无脸面见妻子谢彩英，只有死一条路，便踉踉跄跄跑到东湖树林中，寻到一棵拐杈树，解下裤带准备上吊，被一个拉骆驼的脚夫喊住：“一个男子汉这么窝囊。有什么解不开的事，来这里寻死上吊！你有妻子吗？你死了她怎么办？”

一句话震醒了刘栓柱。他蹲在树下痛哭流涕，想起自己和谢彩英恩恩爱爱刚刚一年，被安二秃子这个不怀好意的无赖，引诱染上烟瘾，落到这步田地，他越想越气，嚎啕大哭了起来

这时从首驼背上跳下一位青年人，名叫陈仲达，二十多岁。高高鼻梁上架着一副黑框水色眼镜，性格开朗，略带一点斯文，他既有高等学府学历，又懂得照相手艺，在陕北银州和河南人开了一家照相馆。这种舶来技术在那个年月还不能为普通老百姓所接受。因为要在玻璃底版上修饰涂红，人们以为照相会吸人血液，所以这一“绝活”在当时发展很慢。初出茅庐的陈仲达，将这个新奇的玩意儿带到陕北，也颇能维持生活。他们兄弟四人，他排行老三，其余三人都是拉骆驼赶牲口。四弟拉骆驼爱赌博，一次输了钱，连骆驼也让人家拉走了，没办法便央告三哥帮助。三哥是个热心肠的人，便带了积攒下的二百块大洋，在内蒙古伊锦霍洛草原盛会购买了八峰骆驼，随二哥到盐州拉货，取道海子粱沙路返回。不料，刚刚走到十里沙的东湖，碰上刘栓柱寻短见。青年人见他实是可怜，便给他放下五块大洋，让他再不要想不开，回去戒烟好好做人。此刻刘栓柱泪眼婆娑，望着这两位陌生模样的拉驼人，他们身裹皮蓬、足扎绑腿，眉不动、眼不眨的两个西口汉子，像两座不同形态的石雕站在那里。他蓦然跪在他们面前：“你们带我走吧！我给你们赶牲口……”陈仲达是个心直口快的热心肠人，见这情景便开口道：“二哥，你把他带上吧？”

拉驼人蹙住眉头想了想：“好吧，带你走可以，但有一条你得遵守，找个地方把烟戒了，重新做人。”刘栓柱听到这话，毅然答应了。原来这个被称为二哥的拉驼人是边区贸易公司的一个脚夫，人称他为陈师傅，心直口拙，为人向善，便带着刘栓柱进了边区的镇靖城。三个多月时间，刘栓柱把烟戒了，洗心革面，成了一个好后生，参加了边区贸易公司的运输队，成了一名自食其力的拉骆驼脚夫，跋涉在边区运输的第一线。他一心想回盐州城看一眼亲爱的妻子，总是没有机会，快到年底了，骆驼队要去盐州驮盐，在路上忽听人说，盐州城出了个“名妓”，叫谢彩英，人称“盖三边”。刚听这话，起初他还不相

信，或许是重名重姓，也未可知。到了盐州一打听，果然是自己的妻子，他一下子蒙了。两年没见，心爱的妻子竟然堕落成了一个妓女，他顿觉哑巴吃黄连，有苦难言。心里万分愤怒：这个水性杨花的下贱女人，竟然做出这样的丑事，真恨不得一刀捅了她，于是装了一肚子晦气，偷偷离开了盐州城。

来年春上，刘栓柱拉着陈家骆驼队进了盐州城。才知道自己妻子谢彩英，那年为救一名怀疑是共产党的人而被捕，被判了死刑就要执行。尽管憎恨妻子水性杨花，不守妇道，但“一日夫妻百日恩”，一年来的米面夫妻，深感可怜，便买了一副棺材等死后收殓埋葬也算夫妻一场。

那日，盐州城里人山人海，中午十二点正当午时，谢彩英被五花大绑，背上插着亡命旗，黑狗子警员们连拉带推拥她走上街头。此刻，被绑赴刑场的谢彩英像一头狮子咆哮着！跳动着！狂喊着：“老娘没有罪！老娘是被冤枉的！有罪的是那些王八羔子……”人们蜂拥着后浪推前浪，她的这种一反常态的疯狂举动震慑着围观者，人们纷纷投以同情的目光。

“你们这些走狗汉奸……不得好死！今天老娘死了……阎王爷也不会饶恕你们这些杀人不眨眼的刽子手！老天爷迟早会惩罚你们的！共产党是好人！共产党万岁！”她满腔热血愤怒的语言，像一股股热流喷射而出，涌动着人们心头情绪的漩涡。

她是一个牺牲品！人们对这种可恶的行径大感义愤。

谢彩英痛快淋漓的痛斥咒骂，震动了刘栓柱，顿时觉得自己妻子是一位了不起的英雄，是非分明，是一位真正的爱国者！他不再嫌弃妻子的水性杨花。此刻，原谅了妻子以往的行为，然而晚了，在妻子就义之际，他连一句话也说不上，迷迷糊糊被人流夹裹着推向北大操场，等待着最后的那一刻。

猛然，一声枪响，人们惊叫着！谢彩英倒地。刘栓柱脑子里“轰”一下，觉得天旋地转，拼命地向妻子跑去，妻子双手朝后绑着，头撞在地上。这时他肚子里的酸甜苦辣一下全倒了出来：“彩英妻！我不是人！是我害了你！”趴在地上痛苦嚎啕起来，边哭边咒骂着：“是那些卑鄙无耻的小人，害了你啊！”他痛心疾首，追悔莫及。

围观的人渐渐散去。刘栓柱趴在地上哭了一阵子，天色渐晚便将妻子放进棺材入了殓抬了出来。走了一会儿，棺材中传来敲打声响，抬棺材的人惊吓得以为诈尸了，撂下棺材一溜烟都跑了。棺材又传来敲打声，刘栓柱壮着胆子颤颤抖抖将棺材盖推开，谢彩英吐了一口气坐了起来。

“你是人，还是鬼？你不要吓唬我。”刘栓柱惊恐地喊着。

“不要怕，我没死！”谢彩英喘着气说着。

“你真的没死？”

“没死，我去阎王殿走了一趟，阎王爷不要我，我又回到阳世上……你把我拽出来吧！”

刘栓柱这才将妻子从棺材中拽了出来。这桩奇事确实有些蹊跷，是谁救了谢彩英？后来据说有一个神秘的人物，买通了刽子手，执行时只是沿着谢彩英的头皮放了一枪，谢彩英倒地后，再没有补射救了一命。

漆黑的夜晚，一轮满月高高挂在天幕上，这只“银盘”在云天风动地滚动。也不知是凭借强劲的沙风，还是自身的弹动力，转眼间就升到了长城烽墩上空，把它那一片银光倾泻下来，草地沙路变得明亮起来。一练骆驼正跋涉在茫茫沙海夜色中，谢彩英如梦如幻地骑在骆驼上，拉骆驼的刘栓柱望着妻子，眸子里流露出愉快的光泽。

正是：彩英救人被诬告，罪名间谍怒火烧。
　　　五花大绑长街过，刑场就义声咆哮。
　　　尖兵买通刽子手，活人入殓赴阴曹。
　　　栓柱未死成脚户，骆驼背上彩英笑。

第三十六章

遭暗算保安队长险被活埋
寻出路借道魔窟神秘被捉

军阀井岳秀，镇守榆林二十多年，生活完全是一派古典风格：四合院的老式房子，明亮的“万”字形方格窗户；前厅左边房间摆放着烟具和酒厨，弥漫着浓烈烟酒气味；客厅里挂着蒋介石的军装肖像，下面有三张古典式沙发和三张红木茶桌，两面镜子和一架珐琅式有些黝黑鸟鸣声响的自鸣钟；一把长长军刀横架在桌子上，炫耀着一种威严。

书房里有一张桌子，堆放着一些文件。右边放着一个雕刻精巧描绘着金色线条的仕女图屏风，左边是一张黑色八仙桌子上摆放着纸牌、麻将，以供妻妾消遣。一个特大号安乐椅放在下首。这是军阀井岳秀一个土皇帝的寓所。妻妾成群的井岳秀，总爱摆宴待客，榆林特色的山珍海味，地道的塞外佳肴应有尽有，有时甚至是通宵达旦，这是他生活中不可缺少的嗜好。

一九三六年，农历正月初七，正值过年时间，时任第八十六师师长的井岳秀已五十八岁，妻妾九人，正在享受着福寿安康之乐。井善骑射，每年春秋之季，总要出郊外组织骑射活动。日寇占领绥远和包头后，他对防务抓得甚严，每天夜里定要亲自巡查。初七这天，榆林狂风怒吼，沙尘蔽日，从早晨一直刮到晚上。这天，井岳秀和六姨太仍然冒风出巡，三更时返回。又正值小妾胡宝贞生日，邀来一伙亲朋好友，狂欢打着麻将。井岳秀每次巡查回来，总要过一把烟瘾。正在炕头抽烟过瘾，蓦然间打牌女友们一声惊叫，吵嚷道：“没见过三家听候一张牌！”井岳秀也甚觉奇怪，手持烟泡戳跳下炕观看，果然不差，扬手大笑，烟戳掉地，弯腰去拾，不料，手枪从口袋滑出，落地枪响，子弹正中胸部，他急喊：“看谁着上了没……”话未落音，井岳秀倒地再没起来。一个镇守榆林的军阀，一个陕北的土皇帝，瞬间便成了一具历史的死尸，一具形体的骷髅。

军阀井岳秀死后高双成继任，扩编为第二十二军，成为榆林的军事首脑。

中国共产党倡导并发起的民族统一战线，将各种爱国力量汇聚成强大的抗日洪流。早在九一八事变后，中国共产党就发布《中国共产党为日本帝国主义强暴占领东三省事件宣言》，号召全国人民奋起抗击日本侵略者。一九三五年八月一日，中国共产党发表《为抗日救国告全体同胞书》，推动抗日民族统一战线形成，此时，中国工农红军仍在长征到陕北途中，遭受国民党的围追堵截。

红军到达陕北后，在瓦窑堡会议上，毛泽东提出要建立广泛的民族革命统一战线，“组织千千万万的民众，调动浩浩荡荡的革命军”，与日本侵略者进行坚决斗争。这时的毛泽东已突破黄河天险，发表《东征宣言》，在陕北清涧的高家洼构思并在袁家沟写下了《沁园春·雪》名篇，鼓舞了全国人民的抗日斗志和改造旧中国的决心，展示了开辟新天地的豪情壮志。这时候，彭德怀率领的西征主力军，已与在甘肃庆阳一带的马鸿宾部队和三边高原的马鸿逵部队进行着如火如荼的交战。

盐州城岌岌可危。

灰蒙蒙的天空下茫茫的沙漠上，两个并肩骑马的人，他们是盐州城保安团的柳彦斌和他的心腹侦察队长张猛。他们秘密迁徙，要到哪里去呢？说来也有难言之痛，自从县长白伯英带着他的小老婆逃离盐州城后，随着局势的严峻，各路商家撤的撤，也是走的走，似乎盐州的天也要塌下来了。

保安团的柳彦斌感到盐州城危在旦夕，丁勇的一个骑兵团，实际上只是一个营的兵力，寥寥数百人的队伍很难抵抗。他终日惶恐不安，好像灵魂被肮脏的手爪撕破，比撕破皮肉更加痛苦不已。于是，有了暂避锋芒的心思。一日，柳彦斌带着两个黑狗子护膑兵，喝得酩酊大醉刚从饭馆出来，猛地被丁勇的几个士兵围住，柳彦斌还没有反应过来，一块黑布已套在头上，匆匆拉走。两个护膑兵喊叫：“哎……哎！你们是什么人？”

丁勇掏出手枪抵住：“滚开！老子有事问他！”两个护膑兵慌忙退去。

漆黑的夜晚，冷风飕飕，几把火光照射下，丁勇趾高气扬地露着胸，叉着腰，立在沙坑旁。几个伪兵将蒙头捆绑的柳彦斌推进沙坑，一个士兵将黑布扯开露出柳彦斌惊恐的脸。

柳彦斌惊叫着：“丁疯子，你想干什么？”

丁勇冷笑道：“柳队长，共产党给了你多少好处？竟敢私通红军充当间谍！”

“你说什么？私通红军充当间谍？你不能血口喷人！”

“血口喷人？”他将一封信甩给他，“你自己看吧！”

柳彦斌在火光照射下看过信后，脸色巨变：“这，这不是真的！这是共党分子嫁祸于人的反间之计。”

“柳队长，老实说吧，盐州城发生的那几桩神秘事件，都与你有牵连！难道是空穴来风吗？”

“你不能空口无凭，嫁祸于人！”

“你这个吃里爬外的家伙，死到临头还想抵赖！共产党就要来了，沙里狐也跑了。我奉马鸿逵司令的指令，给你一个全尸！”他对士兵：“动手吧！”

十几个士兵抡起铁锹，黄沙飞扬，活埋柳彦斌。

柳彦斌在坑中大骂：“丁疯子，你不得好死！”

这时枪声响了，一个挥锹士兵应声而倒，众士兵慌忙甩下铁锹举枪射击。沙漠火蛇乱窜，士兵纷纷倒地。丁勇掏出手枪边回击边撤退，带着几个士兵逃窜在黑暗之中。

张猛带着一伙警员冲过来，借着月光将沙坑中埋了半截的柳彦斌救了上来。

“谢谢贤弟救命！”柳彦斌惶恐狼狈地泣不成声。

“柳队长不必悲伤！丁勇既然无义，别怪我们无情！事已至此，只有和他干下去，拼个鱼死网破！我们先回去再议。”

惊魂未定的柳彦斌只好点了点头，便和张猛迅速地离开。两人回到办公室，一夜难眠，思谋着对策。

张猛不停地踱着步子，突然鄙视地啐了一声：“丁勇这个疯子，为什么向队长下毒手呢？”

“听信反间之计——将鸡毛当令箭！”

“说明他信了谗言铁了心，妄图置队长于死地！我们决不能束手就擒。何况，今日之事已是一锅粥打翻在地，收不了场了。我们是脚踩着刀尖过日子，没有回旋的余地了！”

柳彦斌说：“明枪易躲，暗箭难防。嗑瓜子嗑出个臭虫来，现在箭在弦上不得不发。事已至此，无法改变，丁疯子捕风捉影，混淆黑白，我们只有一搏到底了。共军的主力部队已将安边堡包围了，由于十一旅和张家父子防守得当，共军暂难得手。盐州城十分空虚，靠丁疯子那点兵力，很难抵抗。加之对我们怀有二心，不能不防，不如暂时离开盐州，去一个地方躲一躲，静观事态的发展，共军若攻破盐州便罢，若攻不破，我们再回来和丁疯子算账！”

“能去哪里呢？”张猛问道。

“到魔鬼窟古堡去。那是大商家沙贵图经营的一块秘密之地，据悉他已在那儿安营扎寨。这家伙害得我好苦啊！”

“这个诡秘的商家，他又辗转到魔鬼窟古堡了？我们可不要从恶水缸再跳到茅坑里。”张猛担心地说。

柳彦斌此刻嘴唇翕动着：“此一时，彼一时。提起此人，一肚子鬼火！外表看他是一个大商家，实际上是一个商贸强盗！与包头日商交往甚密，手底下有一帮武功高手，名为自己的护商队，实为日本人的地下侦探。他在商贸上的发展，全凭日商大力支持，经济实力雄厚，令商家刮目相看。据说，当年他与日升昌银号贩卖烟土赚了不少的钱。咱们保安队和他也有某些特殊关系。此次，我们投奔于他，谅他也不会拒绝。”

“你觉得此人可靠吗？他见了强盗喊爸爸，是个认贼作父的家伙，分明是一个汉奸！”

柳彦斌无奈地摇摇头："也许是吧！不过，这也是权宜之策。魔鬼窟古堡离堆子梁、安边堡、宁条梁很近，俨然是井字形，相互连接相互依赖。何况刘保堂的十一旅和张家父子的地方武装重兵防守安边堡，共军就是围困，暂时无妨。"

"实际上，三边高原最神秘的人物，是安边堡万盛客栈经理陈绍武。我和他既熟悉，又陌生。此人有'小诸葛'之称。上知天文，下知地理，中知人和，学问渊博，精通谋略。曾参加阎锡山的'牺盟会'，后被推荐在榆林井岳秀手下谋了一个参谋，在和惯匪杨猴小的作战中，发挥了重要作用。井岳秀在安边筹办万盛客栈，他被派为首任经理，可是，他却不坐庄，而在安边堡和盐州一带活动。他孑然一身，做事技高一筹，能文善武，总是立于不败之地。"说到这里，他心有余悸地说："实不相瞒，我和他私人关系甚密。说也奇怪，盐州这块地方发生的桩桩事件，感觉好像与他有瓜葛，却又沾不上边。有人说，他是吃曹操的饭，干刘备的事。到现在还没有弄清楚，他是哪一路神仙。"

两人商议一夜，决定好汉不吃眼前亏，三十六计走为上策，黎明时神不知鬼不觉地出发了。两个冒险者骑着骏马，快马加鞭地向魔鬼窟古堡驶去。翻过一座座沙丘，脚下还是一片无垠的沙漠。沙坳间长着零星的宁条和沙蒿。随着太阳渐渐升起沙湾里温度很高，他们口干舌燥，嗓子冒烟。空旷无人，死气沉沉令人难以忍受，甚至会让人感到气温闷热。似乎总有一股旱霸卷来卷去，扫散淤积在沙坳间的热气。也是天气干旱炎热的象征，旱霸旋成高高的白色柱子，一会儿沿着沙原草滩旋转，一会儿又穿越沙丘游走不停。

他们俩便在被沙压的一处断壁残垣的阴影下，点燃了一堆火，吊起一个小茶壶，烧开了水，每人喝了一杯用热水浸泡的熟米茶，便四脚朝天躺在沙漠上歇息了。突然，一头灰色野狼"嗖——"一声从草丛中蹿出，回头望了他们一眼奔跑而去。柳彦斌神色紧张，便催促张猛快走。两人翻身上马，继续沿着凹凸不平的沙路策马飞驰。突然柳彦斌勒住马缰："不好，有沙暴！"张猛站在马镫上，伸长脖子向西边望去，果然是黄漫漫沙暴横空而来，尘烟滚滚扎地顶天，很快遮住了半边天。

“快到沙湾躲一躲！”两人拉着坐骑走进沙坳。

一霎时，沙蛟滚动，沙浪滔天，刮得天昏地暗，两人失魂落魄，挤在马肚下任凭沙暴肆虐。一个多时辰沙暴翻滚渐渐遁去，两人灰头土脸地从沙漠里钻出来，张猛骂道：“这鬼地方，说变就变了！”

“我们是不是到了魔鬼窟沙窝了？”

“魔鬼窟沙窝？”张猛掩饰不住内心的惊慌和恐惧，这鬼地方曾被人们渲染得极为可怕，今日可算身临其境了。刹那间，一道闪电划破了灰色天空，倏忽即逝。

“刚过了沙暴，又恐来冷雨！”柳彦斌觉得出师不利有些晦气，一种不祥的预感笼罩在心头，恐怕要濒临深渊了。

一声霹雳，大雨倾盆。两人像落汤鸡无处躲藏。又是一道闪电，电光中隐约闪现出几个披着斗篷的黑影。

“那里有几个黑影！”

“怕是你的幻觉吧！”

“沙坳里确有黑影！”张猛坚持说。

又是一声霹雳，惊得他们魂飞魄散。就在这时，柳彦斌赫然看到张猛被闪过来的几个蒙面人套上黑布口袋压倒在地。

柳彦斌惊慌地大喊：“你们是？”话还没有出口，一块黑布蒙在他头上，耳边一个声音：“不要动！跟我们走！”两人挣扎了一番，无济于事，被绳索套住狼狈地带走了。

正是：正月初七炮打灯，军阀死在榆林城。

主席来到袁家沟，构思写成《沁园春》。

丁勇得来上方剑，活埋警长柳彦斌。

张猛营救避锋芒，双双落入黑窟窿。

第三十七章

一声雷踏进魔窟称兄道弟
俩强盗偷天换日狼狈为奸

当西边落日拂去最后一缕余晖的时候，夜幕降临，万物尽失其色。几株寂寥的古柳勾勒出魔鬼窟古堡毫无生气的线条。视线所及，依稀可辨的黑苍苍轮廓，犹如一头野牛，蜷伏在灰暗的沙原上。野滩上荒无一物，只见一群黑乌鸦“咕呱，咕呱！”飞向灰蒙蒙的沙峰。

一座颇为古老十分讲究的蒙古包式宅院，门口紧闭森严，室内油灯捻子闪闪发亮。在一幅“饿虎扑食图”的中堂下，沙贵图一副乡绅土豪模样，他穿着一件崭新的带有棉绒领子的黑呢上衣，棉绒领子上镶有黑色滩羊羔皮，十分显眼地衬托出紧扣喉头的白色衬衫。一双眼睛机敏地环视着周围动静。穿着镶边长筒靴的两条腿，不停地晃动着，有些自鸣得意的感觉。站在他左边申小龙，一头乌黑油亮的头发犹如鬃毛盖在额头，黝黑略红的脸庞上一副凶狠的表情，血色的嘴唇，让人望而生畏。右边站着一个黑汉，穿着一件粗布上衣，扎着一条蓝色腰带。乱蓬蓬的黑发直立在脑袋上，一条黑围巾围在那粗壮的脖子上。两眼注视着门口，似乎等待着什么……室内刀枪林立，一派杀气腾腾。

沙贵图对站在一侧的鲁布说：“把那两个人带上来。”

这时几个彪形大汉将两个蒙脸的人推上来，取下套在脸上的黑布套，露出柳彦斌和张猛的面孔。沙贵图转动着鼠眼眸子：“这不是柳彦斌柳队长吗，什么风把你吹到这里来了呢？”柳彦斌适应了一下眼睛，没好气地道：“什么风，冲天沙尘暴！”

沙贵图哈哈大笑：“这真是沙风摧垮了土地庙，一家人认不得一家人了。快……快给柳队长他们松绑。”他挥手看座，并令众家丁退下，女佣端上奶茶，便和柳彦斌、张猛交谈起来。

沙贵图：“二位踏破山门，来此有何见教？”

柳彦斌呷了一口茶说：“一言难尽！说来恐怕沙东家见笑。”

“我们乃兄弟也，说来无妨。”

柳彦斌咽了一口唾沫，便滔滔说起来：“红军西犯，陇东庆阳均已失守。安边堡已被红军围困，盐州城眼看危在旦夕，大敌当前，丁勇丁疯子公报私仇，不知从哪里捡来一封署名‘沙里狐’的密件，进行威胁。明明是敌人挑拨离间之计，硬是拿着鸡毛当令箭。那夜若非张猛兄弟及时解救，险些遭到暗算！想起此事令柳某心寒……”

“那封密件署名是沙里狐吗？”

“一点不假！”

“那显然是有人使出的离间之策，……我想沙里狐乃绿林好汉，干的都是‘劫富济贫’的实事，不会玩那些栽赃陷害的把戏，分明是嫁祸于人，你相信吗？”沙贵图假惺惺地说。

“我想也是，‘沙里狐’虽然臭名昭著。柳某从未与其谋面，又无深仇大恨，何故害我呢？”柳彦斌刺耳的话，沙贵图听了心里极不舒服，便岔开话头道：“这个丁勇，也真是一个疯子！也不调查证实一下，不分青红皂白对同党下毒手，这不是呲怪子哭狼——自造不祥吗！大敌当前，产生内讧，也只有丁疯子能干得出来，实乃不祥之兆也！”沙贵图虚情假意地敲打着。

柳彦斌有些沮丧地说：“彭德怀的部队已围攻安边堡多日，安边堡虽有刘保堂十一旅和张廷芝、张廷祥兄弟重兵把守，也很难维持多久。盐州城内十分空虚，光靠丁疯子那点人马是抵抗不住的！不日就会落入红军之手。”

“盐州城失手是迟早的事，柳队长不要过于牵挂。自古道：‘兵来将挡，水来土掩’。红军虽然围攻安边，安边绝不会失手。东面宁条梁的史钫城，北边堆子梁的柴明堂，他们都有精兵强将。红军就是围攻，也是鸡蛋往石头上碰，肯定失败！不过，为今之计，我们还需要制定一套有效的抵挡之策！柳队长有何高见？”

“败兵之将，焉敢谈勇。在这风声鹤唳，草木皆兵之际，想借沙东家贵舍暂避风浪，然后再寻出路。”

沙贵图思谋了片刻：“‘亡羊补牢，为时未晚。’把你保安队在盐州的忠实干将调过来，我们联合组织一个名为护商先遣队，实为一个战斗堡垒，也是我们立于不败之地的一张商业王牌啊。你觉得如何？”

柳彦斌叹了一口气道：“有句话说得好，病人怕的春前春后，犯人怕的冬前冬后，买卖人怕的镖前镖后。在这风雨飘摇的节骨眼上，恐怕是三毛钱的毛驴，拉不出屁来。组队护商，保存实力，如能成功，一箭双雕，当然是妙策！巧媳妇难做无米之炊，盐州城内人心惶惶，这时候用刘备摔阿斗的办法收买人心，很难蹬打开。不过，我先让张猛秘密潜回，搜罗搜罗再做打算。”显示出一副悲凉胆怯的情绪。

沙贵图摆出一副和善的菩萨面孔道：“既在佛会下，都是有缘人。就这么办！要秘密进行，不露声色……”柳、张二人无奈地点点头。

这时一个女佣端着一只黑漆流鎏金托盘，盘上放着一个色彩艳丽的小杯，薄如蛋壳，杯上绘数只小鸡。女佣倒茶端到柳彦斌面前。

沙贵图：“柳队长请用茶！”

柳彦斌轻轻拈起茶杯，呷了一口，注目欣赏。

沙贵图微微一笑：“柳队长，识得此杯否？”柳彦斌注杯摇摇头。

沙贵图：“此杯乃明成化年斗鸡彩缸杯也！它称得上是彩瓷之冠。当年，明朝皇帝不谙政事，却喜欢收藏美器。此杯系明成化年诞生，一出世就赢得皇家欣赏。”

柳彦斌听到此杯来历，拈杯之手顿时战战兢兢：“这是我一生中喝得最昂贵的茶了！”有点赶车不带鞭子，光拍马屁的样子。

“柳队长此言差矣，茶不以杯贵，却以人贵。今用此杯招待柳队长，可见您是贵客了。”

“此杯从何而来呢？”柳彦斌此刻有些诚惶诚恐。

“实不相瞒，此杯是从一个日本富商手中求得。”

“日本富商？”柳彦斌有些吃惊地问。

这时，一个家丁走近，在沙贵图耳边嘀咕了几句，沙脸上顿时露出一丝奸笑。

“柳队长还记得日升昌银号，那位漂亮的女继承人王碛妹小姐吗？”

“记得！已失踪多时，不知去向。”

“现在她有下落了。”

“在什么地方呢？”

“内蒙城川的那达慕会上。不瞒你说，我们之间还有一笔账要清算清算。”

柳彦斌顿时打开了话匣子：“提起王碛妹，我倒是有话要说，她可是盐州城颇有名气的一位女性。精明强干，思谋过人，做事干净利落，待人和蔼可亲。举止高雅，办事果断。令商界人士十分钟爱！还有一点，她倾向进步，思想开放。有人怀疑她是共产党，但很难找到证据。她第一次黄河航运货物，面对沉船，面不改色心不跳，神情凛然！据悉，城大墩焚毁烟土也有她，共党分子窝藏银号也与她有关——但这一切使我们保安队几费周折，明察暗访，找不到一点点蛛丝马迹，最后也就不了了之。”

沙贵图听后诡秘地笑了笑：“‘智者千虑，必有一失！’这次，恐怕她在劫难逃了，谁也救不了她！”

鲁布进来报告：“包头一位日本商人，佐藤先生求见。”

沙贵图收敛了笑容：“好，让他在客厅等候。”回头对柳彦斌道：“就按我们商议的办！你先休息。”便同鲁布一同出去。

在一间小客厅里，沙贵图握着佐藤的手：“佐藤先生，别来无恙！”

“沙先生住的地方大大的好啊！”佐藤称赞道。

“佐藤先生，不远长途跋涉来舍下，不光是游玩草原风光吧？”

“沙先生真是绝顶聪明之人，我们就开门见山地说吧。”两人似乎有相见恨晚之意，重新坐定。一边品着奶茶，一边交谈着。那种亲近之情，暴露出沙贵图那一副卖国求荣之态，似乎在祈求一种怜爱。

佐藤两眼盯着沙贵图眉开眼笑地说：“你们中国有一句名言：‘知己知彼，百战不殆。’绥远和包头的商人，谈及沙先生乃商贸方面的悍将！作为一名大日本帝国的商人，我们的目标是‘东亚共荣’！所以，想和沙先生在商贸上进行合作。”

“合作？做什么呢？”

“你们这里羊毛、羊绒大大地丰富，我们可以合伙办一个羊绒纺织厂。这可是大大有利可图的事！”

“一个羊绒纺织厂？”

“是的！年产十万件羊绒衫，可以远销东南亚和欧美。厂址嘛，最好放在榆林。榆林地处长城边塞，俗称驼城，骆驼马帮运输极为便利，也是晋西北人走西口的必经之地。刚刚到延安的毛泽东队伍，虽有吞并的野心，但有榆林的二十二军驻防镇守，安全问题，料也无妨！沙先生若同意，机器由我方提供。利益嘛，可以五五分成，你看怎么样？”

“五五分成？”

“是的！这样，沙先生组织护商队，所需的枪支弹药也能满足。”沙贵图思谋了片刻，嚅动双唇：“好！我和贵方做这笔生意。”两人举起奶茶杯碰在了一起。

太阳低垂在淡灰色的天空中，照射在魔鬼窟古堡上的光芒显得冷峻而暗淡，它像一座龟缩隐藏在沙漠深处的坟墓。西边天空泛起来的淡淡红润，闪烁着微光为这片土地带来一丝光晕。一阵秋风呼呼作响，斜扫着魔鬼窟古堡周围干枯低矮的灌木丛，残留在地面的枯草败叶陡然飞扬起来。一只孤零零的老鹰哀怨孤傲地扇动着沉甸甸的翅膀从草丛跃起，斜乜着鹰眼又蹿入低凹的沙坳。这时的魔鬼窟古堡鸦雀无声，死一般寂静。

蕴藏的一场暴风雨就要来了……

正是：油灯捻子炭火红，枪刺林立显威风。
　　　警长暂借来魔窟，土匪欲建护商营。
　　　草原窥探商家女，沙海迎接日本人。
　　　合伙联建羊绒厂，汉奸嘴脸始炼成。

第三十八章

下城川双英会面啸风举旗
走西口风雨兼程商女被劫

杨啸风和张军良带着三边特委的指示，风驰电掣赶往内蒙古城川，接收王碛妹慷慨热情资助的骏马。两人骑着快马昼行夜宿风尘仆仆地奔驰了两天，在夕阳西下的时候，赶到了这个沙漠里的绿洲——内蒙古城川，在沙王的官邸宅院见到王碛妹，当晚在王碛妹的陪同下，又会见了扎萨克旗沙王和他的女儿珠玛。

第二天一早，缓缓东升的红日为这片草原抹上一层红晕，金色的草原，绿茸茸的嫩草散发着清新沁人的气息。一排排垂柳每根枝杈都鳞光闪闪，犹如刚刚被雨水浸润过一样，霞珠欲滴，鲜嫩可爱。蓦然间，耳边飞起清脆的牧歌声，歌声飞扬着，回荡着，在草原上缕缕不绝袅袅盘旋：

“草原大，草原宽，弯弯的柳树青青的山；
一滩绿草满湖水，羊群马群放满滩。

银鬃马、黄绒鞍，年轻姑娘骑上边；
放开嗓子把歌唱，歌声飞遍大草原……”

沙王和女儿珠玛带着喜悦的心情，领他们一行驶进一片“牛肥马壮羊儿欢”的绿茸茸牧野。杨啸风和张军良看到散落在草场上的晶莹玛瑙——膘肥体壮、龙吟虎啸的几百匹骏马时，心里激动得几乎噎住了。他们眉不动，眼不眨，犹如一个神态庄严的将军，正在巡视着广阔原野的千军万马。面对一匹头轻颈细，目光炯炯，身胛高耸，腿弯宽阔，鼻洞深大，足与西洋马媲美的中国蒙古马，杨啸风握着沙王的手感叹地说：“这块绿洲太美了，真是培养蒙古马的天堂哪！”

这时，沙王望着这匹雄健的蒙古马，对杨啸风道：“这匹马，小时候险些被狼叼去，它叫小龙驹，因为是二月二龙抬头所生。它浑身赤红，毛色闪亮，跟在红牝马身后跑着。小脑袋上长着一撮卷曲的鬃毛，极为好看。刚刚生下来时，被一条灰色老狼歪嘴叼起小龙驹的耳朵，甩在背上想把它拉走。小龙驹妈妈撑着虚弱的身体试图挣扎营救，站起来又跌倒，眼里闪着浑浊的泪水。就在这时，我从圈栏过来，发现灰狼歪着眼睛驮着小龙驹的嚣张气焰，顺手操起一根木棒向灰狼冲去，那条灰狼一惊放弃小龙驹，张着血盆大口龇着牙猫着腰向我扑来，我急忙蹲下，把木棒举起指向灰狼，说也奇怪，那条灰狼口吐着涎水灰溜溜扭头窜走了，我这才救下这匹小龙驹。现在你看它长得膘肥体壮，多么精神哪！”

“真是一匹良种的蒙古马啊！”

他们远远望去，几个年轻骑者，犹似活蹦乱跳的小精灵，纵马扬鞭地飞驰在广阔草场上。这时杨啸风和王碛妹一阵风地飘忽在草原绿丛中。他回头对她道：“当年，汉武大帝独具慧眼，瞄准鄂尔多斯大草原这片丰茂地域，纳入皇家，使其成为西部的六大养马场之一，绝不是偶然的。虽然历史硝烟早已散尽，但眼前的烽火又在燃起。在当今国难当头的时候，蒋介石不懈地以‘抗日也要消灭共产党’的疯狂伎俩，对北上抗日的红军四面围堵，妄图一举歼灭，再加上日寇摆脱羁绊的大举进攻，中国犹如一只随时要爆炸的火药桶。抗日的怒火到处燃烧，中国共产党决意在国难当头之际，联合中国可以联合的所有力量进行抗日作战，完成了从‘反蒋抗日到联蒋抗日’的决策转变。盐州城不久将回到人民手中，革命形势正在风起云涌……”

王碛妹闪动着明亮的眸子：“所以，这次请你来接收这批战马，也是我们商家对抗日革命的一点支援，也是我父亲王晋柳对自己赎罪的一点心愿！”

“王经理的赎罪心愿？”

提起父亲，王碛妹不禁潸然泪下。喃喃地将父亲与沙贵图联手进行烟土交易，最后两人决裂，父亲被暗害的前因后果告诉了杨啸风。

“实际上西口大盗沙里狐，就是商家沙贵图的化身。我到现在还没有与他正面交锋过，但他的种种举动，我们早已有所了解。不过，此人近期销声匿迹，不知隐藏在何处？另外，你将日升昌银号转让给安边万盛客栈，对沙贵图是一个沉重的打击！这既是一步退缩的险棋，也是一步进攻的‘狠招’。‘明枪易躲，暗箭难防。’这个心狠手辣的商界败类，决不会自己退出历史舞台！他会继续伸出魔爪反复纠缠，以失控动力进行垂死挣扎，王小姐可要留心！”杨啸风说。

“既然事已至此，我也就无所畏惧了！我想草原这么广阔，难道人类之间的心胸，就不会像草原那么宽广吗？”王碛妹双腿把马肚一夹，那双眼睛闪烁着美丽的欢悦纵马飞驰，杨啸风提缰冲了上去。这时，张军良和珠玛骑着两匹神骏远远跟了上来。

在沙王和王碛妹的安排下，杨啸风秘密会见了活跃在伊克昭盟一带的毛泽民和中央特派员、三边特委高部长，向他们汇报了此行的目的。毛泽民和中央特派员、三边特委高部长鼓励他坚决完成此项光荣而神圣的任务，尽快将这支蒙汉骑兵队组织起来，为抗日和民族解放做出贡献！并告诉他，彭德怀率领的西征部队，在围攻安边城的同时，韩先楚率红军十五军团一部，包围了盐州城，经过两天两夜的战斗，消灭了马鸿逵骑兵营在内的三百多人，解放了盐州城。这一振奋人心的消息，使杨啸风和王碛妹心花怒放。

毛泽民这时以严峻的口吻对杨啸风道：“二百匹骏马已在牧场养精蓄锐，你们要借着这股雄风浩气，尽快组织人力、物力，支援西征解放全三边。盐州城刚刚解放，还是一个新区，财力物力极其困难尤其是安边堡的十一旅和张氏父子的地方势力十分顽固，封锁着通往延安的红色运输线，希望你们在特委的领导下，开展工作做好运输线的流动和畅通。我们不日将回延安汇报，有什么情况和这里地下组织联系。”杨啸风和王碛妹商议后，决定兵分两路。他和张军良重返盐州组织预备兵力，王碛妹和翠姑将深入内蒙古敌占区，秘密购置所需军用物资。任务在即，便分头进行。

七月中旬，王碛妹和翠姑通过地下商贸渠道，在西口包头，购买了一大批布匹、棉花和医药等物资，雇了两练陈家骆驼队，渡过黄河进入鄂尔多斯达拉特旗地界。草滩上三五成群牛马交头接耳，扯咬着沙湾里的青草。河畔上金黄色的秋田醺然微醉，身躯在微风中颤颤悠悠，略显出粉黛的蒙古包点缀散射出无限的青春活力。

骑在骆驼上的王碛妹，回想自己潜入包头的日子，心里十分惆怅。一块好端端的风水宝地，被日本鬼子糟蹋得满目疮痍。想起在转轮藏的小村，听老大爷刻骨铭心地讲述日寇初来包头转轮藏的情景。那天鬼子进村住了一宿，一个日本军官睡过了头，被当地民兵偷偷捕获，村民恨得要杀，民兵说不能杀，要交给大青山游击队。不料鬼子很快发现丢失了军官，二次扑来，这伙强盗像疯子似的，逢人便开枪，村民四散逃跑，跑得快的，跑了，跑得慢的，被捅死了。房舍一把火烧了。一个小媳妇没跑掉，被鬼子糟蹋了。婆婆骂那些日本鬼子灰牲口、灰圪泡、没人性！

中午时分，一声巨雷，紧接着是瓢泼的大雨，雨点如豆粒，从空而降，直泻冷冰的雨水把骆驼队淋得无处躲藏。一会儿，骤雨变成了不大不小的细雨淅淅沥沥地下着。骆驼队在湿漉漉的小雨中，终于找到一处可以避雨打尖的伙场，脚夫吆喝着卧驼抬驮，打起一堆篝火，开始烧水泡茶。

这次内蒙古之行，王碛妹目睹了日寇占领包头践踏和蹂躏的种种罪行，刺痛了她的心。一些日本商人用他们的三寸不烂之舌，打着所谓“大东亚共荣”的幌子，招摇撞骗，诱惑商家办银行，修礼堂，建设他们的商贸市场。以此来炫耀大日本帝国的赫赫威风。种种迹象表明这些野心勃勃的日本商家，不断窥视着黄河以东的鄂尔多斯高原和陕北长城沿线，妄图把罪恶的魔爪伸进这片土地。

“日本鬼子还想来我们这里吗？”拉着驼峰的翠姑不解地问。

“最可怕的就是他们的商业渗透！表面上进行所谓的商贸活动，骨子里却怀着不可告人的政治野心。”王碛妹心情沉重地答道。

眼看夜幕降临了，细雨还是淅淅沥沥地下个不停，地平线上又出现了厚厚的黄色堆积云，看来一场大风就要来临了。眼前一片沙漠与丘壑结合地带，山势险要，环境独特，长城绵亘，烽台叠嶂，雾气氤氲之间，一派宏大气象，让人敬畏。拉骆驼的陈师傅告知，已进入长城要塞驼城边关。一处黄土窑院木栅门头一面“双锁山驿站”招牌在斜风细雨中摇曳。这时木栅门走出一位五十多岁的老大娘，王碛妹迎上去。

“大娘，我们想歇店！”

“进来、进来！”大娘热情地招呼着。

一时间两练骆驼便缓缓进了驿站。顿时院内一片嘈杂的吆喝卧驼抬驮的忙碌景象。在晚饭闲聊中，得知这位憨厚质朴的老大娘姓刘，是个寡妇。老伴去世多年，儿子被国民党抓了壮丁，儿媳和她相依为命，开牲口草料店维持生活。

“大娘，这地方为何叫双锁山呢？”王碛妹不解地问。

老大娘微微笑道：“你看这山头成对，地形像锁，老辈人就叫它双锁山。”

王碛妹抬头仰望，云遮雾罩的山头，果然山岛对峙，一派塞外边关的绮丽风貌。这时老大娘兴致上来，打开话匣子津津乐道：“我们这地方，在赵匡胤时代，有一位女将军刘金定驻扎在这里镇守边关。”

“刘金定？”

“是呀！老一辈人说她带兵二十万，抗击辽寇。在我们庄留下遛马台、饮马沟、点将台、绊马堧等遗址，还流传下她和高君保招亲的故事。有一首顺口溜唱道：刘金定屯兵双锁山，巾帼英雄非等闲；将台挥旗操兵马，保卫边疆抗敌顽。高君保北上把兵搬，刘金定相遇绊马堧；借故挑战营盘梁，将遇良才结姻缘。”

“大娘真不简单，说起故事如数家珍一样。”

“姑娘别见笑，我经常给来客讲这些故事。姑娘想听，我再讲一段。”

“大娘请讲。”

“你看我们这地方满山遍野的料绞圪垯，我这驿站店院、墙壁、门墩、鸡窝、狗窝包括茅房都是料绞圪垯垒成的”。

“怎么有这么多料绞圪垯呢？”

“关于料绞圪垯，还有故事传说呢。据说当年刘金定在这一代镇守的时候，一天士兵们正在埋锅造饭，搅拌酸菜荞面圪垯汤，突然间军探来报：辽军从四面八方包围而来。刘金定怒火烧身，气贯胸膛，一脚将一大锅荞面圪垯汤踢翻在地，披挂上马带领将士和敌人展开厮杀，两天两夜，血战沙场，只杀得天昏地暗，日月无光，血流成河。一锅锅荞面圪垯汤血水搅拌，风卷日晒，凝固成现在的满山遍野料绞圪垯，这便是双锁山料绞圪垯多的由来。”

王碛妹听完这个有趣的故事，心想这片土地这么神奇，想着想着便朦朦胧胧地来了睡意，靠着炕墙就睡着了。

半夜里院内一阵响动，翠姑爬到窗前看了一眼，发现两个骑马人鬼鬼祟祟地向店家嘀咕一番后，住进了驿站。刮了一夜的大风，黎明时候，厚厚的浓雾弥漫着沙漠草地，一群小鸟在草丛中叽叽喳喳的跳来跳去。牛栏中翠姑和店家大嫂在牛肚下挤奶，白色乳汁被“唰唰唰”地挤进奶桶。王碛妹在一侧厨房灶火前烧火，不时向灶膛里添送沙蒿柴，火光照射着她美丽的脸庞。

就在这时，两个黑影闪在一侧，他们相互点了下头。悄悄摸到王碛妹身旁，猛地扑上去，将一块黑布套在她头上，迅速拉上马背，疯狂跃马逃离。翠姑发觉有动静，跑过来一看，小姐不见了，灶口散下满地灰烬，隐约望见浓雾中闪动着逃窜的马匹，她惊恐地喊道：“小姐！小姐！”跺着脚喃喃地：“我家小姐被强盗绑架了……”痛苦地哭了起来。

老大娘望着浓雾弥漫飞逃的黑影骂道：“你们这些死强盗，老天爷不会饶过你们的……”

正是：化身西口大牧户，绰号商匪沙里狐。
双英会面举红旗，一支红军破盐州。
商女敌后筹物资，红色骆驼走西口。
归来避雨双锁山，碛妹被劫进魔窟。

第三十九章

王碛妹身陷魔窟痛斥大盗
沙贵图狗急跳墙再施淫威

一九三六年初秋，绥远传来了捷报，绥远省政府主席，中国第三十五军军长傅作义，痛击了日寇的野蛮进攻，收复了被日寇占领的重要据点白灵庙。傅作义将军转瞬间成了人们拥戴的抗日英雄。

白灵庙的收复，是中国军队第一次坚决对日作战，从日军手中收复失地，消息传遍了全国，引发了万众欢腾。这一年的冬天，蒋介石视察驻扎在西安的张学良部队，他想给长征到陕北的红军最后一击。以张学良和杨虎城部三十万对三万兵力，把共产党消灭在襁褓之中。

戴着“不抵抗将军”帽子的张学良则表示，要率领部队支援绥远抗日，却受到蒋介石严厉训斥。张学良无从选择，与蒋争辩无果后，于一九三六年十二月十二日扣押了蒋介石，震惊中外的“西安事变”爆发了。西安事变枪声震响了全国，震响了内蒙城川，革命形势如火如荼。

这一天，杨啸风在内蒙古扎萨克旗举起了“蒙汉骑兵支队”的大旗。成为响彻鄂尔多斯伊克昭盟大地的一声春雷，震动四野。那天清晨，一抹朝晖，一圪垯红云透射出一条条光柱，城川草原金光四射。一片紫霞升腾的草原上，红旗猎猎，龙腾虎跃，呈现出一派万马奔腾之势。

此刻，杨啸风骑在那匹膘肥体壮，与西方洋马媲美的中国蒙古马背上，望着这红旗招展气壮山河的雄浑场面，胸中顿时升腾起那首《风云儿女》主题歌——《义勇军进行曲》来：

“起来，不愿做奴隶的人们！把我们的血肉，筑成我们新的长城！中华民族到了最危险的时候，每个人被迫着发出最后的吼声：起来！起来！起来！我们万众一心，冒着敌人的炮火，前进！前进！前进！进！”

一声长长的呼哨。沙王和女儿珠玛跃马从紫霞升腾的草地飞奔而来，他们举着一面新绣的“蒙汉骑兵支队”大旗飞驰而至。精神抖擞的沙王兴奋地说：“这面大旗，就是蒙汉人民抗击侵略者的象征！希望它高高飘扬！”

杨啸风以千钧臂力接过大旗，挥动着：“谢谢沙王的信任！蒙汉骑兵支队将在中国共产党的领导下，为保卫国家的尊严和蒙汉民族的生存而斗争！打击侵略者！”

众骑士：“消灭侵略者！消灭侵略者！”草原一片欢腾，旌旗招展，杀声震耳。

这时翠姑骑着快马飞驰而至，将王碛妹被劫持一事告诉了沙王，沙王大吃一惊，便向杨啸风道：“王碛妹小姐在边塞驼城的双锁山被土匪劫持，去向不明！这是哪伙强盗干的呢？”

杨啸风喃喃地说：“沙里狐？这个贼心不死的西口大盗！敌人既然破釜沉舟，我们也只好背水一战了。”

魔鬼窟沙漠秋夜，寒星如豆，朔月如钩，鸟不语，蝉不鸣。一个空荡荡的柳编蒙古包内，王碛妹被绑在木柱上，口内塞着一块白布，不能说话。身旁两个彪形大汉看守着。

门开了，沙贵图走进，一副嘲弄语调夹带着假装出来的怜悯：“怎么这样对待王碛妹小姐呢？”他挥了一下手，一彪形大汉便将王碛妹口中塞布取出。沙贵图靠近她以一种病态心理，说着出言不逊的话语：

“王小姐，想不到吧，我们又见面了！”

王碛妹鄙视望了一眼，把头转了过去。

“不要不好意思，这下日升昌银号的女继承人恐怕得听我安排了。”

王碛妹啐了一口：“滚！你这个猪狗不如的东西，你休想！”

沙贵图抹了一把脸上的唾沫冷笑道：“你跑到哪，也逃不出我的手心！”他甩开外套露出插在腰间的两把手枪。

“今天落在你手里，要杀要剐随你的便！”

“想死？没那么容易！不过，今天我得把话就挑明。当年日升昌银号，名震西北，财源滚滚，富得流油，全靠我们合伙的烟土买卖。你父亲王晋柳不费吹灰之力，赚了几百万，这里面也有我的一份血汗钱！有一句话说得好，父债子还。我和你父亲这笔账还得清算，今天恐怕得由你来偿还！”

王碛妹有些怒火攻心道：“有你什么血汗钱？分明是敲骨抽髓的一场滴血交易！”

“就算是吧！如果你父亲听从我的劝告，继续与我合作，同意将你嫁给我，也许不会落得如此身败名裂！可他一意孤行，邀我去东湖面谈，实际上是一场决斗！想置我于死地。最终他死在我手下的枪口下，这不能怨我……”

王碛妹泪流满面地骂道：“你……你这个杀人不眨眼的刽子手，不得好死！”

“不要那样骂人嘛！是你父亲首先开枪引起的。决斗嘛，就是这样！……不过，我很佩服你的精明强干，眼看共产党就要来了，你将日升昌银号迅速转让给安边万盛客栈，转移视线抽逃了这笔不光彩的财富，跑到那荒无人烟的蒙地做什么？现在回头为时不晚，或者我做你的主人，或者你做我的妻子，你父亲的那笔财产将由我们共享？”

“呸！去做梦吧！我就是死，也不会嫁给你。那笔财产我已为父亲赎罪了，已用在正义的民族事业上了！”

“什么？正义民族事业？”

王碛妹此刻一板一眼铿锵有力地说：“我已将这笔钱财，购买了二百匹战马，组织了一支‘蒙汉骑兵支队’！支援抗日，消灭你们这帮强盗卖国贼！”

沙贵图脸上顿时露出凶光，咬牙切齿地说：“原来你是盐州的头号间谍，早就私通共党了！”此刻他气得浑身发抖，狂怒之下，一把掐住王碛妹的脖子，拼命推搡，牙齿咬得咯咯作响，像一头发了疯的狮子，恨不得一口将她吞下去。

王碛妹这时以一种反嘲讽的口吻道：“不错！我同情共产党，因为他们是为穷苦的人民大众服务，谋利益！而你是披着实业家外衣，干的却是悍匪强盗的勾当！我现在正式告诉你：城大墩烟土交易是我报告了保安团，你的那四十包烟土是我参与焚毁的！我还知道，你勾结惯匪杨猴小祸害乡民；我还知道，你利用兵痞夺取红军手中的军火，扶持不沾泥密谋东山再起；我还知道，你就是刀口舔血，杀人越货，总以沙里狐留名的西口大盗；我还知道，你私通日寇，充当间谍，成为汉奸卖国贼！”王碛妹愤怒地痛骂着。

沙贵图强压住心中的咆哮说：“我就是沙里狐！你知道，又能怎样呢？今天你的命已掌握在我的手里，王小姐，晚了！”

这时，申小龙慌慌张张跑了进来：“沙爷，不好了，一支骑兵队将魔鬼窟古堡包围了。”

沙贵图一惊故作镇静地说：“让他们来吧！各个据点的人马和地下先遣队都抽回来吗？”

“都已集结待命，就等沙爷下命令了！”

“好！看紧她。等那个杨啸风来了，一块送他们进地狱！”便匆匆走出柳编屋，飞身上马奔驰而去。

隐藏在柳编屋后的柳彦斌，将他们的对话听得一清二楚。使他吃了一惊，原来龟缩在魔鬼窟古堡沙窝的沙贵图，竟然就是臭名昭著的沙里狐？他躲在魔鬼窟，貌似猖獗，实为强弩之末。柳彦斌对他的可恶行径，大感义愤。深感自己逃出狼窝，又进了虎窟。魔鬼窟沙窝里的这些西口大盗，自身难保，岌岌可危，很可能维持不了几天。一旦攻破，玉石俱焚，不如趁早逃离这个虎狼之地。倏然明白，只能自认倒霉。想到这，便以手抓两把泥，脚踏西瓜皮；能滑就滑，能溜就溜的本事，潜入马厩偷偷拉出一匹马来。转眼之间，周围杀声震耳，蒙汉骑兵蜂拥而至，柳彦斌一看走也走不了，逃也逃不掉，猛见一草舍，不如暂时隐藏起来，以便在趁乱中逃出。不想被一土匪拦住："你是谁，来这里做啥？"

柳彦斌觉得事发不对，慌乱之中手举枪响，土匪栽倒在地，他趁势翻身上马夺路而逃。这一瞬间被狡猾的沙贵图瞧见，骂道："这个怕死的王八羔子，临阵脱逃，死到临头！你想到阎王爷那里去报到，我就成全你。"举起手枪扣动扳机，一声枪响，出逃的柳彦斌趔趔趄趄跌下马来，一命呜呼！想不到精明一世的柳彦斌，机关算尽太聪明，反误了卿卿性命，竟然死在了沙贵图的枪口下，也算是恶有恶报了。

关于柳彦斌还值得一提。这个警察老手身上有许多神秘之处，在盐州城那些岁月，他好像有一种巨大潜力支撑笼罩着他的躯体。似乎在那片土地上，既不狠毒，也不慈悲。装模作样，从一个亡命之徒巧使金蝉脱壳，平步青云一跃成为盐州城说一不二的人物。他在自己的仕途上，像陀螺一般一直飞翔旋转，从高处旋转到低处，又从低处旋转到高处，不断袅袅盘旋，沉浸在权力的境界之中。他如痴如醉，旁若无人，可以不断发号施令，但从不向偶尔接触之人施加服从力量，但他骨子里和灵魂深处是一个典型的嫌贫爱富之徒。他自感幸运，相信预兆，相信迷信。千里做官，为了吃穿，权力不用，过期作废。逐权谋利，贪赃枉法，假仁假义，骗取信任。有一次柳彦斌和一名穷汉拉话，穷汉说：打过春，光棍把眼睁。他说：把眼睁？春天还有四十九天摆条风。穷汉又说：风背风，不上身。他又接着说：不上身？春风还能吹破琉璃瓦哩……气得穷汉咬牙切齿，你真是一个魔鬼！这就是他所谓的灵魂爱憎自然流淌。然而，他这种顾头不顾尾泰然自若的潜力，投机取巧，也许能在某些时候一步登天。但若不吸取经验教训，下场是毁灭性的！果然竹篮打水一场空，留下一具尸体，留下一具骷髅在沙漠野窟之中。

这时匪徒申小虎气喘吁吁地骑马而至："沙爷，那个姓杨的红匪，带着骑兵冲过来了。"

"来得真快呀！你带上几个兄弟守住古堡外围！"

“是！”杀气腾腾的申小虎，飞身跳上马背，带着一伙舞刀弄枪的亡命之徒，冲杀过去。

沙贵图在马上对随从挥了挥手：“我们去中心堡垒！”露出一副最后挣扎的垂死疯狂之力，纵马狂奔在硝烟之中。

这时枪弹轰鸣杀声震耳，回响在魔鬼窟堡垒上空……

正是：收复失地白灵庙，抗日掀起新高潮。
　　　红旗卷起战马飞，蒙汉骑兵动地摇。
　　　商匪狗急施淫威，商女魔窟斥大盗。
　　　围住土匪灭商贼，边塞红旗迎风飘。

第四十章

魔鬼窟冤家路窄乌兰报仇
陈绍武神秘现身谜底揭开

魔鬼窟古堡的比利时洋人小教堂钟声敲响了三点钟，灰蒙蒙的雾霭仍然覆盖着魔鬼窟沙窝。凉飕飕的沙风刺骨的寒冷。天空中黄漫漫的厚厚云层下，朔风怒号，硝烟弥漫，猎猎红旗，战马奔腾！预示着将有一场恶斗。

沙贵图这时怒目圆睁，一脸杀气，露出隐藏多年的狰狞面目，抱着一台轻机枪压在中心堡垒平台上，怒吼着："守住中心堡垒，守住中心堡垒！"沙哑的吼声，犹如呲怪子乱叫。他当然也知道，胜败在此一搏。这是一场非常惨烈的厮杀。土匪人数不少且大都是手握大刀，只有少部分有枪支的人垂死挣扎，哪里是杨啸风骑兵健儿的对手。近一个时辰厮杀，匪兵除少数人逃走外，剩下的非死即伤，鬼哭狼嚎。

魔鬼窟沙漠周围的枪声不断传来，申小虎率领土匪们躲在沙梁树丛间进行顽抗。枪口喷火，烟雾弥漫，火舌乱窜，子弹飞溅……一刻钟后，许多土匪尸体已经躺在草地上，土匪们不得不撤回到魔鬼窟宅院，这里是他们妄图守住阵地的最后堡垒。

这时枪声大作，杀声震耳。杨啸风率领的十余骑冲进了魔鬼窟中心堡垒。

沙贵图的左路首领申小龙，带着一帮敢死队一手持刀，一手持枪，杀气腾腾地冲来。马背上的张军良率着铁骑健儿跃马横刀，枪击刀劈，将冲上来的土匪一个个劈倒在地，血肉横飞，留下一具具尸体。

枪声中熊武惊慌失措地从一侧跑出，“嗖嗖嗖——”枪弹火光不断从他头顶上飞过，惊吓的无处躲藏，慌不择路，向一个土坯茅房钻进，突然一颗枪弹正中头部，一头跌进粪坑再也没爬起来。也是他机关算尽，遗臭塞外的下场。

厮杀声渐渐地开始冷落下来。张军良跃马冲向魔鬼窟宅院时，突然一声枪响，躲在一侧的申小虎偷偷地放了冷枪，张军良中弹，一个趔趄险些跌下马来。杨啸风冲上眼疾手快，将申小虎一枪击倒在地。另一个匪徒正欲举枪偷偷猎射，守护在宅院一侧的卧底乌兰跳出来，铁臂像一把钳子将匪徒脖子一拧结果了性命。

就在这时，乌兰猛地发现烟尘中的珠玛，便大声喊道：“珠玛！……珠玛！”乌兰异常激动地喊着。

“扎力格……扎力格！”两人拥抱在一起。

“你怎么到这里，这几年你在哪里，想得我好苦呀？”珠玛热泪盈眶。

“我从陕北古盐州进入沙里狐匪窝，一直跟踪到魔鬼窟卧底，一言难尽！现在不是说话的时候，你知道杨啸风吗？告诉他，快去魔鬼窟堡垒救王碛妹小姐！”他指了一下方向，珠玛流着热泪迅速离开。

在一阵枪声中，杨啸风带着骑兵健儿，迅速冲向一座大型的蒙古包式的宅院，他是沙贵图最后挣扎的中心堡垒。

“沙里狐，你们已经被包围了！”杨啸风大喊着。

这时中心堡垒大门突然打开，沙贵图、申小龙将捆绑的王碛妹推出门口，用枪抵着她的头部，她口中塞着一块黑布，目光怒视着。

沙贵图望着马背上的杨啸风冷笑道：“你就是那个杨啸风吧，看一看这是谁呢？”

“沙里狐，你已经走投无路了，快快投降吧！”

“投降？笑话！看吧，这就是下场！杨啸风先生，你要她活命，可以！放下武器，让你的骑兵退出魔鬼窟，否则，送你们一块上西天！”

“对抗是无益的！不要再垂死挣扎了，放下武器，是你们这帮匪徒唯一的出路！”

“杨啸风，我小看你了。原来你就是烽墩口子火中取栗的那个共党分子，我早想抓住你，剥了你的皮！天堂有路你不走，地狱无门你要钻。今天你送上门来，你的死期也就到了。咱们旧账新账一起算！快快退出去，否则，就对她不客气了！”他将枪口点了点王碛妹的头。

“沙里狐，你不要乱来，你做的坏事罄竹难书，杀你一百次也不过分！快快释放人质，否则，就将你们彻底消灭！”

“释放人质？没那么容易！我沙里狐，闯荡江湖三十载，白刀子进去，红刀子出来，岂能被你两句话吓倒。实话告诉你，既然进来了，就别想出去。在你的脚下已埋了数百公斤的火药，只要我一声令下，这里将变成一片火海！”沙贵图哈哈大笑露出狰狞的面目。

王碛妹惊愕地摇摇头，示意杨啸风退开。

此刻，沙贵图凶相毕露，将枪口压在王碛妹头上：“你们退，还是不退？不退！那就为王碛妹小姐陪葬吧！”对身边的申小龙喊道：“去吧，把火药点了！”

申小龙匆匆钻进宅院一个蒙古包，化名鲁布的乌兰，悄悄跟了进去。

杨啸风怒吼着：“沙里狐，你别胡来，你别胡来！好，我们退。”众战士随着命令慢慢退后。

申小龙钻进蒙古包内，在一处封闭的小室，揭开地下铁盖，露出导火线，他取出火柴战战兢兢将火线点燃，正欲逃出时，说时迟，那时快，乌兰一个箭步跨过来，挥动铁臂迅速卡住申小龙脖子，一手将点燃火线拉出，随手重重一拳将申小龙击倒，申小龙翻身跃起：“你是何人？”

“我是鲁布也！”

“鲁布？你反了！”

“我就是反了！你这个杀父仇人，当年杀害商人边客——扎伊盟，你还记得吗？”

“你是他什么人？”

“我是他儿子，今天我要替父报仇了！”

申小龙一惊非同小可，正欲动手，被乌兰一个扫堂腿踢倒在地，申小龙一个鲤鱼翻身又跳了起来。两人摆开架势进行殊死搏斗，没几个回合，被乌兰重重击倒在地。

这时，沙贵图穷凶极恶，用枪抵着王碛妹的头疯狂喊叫着：“闪开！闪开！”

杨啸风和战士只好放下武器退开。突然一个全副武装的蒙面人从后边跃出，一只铁臂将沙贵图举枪的手重重按下，顺手将王碛妹推向杨啸风，王碛妹唏嘘地倒在杨啸风怀中。

蒙面人猛地回头一刹那间，另只手举起枪对准沙贵图：“沙里狐，放下武器吧！”

沙贵图一怔：“你是？”

蒙面人抹下蒙脸黑布，严峻的眸子闪闪发亮：“碎金镇当铺东家，认识吧！”

“你不是安边万盛客栈的陈绍武吗？”

“是的，我是陈绍武！”

“你到底是什么人？”

“高双成二十二军挂职参谋，安边万盛客栈首任经理，也是商界一名爱国者！”

“原来你是一个混进军界商界的奸细，怪不得坏了老子许多大事。今天，我饶不了你！”疯狂地喊道：“炸吧！快炸吧！把这魔鬼窟炸成平地！烧成灰烬！”

“炸不了啦！”一声枪响，沙贵图眉心中弹，他晃动着身躯挣扎着栽倒在地。一个飞扬跋扈道貌岸然的伪君子，一个商界大霸主，一个不可一世血债累累的西口大盗，一个投靠日寇出卖情报的大汉奸，结束了他可悲的性命！

恍惚间，被击倒的申小龙翻起身子，睁开血红的眼睛，从怀中掏出一把手枪，摇摇晃晃爬起来，仇恨地对着陈绍武扣动了扳机，一声枪响——陈绍武胸部中弹，他本能地左手按住流血的胸膛，右手一扬“哒！哒！”连续两枪，将申小龙击毙。申晃动着身子艰难地倒下，再也没有翻起身来。

杨啸风见趔趄欲倒的陈绍武，猛扑过来迅速扶住：“绍武兄！绍武兄……”

陈绍武此刻喘着粗气，王碛妹将他扶靠在自己身上。夕阳的光辉照耀着他，脸上闪烁着熠熠金光，胸口的血不住地冒着，此刻，极度虚弱的陈绍武顽强地嚅动着嘴唇，似乎想说什么……王碛妹扶起他的头，一瞬间陈绍武又昏了过去。

“绍武兄！绍武兄！”杨啸风按着他流血的伤口呼喊着。这时枪声继续，冲杀的战士在火光闪耀中势不可当，乌兰抱着一挺机枪在战火中射击着，魔鬼窟沙窝的土匪敢死队，死的死，伤的伤，剩下的也当了俘虏。

几分钟后，陈绍武苏醒了。杨啸风示意迅速抢救，陈绍武摆了摆手，示意不必了。王碛妹将他的头往起扶了扶，陈绍武目视着杨啸风、王碛妹、珠玛等，嘴唇慢慢翕动着：“有些事，我想告诉你们……”

杨啸风点点头：“你能说，就说吧！”

陈绍武此时似乎鼓足勇气：“不是有几次秘密行动，被认为是神秘不解之谜团吗？”

杨啸风：“是的，你能告诉我们吗？”

陈绍武艰难地停顿了一会儿，便挣扎地伸出手握了一下乌兰喃喃地说：“我认识你，那年河匪攻击，你晕倒在河滩，当时我正乘船经过，发现你伤口流血，我不忍心离开，迅速包扎了伤口，将你背到一个水手打尖的土窑，任务在即，我便离开了。”

乌兰握着陈绍武的手吃惊道：“原来你是救命恩人……”乌兰泣不成声。

陈绍武喘着气，又停顿了一会儿，将手递给杨啸风喃喃地继续道：“那次城大墩被围，是我开枪扰乱了柳彦斌视线；你们在县衙夺取军火，是我提早打开了南城门；下闇门村匪徒拦截，是我在暗中击毙了不沾泥；柳树涧红军驻地遭遇白匪张廷芝的偷袭，是我掠获情报，跟踪而去开枪报信；躲藏在谢彩英院内我党负责人，遭白狗子搜查，是我开枪诱惑将其引开；谢彩英刑场枪决，是我买通刽子手……这些事实际上违背了组织原则，但为了防止身份暴露，我不得不在暗中行动，虽做了些事，帮了些忙，但也造成了一些不解之谜，也是不得已而为之，你们不会介意吧？”

杨啸风：“我早已有所察觉。不过，你为党的事业呕心沥血，身在曹营心在汉，在危难之际，出其不意，显露身手，孤胆作战，出生入死，为革命事业鞠躬尽瘁！你做的那些事，比小说《水浒传》中的英雄‘该出手时就出手’更为精彩……我们会永远感激你的！”

陈绍武摇摇头。显然呼吸有些困难，大家眼睁睁地望着他伤口流血，束手无策。陈绍武似乎猜想到大家的意思，他摇摇头，不必抢救了。他停了停继续道：“我早已发现沙贵图就是西口道上的沙里狐。他藏匿行踪，勾结日寇，躲在魔鬼窟沙窝，垂死挣扎，并劫持了王碛妹小姐。在你们行动之前，我已暗暗来到这里……”他停顿片刻道：“我最后想告诉你们，为了扩大陕甘宁边区，中央决定解放三边全境。安边堡是一颗硬钉子，十一旅倾向革命，部队中有不少共产党人坚持斗争。刘保堂、曹有参和张家父子叔侄翻脸是迟早的事。希望你们能加强统战工作，争取十一旅起义。”

这时陈绍武，睁大了眼睛，断断续续对大家道：“同志们，信仰高于生命，理想决定成败。可惜我再也不能为党的事业尽力了。”他伸出手和杨啸风握了握，一扭头合上了眼睛。

“陈经理！陈经理！”张军良肩膀缠着绷带泪流满面地呼喊着。杨啸风、王碛妹、乌兰、珠玛等，大家站起来默默地深鞠了一躬。雪凝的沙原上，留下一位坚强不屈的地下工作者，一位叱咤风云的商贸英雄人物，一位艰苦卓绝的红军战士……

马蹄声和枪声震动着荒原，震动着魔鬼窟沙漠。这时候，火红的西天落日仿佛是燃烧着的怒火，把骚动不安的魔鬼窟烧成灰烬，凝固了白泥井古堡沙漠草场，牛羊像洪水猛兽四散泛滥，夕晖下的魔鬼窟发出枯草般的悲鸣。沙贵图深藏的堡垒——魔鬼窟，最后一点光亮渐渐逝去，神秘的魔鬼窟，它的肢体在油尽灯枯中逐渐化为灰烬。

“命中只有六合米，到死还是不满升。”沙贵图这个化名沙里狐的西口商贸大盗，机关算尽，明灭起伏，喧嚣一时，疯狂淬火，像劲风中的枯草，骤然碎裂。

正是：献身革命分别离，情人会面战火催。
击毙土匪抒远志，救助商女烽烟里。
英雄中弹强挣扎，解开多少神秘“谜”。
叱咤风云一战士，红色尖兵陈经理。

第四十一章

女扮男烽火商女返回盐州
闯虎穴疏通商道心向延安

鄂尔多斯城川的一天早晨，碧空如洗，整个苍宇非常明亮，宁静柔美的红色光华像燃烧的火焰闪烁流光。蔚蓝色的天空下，一滩滩绿草一湖湖碧水，牛肥马壮羊儿撒欢，鲜艳花儿露珠闪闪。年轻姑娘牵着马儿放声歌唱，嘹亮的嗓音飞遍大草原：

蓝格茵茵天上飘彩云，
鄂尔多斯草原一片金。

大青山上一疙瘩瘩云，
蒙汉骑兵队下了道招兵令。

沙圪堵点灯沙川川明，
草原上闹开了红色革命……

两匹飞驰快马从天边而来，他们是扎力格和珠玛。五年前，他们在这块草滩上拥抱挥泪离别，有一种“夕阳西下，断肠人在天涯……”的悲凉痛苦。此刻，他们胸襟开放，心情激动。谈草原，谈斗争，谈战火，谈消灭土匪，谈为红色革命献身……

特别是扎力格，回想那年参加党的地下组织，就像沉沦颓废的夜色中耀起了启明星，在自己看不到一线希望的时候带来了光亮。五年来，按照上级指示，他活跃于蒙汉边界并潜入匪窟，终于摸清匪首沙里狐在商道上的种种匪夷和卖国勾当，使其最终受到应有的惩治，被击毙。西口商旅暂时得以正常贸易，也为惨死的父亲报了仇……现在自己是蒙汉骑兵队的一名指战员，肩负着神圣的革命事业。兴奋的是，他已和珠玛商议好，过了年就结婚，迎来他俩幸福的革命人生。

就在这时候，特委指示张军良接替陈绍武关闭银号，速回安边万盛客栈固守。他带着新的秘密任务趁势返回安边城，为后来的十一旅起义，为安边堡的解放做出了巨大的努力，这是后话。

自从韩先楚率领的红军胜利攻占了盐州和盐池两城后，更加激发了蒙汉边界群众的斗争意识。杨啸风和乌兰率领的“蒙汉骑兵队”活跃于蒙汉边界英勇奋战。不仅打击了祸害群众的土匪强盗，同时对那些大大小小的军阀地痞和天主教堂的洋胡子进行了强有力的遏制。不管是土豪乡绅怎样造谣生事，蒙地人民始终认为红军是他们的朋友，保持着一种友爱的关系。

这时候，红色苏维埃政权的古盐州，面对东有邓宝珊管辖的十一旅和张氏父子地方武装把持的安边堡，西有马鸿逵、马步芳率领残部不断骚扰。盐州城作为解放新区，城内外、商埠、客栈、盐业、油坊等商家企业仍然林立。虽是严冬季节，四面八方的骡马队、骆驼队……仍在冷飕飕的寒风中散发着蓬勃热气。

在国共统一战线的影响下，边区古盐州处在相对的平静环境中。但顽固派在周围不断制造摩擦，不断在边区周围集结兵力，名为加强抗战，实为实行封锁压缩。加之盐州地理环境特殊，敌、友、匪情错综复杂，人民的生产生活仍处在风雨飘摇之中。一九三七年传统的春节就要到了，王碛妹和翠姑告别了杨啸风离开了城川，带着一练骆驼回到了古盐州，心里异常激动。虽然不是把酒临风、宠辱皆忘的大气象，也是一次重归故里的心花怒放。

古盐州，到处显现出一派革命的崭新气象，街头虽然行人很少，一幅漫画却十分醒目。题为“打倒蒋介石”，“蒋”字画成蒋介石在法庭受审的样子；“介”字画成蒋介石被砍掉脑袋还未倒下的尸体；“石”字则画成蒋介石被砍后落在地下的头。漫画构思奇妙让观者拍手称快。

红色的盐州城，不时有敌机轰炸。一天一个卖沙蒿柴的老人被敌机炸得血肉横飞，死得十分惨烈，引起广大群众的极大义愤，痛斥卖国贼屠杀无辜百姓的滔天罪行。

王碛妹回到盐州城女扮男装，改名为王小晋。公开的身份是聚义阳的掌柜，但她的秘密身份是边区贸易公司的一名商贸战士。回到盐州，她要办的第一件事，就是给含冤而死埋葬在东湖马莲滩的父亲点几炷香。那日上午，暖阳日丽，大雪覆盖了沙原草地。东湖一片雪白，长烟一碧的冰湖上，几只雪鹭在雪中觅食，上下天光，静影不惊，有一种烽火岁月之中的宁静之美。

她跪在父亲坟头，目视着雪压马莲花丛中的父亲陵寝，一股心酸涌上心头。她默默地告诉父亲，那个万恶的强盗沙里狐已被击毙，受到应有的惩罚。你留给女儿的那笔巨资，已用在正义的民族事业上，可以为父亲赎罪了。那些污泥浊水虽打湿了父亲的全身衣裳，荡涤去的是父亲心灵上的尘土与污垢，你的光明磊落的身影将留在商界，你在九泉之下也可以瞑目了。安息吧！亲爱的父亲！呜呼哀哉，纸灰飞扬，朔风远大，女儿归矣……

绥远抗战的胜利，极大地提升了中国军队对日作战的自信。时任剿匪副总司令、东北军的张学良与西安绥靖公署主任十七路军总指挥杨虎城，在蒋介石逼迫下，发动了“兵谏”，扣押了蒋介石，最后促成第二次国共合作。全民族抗战由此开启，极大地鼓舞了饱受国人指责，满怀内疚的东北官兵，抗战怒火风起云涌，到处燃烧。

红色苏维埃的盐州城处在一片欢庆之中。

西安事变动摇了安边城内的反动派，他们像一群惊弓之鸟，惶惶不可终日。一些土豪乡绅到处乱逃，留下的一些东家掌柜，也是缩头缩脑闭号关店。刚刚解放的古盐州红色苏维埃的经济贸易受到了严重的冲击。这时候，安边堡、堆子梁、宁条梁三地，仍然处在国民党反动统治的白色恐怖之中。在国共两党对峙的经济封锁下，王小晋身为边区贸易公司的一名红色战士，边区缺乏布匹、棉花和药品，为了完成疏通商贸渠道的秘密任务。某日，她以聚义阳掌柜身份，深入安边堡敌占区，进行了秘密的商贸交易活动。

隆冬的塞外，天气异常寒冷，白毛风席卷着残雪漫天飞舞。王小晋乘坐了聚义阳的马车，一路抵着风雪来到安边堡，受到万盛客栈老板张军良的接待。次日，张军良以万盛客栈经理身份拜会了十一旅负责后勤的司令张子英，私下将“以物易物”生意向张作了汇报。张是一个爱财如命的人，尽管是非常时期，但还是决定面见王小晋。

中午时分，张军良和王小晋刚刚走上街头，迎面一个乞丐敲着竹板唱道：

“咳，咳——敲竹板，响声亮，公平交易人人忙；本领高的一天能赚五六万，本领低的只赚一个大铜板。钱多的能吃一块好羊肉，钱少的只能喝一碗白菜汤。没钱的只有靠边站，肚子里哇啦哇啦饿的直叫娘！”

王小晋随手掏出一块铜板放在乞丐手上，乞丐连声道谢边走边唱道：“咳，咳——铜板响，羊肉香……”

张子英四十多岁，关中人，绰号三壶，茶壶酒壶夜壶一样不能少。他是一个CC派，也是一个饕餮之徒，由于他和何文鼎关系甚密，成为十一旅专管吃喝的后勤司令，倒也十分实惠。他是一个大胖子，从肚皮看像是怀了龙凤胎，每日腆着高高肚皮揉来揉去。这日刚用过午饭，悠哉悠哉地躺在炕头听留声机播出的“洋人大笑”唱片。

勤务员进来报告：“万盛客栈张经理他们求见。”

张子英舔了舔嘴上口水：“让他们进来。”

张子英下了炕，让老婆关了留声机。只见张军良经理领进一位一表人才的年轻商人，便热情地问：“张经理，这位就是聚义阳的掌柜？好英俊的人呐！”

张军良微微一笑点头道：“他叫王小晋，聚义阳的一名掌柜。”

王小晋略有些面红，拱手道：“张司令好！”

“失敬，失敬！”寒暄一番后，便问道：“王掌柜来国统区想做什么呢？”

王小晋不慌不忙道："想和你们做一笔生意，大家共同发财！"

"共同发财，怎样发呢？"

"盐州城里，红军从东面运上来大批金银首饰、珍宝玉器和烟土，想和安边商人以物易物，做点生意，……不知你们想不想做这笔生意，发这笔财？"

张子英便问张军良："这是真的？"

"千真万确！是千载难逢的好机会。"

张子英思谋了片刻，转了话题："八路军进了盐州城，杀了多少人？打富豪，斗老财没有？"

王小晋微微一笑："没有看见杀人，也没有看见打富豪，斗老财……社会秩序稳定。"

张子英继续问道："那些金银财宝和烟土从何而来呢？"

王小晋介绍道："我亲眼看到一批批骆驼和骡子，从外地驮来的金条、元宝、大烟土，用油篓装的珍珠、玉器等。"

张子英有些动心便问张军良："这么说，这笔生意可以做？"

张军良道："现在法币泛滥成灾，金条元宝才是硬头货，也不会贬值，张司令，咱们岂能让这些财物流到外处去？"

这时他老婆试探地问："张掌柜，你也红了？"

张军良道："万盛客栈乃榆林二十二军的字号，为了生意，什么人都交结，何况这是请张司令发这笔财呢！"

张子英对王小晋道："好，我就派万盛客栈张经理去盐州做这笔生意。"

王小晋说："这么说，司令同意了？"

"同意了！不过这宗买卖只是秘密交易，丝毫不能露出半点破绽，具体交易事务和张经理商议。"

张军良："司令放心，我会稳妥办理。"便和王小晋两人拱手告别。

第三天，王小晋回到了盐州城。从此，安边堡和古盐州虽然红白交界，但偷偷地做起以物易物的商贸交易，盐州城和安边堡两地物资交流，像一条涓涓不断的暗流秘密地流淌，畅通无阻。王小晋以她敏锐的聪明才智和精明的商贸意识，上至内蒙古包头，下至陕北延安，努力促进边区贸易公司的流通，使贸易公司如春天的花圃，万紫千红，欣欣向荣。

初夏，在红色苏维埃的盐州城，杨啸风和女扮男装的王碛妹又见面了。她告诉杨啸风，她现在的名字是王小晋。是盐州聚义阳的掌柜，两人默契地笑了。王碛妹告诉杨啸风，她在年前盐州纪念“广州暴动”会上，见到了一位名叫丁玲的女秀才，她那种潇洒浪漫的革命情怀让人敬佩！

杨啸风道：“噢！这位女秀才可不简单，毛主席题词称为‘昨天文小姐，今日武将军’的大名人。你们是怎么碰上的？”

“她来新区采访，了解盐州商贸情况，商会闫会长召集了许多商界人士……她自称来三边是征战，又是遨游；是战士，又是游子……蹄风得得，沙风扑面，如在梦中，如在画中。可见她对古盐州的热爱。”

俩人沉浸在无限深情之中。

这一天彭德怀将军转战到白于山的羊圈山，秘密会见了杨啸风、王小晋和乌兰。白锋岗为彭总介绍：“这位就是原日升昌银号女继承人王碛妹小姐，她曾经将父亲王晋柳留下的积蓄，买了两百多匹战马，组成一支‘蒙汉骑兵队’，活跃于蒙汉边境打击敌人。为了开展商贸工作，她曾女扮男装，出入敌占区疏通货源。现在她是聚义阳的一名掌柜，也是边区贸易公司的一名商贸战士！”

彭德怀握着王小晋的手说：“你为筹建‘蒙汉骑兵队’和边区商贸流通做了非凡的工作，难为你了！我们的女英雄，毛主席欢迎你去延安。”

王小晋热泪盈眶：“毛主席……”

彭德怀说：“毛主席对你的举动很敬佩，希望你去延安看一看！”

王小晋激动地说：“我，我一定去！”

彭德怀回头对杨啸风道：“你要陪她去延安喽？”

杨啸风说：“是，彭总！”

白锋岗说：“这位是扎力格，汉名叫乌兰。曾经是日升昌银号管家，卧底土匪沙里狐匪窟，舍生忘死，探索情报，为破获西口大盗和日伪间谍，作出显著的成绩。他是蒙古族人，现在是‘蒙汉骑兵队’的副队长。”

彭德怀高兴地道：“好啊！今后我们汉蒙成了一家人啦。可惜我党优秀地下工作者陈绍武牺牲了，希望你们以他为榜样，继续为蒙汉革命事业做出新的贡献！”

乌兰：“谢谢彭总教导，我一定努力！”

翌日。盐州城外，长城脚下，一轮红日冉冉升起，金光万道。

杨啸风、王小晋、乌兰、珠玛、翠姑骑马姗姗驰来。

杨啸风道：“乌兰大哥、珠玛大姐，请留步吧！”

乌兰和珠玛道：“到了延安，见到毛主席代我们问好！”

王小晋说：“忘不了，你们回去吧！”

杨啸风和王小晋拱手：“再见！”

乌兰、珠玛、翠姑热泪满腮：“再见！”

杨啸风、王小晋翻身上马，抖缰跃马，迎着火红的朝阳，纵马飞驰……

透过盐州城的钟鼓楼，一轮红日，漫天朝霞。传来信天游歌声，宛如银笛吹奏着的清润声音，丝丝入扣地传遍四周原野：

“山丹丹开花背洼洼红，
盐州儿女心向延安城；
红色的驼队红色的人，
跟着毛主席闹革命。

山丹丹开花背洼洼红，
盐州儿女成了革命的主人翁；
红色的商女红色的路，
跟着共产党向前进！”

正是：两匹红骢并肩来，一轮旭日放异彩。
女扮男装疏商道，闯荡敌后走口外。

蒙汉骑兵红旗扬，赤胆忠心志不衰。
离开盐州去延安，战地姻缘惹人爱。

（完）

跋（后记）

关于创作《烽火中的商女》，
我用陕北民歌写一个后记；
在陕北七十年发掘生活，
有些话题还是一个“谜”。

拿起相机，初露头角，
忍受边塞沙尘暴袭击。
冲破藩篱，出人头地，
承受政治上狂风暴雨。
虚伪稗子，昂起头来，
成熟稻穗，早把头低；
披荆斩棘艺术独塑品格，
勇敢地站立竖起一面旗！

艺术无涯，生命有限，
有所积累才能有所取。
把宝藏沃土放在一个目标上，
成功创作就是如何锤炼自己。
两匹红骢，疯狂对峙，

野性图腾，临战气息；
捕获精灵展示一种精神，
张扬龙性探求一种魄力。

大河摇篮闯碛历险气不馁，
惊涛骇浪英雄船夫拨浪归。
纤夫脚板，悬崖血印，
黄河魂魄，瞬间凝聚。
咫尺之图记录千百里景，
一个方寸蕴含一个世纪。
历史风雨，定格记载，
时代精神，瞬间传递。
黄河船夫闯碛历险高唱黄水谣，
长城脚下商贸驼铃低吟西行曲。

相机是自己生命的旗，
眼泪是自己泼墨的水。
要么用文章擦亮相机，
要么用泼墨遮住泪水。
红色运输，寻觅意蕴，
革命烽火，发掘主题。
浏览了莫言的《红高粱家族》系列书，
细读了法国凡尔纳《神秘岛》三部曲，
参阅了希腊电影《伪金币》的思想，
研读了文学创作惯性上的浪漫苦旅。
将革命生活革命事件揉在一起，
尝试酝酿创作《烽火中的商女》。

自信魂系黄土地，
创作依然受灵气。
在茫茫书海的大千世界，
会不会从高坡跌进沟底？

大事不虚，小事不拘，
构成文学作品不容易。
土匪杨猴小的长城抢劫，
军阀井岳秀的独霸地利。
红色革命者的地下尖兵，
伪装商贸者的日本间谍。
古盐州商贸字号银行家，
西口道红色运输显威力。
搜集了西行路上一些故事传说，
凝聚了长城边塞一缕生活点滴。
揭示了蒙古战士乌兰忠贞不渝，
发掘了商女王碛妹的革命情谊。
塑造出一位有血有肉神秘人物，
揭开了神秘事件一串串秘密……
抚摸笔尖犹如写作“试金石”，
品味素材仿佛灵感“洗涤剂”。
结构设计犹如一把尺子，
主角陪衬丈量涉猎印记。
生活感受就是锲而不舍耕耘之路，
创作灵气是缩小熟悉到陌生距离。

一只蜜蜂采集一公斤蜂蜜，

必须飞越路程三十万公里。
生命就是文学艺术就是一束火苗，
只要不断燃烧就会变成燎原之炬。
搞艺术是走上坡路不能歇脚，
写文章犹逆水行舟不进则退。
十年磨一剑难悟真知灼见，
不懈躬耕或许有一声春雷！

十年耕耘，八次批阅，
清苦创作，无怨无悔。
发在网上，检查逆旅，
深感困惑，缺乏真谛。
美国《亚省时报》全文连载，
可以说是抚平伤痕孤奋慰藉。
仰望苍穹，蓝蓝的天，
俯视原野，茸茸的绿。
生命虽小犹如一个小宇宙，
宇宙虽大也是一个大人体。
汗水泪水，感谢家人，
付梓出版，抛砖引玉。
八十七之叟老翁以飨读者，
没有艺术人生就毫无意义！

2025 年 2 月　八十七岁翁

陳寶生